清華行思與隨筆（上）

陳力俊 著

自序

　　本人於2010－2014年擔任清華大學校長，期間將在各種場合致詞或演講全文，載於清華官網，凡370餘篇。卸任後，逐步將其轉載於部落格中；其後在許多場合致詞也一併轉載於部落格，以與同儕友朋共享。2018年起，陸續將講稿整理出書，「一個校長的思考」（一）於同年9月出版，「一個校長的思考」（二）、（三）（全三冊）則分別於今年4月與5月出版。

　　在將致詞稿上載於「一個校長的思考」部落格的過程中，發現利用部落格是一個整理各種文稿有效率的方式，也逐步將歷年於不同場合及情境撰述的文稿上載於另闢「文章彙集」、「清華一百問」部落格，幾年陸續上載下來，「文章彙集」已有一百七十餘篇，約三十餘萬字。根據出版演講文集的經驗，最好的留存「紀念與紀錄」方式，就是整理集結出書，同時感謝協助編輯「一個校長的思考」系列的黃鈴棋小姐「輕車熟路」，在演講文集出版告一段落後，又再次投入本書的編輯工作。

　　本書內容包括歷年來因不同身分，如擔任清華大學材料系系主任、工學院院長、校長、國科會副主委等，應邀撰文，包括清華專書及清華出版傳記序言、清華材料系系刊及紀念專刊邀稿；「國科會」與「科學園區」專刊邀稿；「中國時報」《漫談清華故事》專欄，「工業材料雜誌」《煮字集》專欄；「科學月刊」邀稿；「清華百人會」簡訊邀稿；「中國材料科學學會」簡訊與專刊邀稿等。

　　另一類稿件為報告性質，如清華校長校務報告；「中國材料科學學會」《理事長報告》、《會員動態》；「台灣區電子顯微鏡使用情況報告」前言、美國與亞洲太平洋各國材料研究合作研討會報告等。

　　次一類則是專書推薦序言以及各項研討會論文集、活動與展覽手冊序言、紀念特刊序言。

再次是個人經驗與歷程，包括擔任「清華大學校長遴選委員會」副召集人後所撰「國立清華大學遴選校長經驗」，當選「中研院院士」後慶祝會所寫「我的學思歷程」，旅遊後所撰「寮國之旅」、「北京之旅」等。

比較特別的是，在養成撰寫致詞稿的習慣後，體會到利用撰文整理思緒及抒懷的優點，所以在碰到感受比較深的事件時，也盡量抽時間撰文以「紀念與紀錄」；這部分包括生命紀念與追思、讀書筆記以及偶思雜記，如「五四運動100周年」、「聯華電子公司捐贈清華大學整建『君山音樂廳』」、「寮國之旅」、「兩岸清華校長交流」等。

最後一類則為致詞稿；由於「一個校長的思考」系列收錄迄2018年底的文稿，而考量未來不大可能另外會有新文集以及二、三十萬字的新致詞稿集結出書，所以將2019年9月底前致詞稿納入，作為一個階段文稿的整理。同時也載入本人擔任「清華工學院院長」時，在「工學院產學研合作聯盟」研討會中致詞稿。本書內容因幾乎全部於個人在清華任教時期所撰，且多與清華直接關連，故以「清華行思與隨筆」命名；值得一提的是，最早一篇是在大二暑假為「台大物理學系」系刊「時空」撰文「徐賢修教授訪談摘記」，訪談在「清華園」進行，對象剛好是後來擔任清華校長的徐賢修先生，是「無巧不成書」的寫照。

「清華國學院」四大導師之一的梁啟超先生，在論及歷史的目的時，認為可「供吾人活動之資鑑」，而歷史變遷即社會活動，尤重增益的活動：「全部文化才是人類活動的成績，好像一座高山，須得常常設法走上高山添上一把土」；此番將目前所能蒐集到的非理工專業文稿近四十萬言，鉅細靡遺編錄成書，雖不無「敝帚自珍」之心，尤冀有為全部文化添寸土之功。

本書順利出版要特別感謝黃鈴棋小姐的精心編輯與校對。「清華工學院」黃筱平先生協助尋找舊檔以及林靜宜助理謄打多篇文稿，在此一併致謝。同時在此為許多關心的友朋預告：拙作「清華的故事」也將於今年稍後出版。

目次
CONTENTS

漫談清華故事

「工學院產學研合作聯盟」研討會致詞

兩岸清華

「科學月刊」邀稿

煮字集

偶思隨筆

中國材料科學學會理事長報告

材料科學學會會員動態

清華校長就職周年校務報告

　　收錄「清華大學網站」校長的話暨2011年至2014年擔任
清華校長期間的就職周年校務報告。說明清華以「人文薈萃
的學術殿堂、博雅專業的人才搖籃、前瞻創新的科技重鎮、
社會進步的推動基地」的四大願景，以此作為校務發展之主
軸與重點，展現清華在落實願景的努力、措施與成效。

「清華大學網站」校長的話

2010年3月6日　星期六

　　清華大學有輝煌的歷史與光榮的傳統，建校可溯至民國前一年（西元一九一一年）的「清華學堂」，乃由清廷將美國退還尚未付足之「庚子賠款」設立，經多年慘澹經營，人才輩出，包括兩位諾貝爾獎得主李政道、楊振寧以及有數學諾貝爾獎之譽的沃爾夫獎得主陳省身等校友。民國四十五年在台灣新竹復校，復校初期重點為原子科學，其後擴展至理工方面，近二十幾年來更積極發展人文社會、生命科學、電機資訊與科技管理領域科系；如今清華已成為一人文社會、理、工均衡發展的學府。據統計在台已造就英才超過五萬人，在國內外各行業均有優異表現，校友包括諾貝爾獎得主李遠哲、中央研究院院士十二人，產學研界領袖不可勝數。

　　清華大學的教育目標為「秉持『自強不息，厚德載物』校訓，致力培育德、智、體、群、美五育兼優，具備科學與人文素養的清華人。」學校除在正規專業與通識課程，提供智、體、美育學習鍛鍊的機會，更藉由導師輔導與課外活動提升道德感、價值觀念與群我互動關係。全力打造清華校園為人文薈萃學術殿堂，博雅與專業人才培育場域，創新科技研發重鎮以及多元進步社會推動基地。積極增強師資陣容，提升研究、教學、服務品質，培育優秀學生，同時提供豐富校園生活以及激發學生成長機會，改善基礎設施，營造卓越研究環境，加強產學合作研究，推廣人性關懷科技，把握區域優勢，整合資源。為面對地球暖化、能源短缺的挑戰，全面啟動「新能源綠色校園」計畫，有效整合清華現有優勢與資源，使清華成為台灣能源科技以及維護人類社會永續發展重鎮。

　　在許多學術指標上，清華教師表現均為兩岸三地大學第一。近年教育部推動頂尖大學計畫，清華每位學生平均獲得全國各大學學生中最高額補助。「台

灣能有大學進入世界前百大」是近年重要的教育政策之一,但觀諸全球大學,根據英國泰晤士報調查,教師規模在1,000名以下的大學,本校排名第37名;而如以教師規模700名以下的大學來評比,本校更排名第11;因此如果台灣希望有大學能夠進入全球前十大,「清華」絕對是唯一的選擇。現階段努力方向是打造華人地區首屈一指學府。

清華過去已有許多開創性的教育規劃,如多元、跨領域學程,領先全國的通識課程設計,最近則有大一不分系雙專長計畫、繁星計畫、國際志工、國際交流學習等計畫。在長年思考改進本校大學部教育途徑,並參考世界著名學府措施後,本校「大學部教育改進工作小組」針對教育目標以及校園生活、共同必修課、通識教育作全面性檢討,已提出整體性改進方案,正陸續施行中。於此過程中,老師是潛能的激發者與引導者,學校致力於結合校內、外與校友資源,期許學生們在清華學習環境中,經由輔導,擴大生活體驗,思索討論重要議題,參與社會關懷活動,培養獨立思考能力,計畫執行力與挫折復原力以及人際互動與合作精神。

大學的英文是university源自拉丁文universus(宇宙),代表大學經驗不受時空限制,大學畢業的英文是commencement,亦有開始之意,象徵人生進入一個嶄新的階段,希望同學們,能把握清華的優質學習環境,體驗豐富校園生活,「仰觀宇宙之大,俯察品類之盛」,充實自己,「究天人之際」,未來得以在人生舞台上「通古今之變,成一家之言」進而「己立立人,己達達人」。

▶ 希望同學們未來能「己立立人,
　己達達人」

就職一周年校務報告

　　今年欣逢「建國百年、清華百歲」，清華與民國同壽。同時清華在台建校五十五年，承繼北京清華優良傳統，迅速在台發展為學術重鎮，英國泰晤士報高等教育專刊（THE）2010年世界大學排名，本校排名名列世界第107名，為臺灣各大學排名之首，是百年校慶最佳獻禮。清大自將在此良好基礎上，向華人首學邁進，在新的百年中及早進入世界頂尖大學之林。

　　頂尖大學的使命除了傳授與創造知識以外，更應引領高等教育風潮及關懷社會。清華大學除了培育菁英人才，以卓越的研發技術來改善人類的環境與生活外，更善於營造大學的文化氛圍與積極發揮社會影響力。本人在去年二月一日就任時承繼過往校務發展軌跡，審度清華優勢、特色與潛力，提出「人文薈萃的學術殿堂、博雅專業的人才搖籃、前瞻創新的科技重鎮、社會進步的推動基地」四大願景，作為校務發展之主軸與重點，茲就上一年度迄今，本校在落實願景的努力、措施與成果，簡要報告如下：

（一）人文薈萃的學術殿堂

　　本校自建校以來，除獲政府重點支持，又接受美國退還超收「庚子賠款」所設基金會長期支持，善用優勢，盡攬菁英。教授在教學或研究領域上表現傑出，數十年來國內所有重要學術獎項，本校教授獲獎率都遠超過其他大學。以去年度而言，張石麟副校長榮膺「中央研究院第28屆院士」（本校已有16位教授榮膺中央研究院院士，是全國院士比率最高的學府）；陳博現及劉瑞雄教授通過國科會「學術攻頂研究計畫」決審；季昀及許世璧教授獲聘為「教育部國家講座」；王素蘭教授榮獲「教育部學術獎」；方維倫、江安世、宋信

文、吳誠文、彭心儀、賴志煌等六位教授以及曾繁根、果尚志、白明憲、江國寧、陳信龍、林俊成、胡啟章等七位教授分別榮獲98及99年度「國科會傑出研究獎」；胡啟章、黃暄益及黃倩玉教授榮獲「中央研究院年輕學者研究著作獎」；黃暄益、胡美智、葉秩光教授榮獲「國科會吳大猷先生紀念獎」等。

在延攬人才方面，本校獲「東和鋼鐵」侯貞雄董事長捐贈貳億元設立「侯金堆講座」，作為延攬及留任一流人才的經費。本學年度已成功禮聘美國伊利諾大學電機系傑出現職鄭克勇及謝光前教授以及曾任美國紐約州立大學亞洲研究系系主任李弘棋教授到校服務。未來更將藉由頂尖研究中心的卓越化發展，積極延攬國際級人才，進一步向世界百大的目標邁進。

為引領全校師生追求卓越，本校經常舉辦各領域高水準研討會與演講會，院士級學者川流不息。本學年度共辦理6場次「諾貝爾大師在清華」活動，包括：生理醫學獎得主詹姆斯・華生博士談「DNA雙股螺旋結構發現者的研究生涯發展」、「如何成為『科學人』」、文學獎得主高行健先生談「創作美學」，物理獎得主奧雪羅夫教授談「絕對零度下真正發生什麼事？」，生理醫學獎得主巴爾・西諾西博士談「愛滋病毒疫苗研究的現在與未來」及物理獎得主諾沃謝洛夫教授談「石墨烯：物理與應用」，另一方面邀請到「認知語言學之父」杭士基教授以「刺激的匱乏：尚待努力的課題」為題發表專題演講，國際保育專家珍古德博士參加「根與芽日」活動，所有活動均開放及邀請社區民眾及青年學子參與。

清華大學得天獨厚、美麗典雅的校園，是其他大學所無可比擬之處。為建構優質教研與學習環境，興建許多重要的教學硬體建設及塑造良好的環境景觀，包括：新建清齋學生宿舍預計於民國100年完成1000床位；學人宿舍及第一招待所B棟已著手籌建。教學大樓（台達館）主結構體業於99年中完成，俟本年內部裝修及周邊環境工程接續完成後即可啟用；學習資源中心（旺宏館）預計100年4月完工、並蒙旺宏電子公司，加贈壹億元為內部裝修經費；本校所發動之清華「百人會」，迄今成功募得新台幣壹億陸仟萬元，將用以興建「校友多功能體育館」，已於99年4月徵得建築師，預計本年校慶日開工、102年完工啟用；宜蘭園區已於99年9月取得雜項及建造執照。為滿足日益增加的教學研究實驗需求，本校工程與系統科學系（原核子工程系）1969級校友李偉德博士，於99年5月捐贈新台幣壹億伍千萬元協助興建「綠色低碳能源教學研究大

樓」；另蒙匿名善心人士捐贈壹億柒仟萬元，將於南校區研教五區興建生醫科技大樓；加上刻正著手籌劃建設應用科學大樓、創新育成中心等建設，預期可大幅提高本校教學研究能量，以及滿足日益增加之研究發展需要。

在國際合作方面，清華各項成果豐碩，一年來共新增29項學術合約與全球112所學校與著名機構締結姊妹校，學術合約年成長率達35%，緊密與國際接軌。

為促進北京清華大學與新竹清華大學在學術領域中相互合作，整合兩校研究資源，達成卓越研究，雙方於2009年簽署學術交流與合作備忘錄，並於99年開始雙方每年編列經費，共同支持由雙方教師所共同提出之前瞻性研究計畫，實施「兩岸清華合作研究計畫」。99年我校共補助20件計畫，補助總金額達16,400,000元。99年9月與北京清華大學達成「聯合建立兩岸清華聯合實驗室合作」共識，將成立「兩岸清華聯合實驗室」在學術研究領域相互合作，進行卓越研究。

（二）專業博雅人才培育搖籃

清華大學的教育理念是透過充實、豐富、多元校園生活，培育未來能活出精彩人生的清華人。教育目標是為秉持「自強不息，厚德載物」校訓，培育五育兼優，科技與人文素養兼具人才。

為培育寬闊視野之人才，讓學生不以追求高分為唯一目標，而願意致力於學習效果的提升與達成，得以有機會與時間接觸更多其他有義意的事務，本校自99學年度起，學生學業成績由百分計分法改採等級制。相信此項重大變革對本校以及台灣的高等教育，將會產生深遠的影響。

本校結合校園生活與學習，設立之「清華住宿學院」，打破現今國內大學招生及宿舍生活之刻板傳統，帶給清華學子嶄新的學習與校園生活環境，以培育文理兼修、氣度恢弘之未來社會領袖菁英人才，為我國大學部教育之創舉。99學年度起更擴大為「厚德」、「載物」兩書院。在教學方面，為增加學生選系彈性，提高學院招生比例，99學年度起更與「載物書院」結合，以延緩分流或雙專長為教學設計。

另一方面，本校同學在指導老師領軍下，在國內外大賽屢傳捷報，如資工

系鍾葉青教授指導學生團隊榮獲全球最大規模的超級電腦研討會「國際高速計算會議學生叢集電腦計算競賽」世界冠軍，動力機械工程學系葉廷仁教授帶領一群學生團隊以綠能、輕便的個人載具「Legway」勇奪宏碁基金會與天下雜誌教育基金會合作舉辦「龍騰微笑競賽」第5屆冠軍，獎金200萬以及在國內規模最大的「電信奧斯卡」加值服務應用大賽本校團隊以1冠、1亞、1季、1佳作共四個獎項，成為本屆最大的贏家等。同時清華學子可就近與其他學術研究單位、我國主要產業研發機構及主要產業園區，做緊密的產學研合作。也因清華優異的學術地位口碑，高科技之產業均極力招攬、提攜清大所培育的學生。

本校學生在課外活動方面表現優異，於全國大專校院運動會中創下本校歷年最優紀錄；炬光服務社榮獲「區域和平志工績優團隊社區服務類第三名」、基層文化服務社榮獲「全國大專校院服務學習特優社團」、尼泊爾志工團榮獲「區域和平志工績優團隊全國競賽國際志工類第三名」、迦納志工團榮獲「青輔會青年國際參與行動成果發表會及競賽績優團隊」、原住民文化社「全國大專校院績優學生社團評鑑服務性社團優等獎」；合唱團榮獲「匈牙利費斯普雷姆國際合唱音樂節音樂大賽冠軍」、弦樂社榮獲「98學年度全國音樂比賽弦樂四重奏─大專團體B組優等第一名」、口琴社榮獲「98學年度全國音樂比賽口琴合奏─大專團體組獲優等第二名」等。

在國際化方面，近年來本校與127多所國際大學／機構有實質交流合作。為促進校園環境國際化，鼓勵英語教學，目前全校已有超過十分之一課程以英語授課，開設全英語學程（學位或學分學程），並於99年5月成立華語中心，提供華語課程，協助外國學生適應學習；另外提供優秀外國學生獎學金，落實外籍生輔導工作，以吸引更多優秀的外國學者及學生來校研究及就讀。為多元化招收外籍生，除一般招生管道外，並與國際合作發展基金會合辦IMBA（國際專業管理碩士學程）與IMPSIA（國際資訊科技與應用碩士學程）兩個全英語授課之碩士學位學程，並與中央研究院合辦7個國際研究生博士學位學程。

陸生三法於99年8月19日經立法院三讀通過，教育部大學招收大陸學生配套措施即將公布，本校將於本年度起積極招收大陸優秀碩、博士生。在兩岸清華合作方面，雙方自2000年首開兩岸暑期學生交流先河。2010年9月兩校更進一步達成「聯合培養雙碩士學位」共識，將進行共同培養雙碩士人才計畫。

（三）先進科技研發重鎮

　　清華校園座落佳地，坐擁工業技術研究院、新竹科學園區、國家實驗研究院之國家奈米元件實驗室、國家晶片系統設計中心；與國家高速網路與計算中心、國家太空中心、國家同步輻射研究中心、國家衛生院、新竹生物醫學園區為鄰。因為清華大學卓越的研究成果，爭取到國內比例最高之學術研究經費，同時也因頂尖大學計畫之資助，使得清華大學得以在學術儀器設備等硬體上保持國內之領先。本校更積極推動前瞻、核心科技之研發與創新，創造價值，發展文化創意以及服務科技。對攸關人類永續發展之替代能源、溫室氣體減量科技尤應優先推動，強調智慧、健康、樂活之社會關懷科技。

　　在重點領域或研究中心方面，本校選擇低碳能源、奈米科技、神經網路體、前瞻物質基礎與應用科學、下世代資通訊網路、及先進製造與服務管理共六項已具基礎且有潛力成為國際頂尖之研究領域為重點，並積極整合相關資源進行跨界合作，並藉以帶動學校在學術全面提升、國際化、卓越化校務發展及優質教研環境等面向的全方位發展。

　　在其他重要研究經費來源方面，本校研究團隊在最新之99年度國科會五年期學術攻頂計畫，本校兩個研究團隊（劉瑞雄教授及陳博現教授）通過評審，共1億1仟8佰萬元（全國僅有4件）；能源國家型計畫98年本校獲得14件計畫，經費為1億3仟9佰萬元；過去五年奈米國家型計畫共有61件計畫，經費為5億7仟9佰萬元，學界科專計畫則有28件，經費為5億1仟8佰萬元。本校在爭取上述重要計畫所獲得的件數與金額，皆顯示出本校在學術研究與產學合作上的極大研發能量。

　　在卓越研究方面，劉怡維副教授及其研究團隊，參與10年的奇異氫原子國際研究計畫，終於有了重大突破，發現質子的大小比預期的數值減少4%，這項最新的研究結果，已刊登在2010年7月8日的Nature科學期刊，並成為當期的封面故事，最近更被選為當年度十大研究成果。闕郁倫助理教授參與的國際研究團隊，利用磊晶層轉移技術，成功將各種化合物半導體材料轉移到矽基板上，完成化合物半導體材料絕緣披覆技術，未來可望把光電及電子元件整合在一起，讓台灣半導體產業更具競爭力，這項研究結果已於2010年11月11日刊登

於Nature雜誌上。光電所孔慶昌所長及其研究團隊的兆赫波光學研究成果，已於1月20日刊登於Science Express，在超快光學的基礎及應用領域，受到極大的重視。另一方面，本校腦科學研究中心主任江安世教授所領導的跨領域研究團隊，成功重建果蠅全腦的神經網路地圖，目前已將果蠅腦中一萬六千顆神經細胞，分別賦予辨識條碼。此一果蠅神經圖譜的成果，引起廣泛的重視，除99年12月2日發表在「當代生物學」期刊外，也獲美國「紐約時報」於同年12月14日大篇幅報導。

在產學合作方面，本校推動產學合作不遺餘力，積極爭取與整合業界資源並引進知名企業，先後在本校成立聯合研發中心，共同進行前瞻科技研發。99年更榮獲經濟部「大學產業經濟貢獻獎」——產業貢獻團隊獎，這些肯定皆突顯本校在產學合作及產業創新之貢獻。為了展現對產學合作業務永續經營的決心，本校已籌建4,100坪地上9層地下二層之產學研發暨創新育成大樓，預計於104年落成。新建大樓除一樓作為公共空間及行政單位使用外，其他八層樓全部做為培育空間，培育室將可由目前42個增加至104個，增加率148%。本校未來將提供更完善的育成環境，協助進駐廠商提升附加價值，為產業經濟創造更多無形資產與實質的貢獻。

（四）進步社會的推動基地

一流大學應是社會進步的推動力量，也是國家競爭力的指標。大學法明定「提升文化，服務社會，促進國家發展」為大學宗旨。卓越大學應進一步對文化、社會、國家發展問題進行整体性探索，研擬妥適方案，進而推動實施以造福人群，包括發揚義工精神，帶動社區發展，提升公民意識，參與公共事務，倡導理性溝通、普世關懷，加強人類面對挑戰以及解決方案認知，促進人類和諧發展等。

本校推動「水清木華低碳校園」，以建構清華成為永續發展示範校園，整合節能減碳研究與教育，強化綠色科技應用研究為策略，積極興建「綠色低碳能源教學研究大樓」，逐步汰換T9為T5日光燈管，更蒙「台達電」捐助在多棟大樓屋頂裝設太陽能板，路燈變更LED燈等節能減碳設施。在綠能研究方面，積極投入太陽能以及風力發電之相關研究，從複合材料葉片製作、與太陽

能光電板並聯，結合燃料電池之應用，跟廠商合作發展垂直型小型風光綠能發電機，並已裝設在校園內及青草湖風景區，作為測試及展示之用。近年並爭取到國科會民生綠能計畫、國家型能源計畫，而現正參與離岸風力之主軸計畫等，已有相當之成果展現。另一方面，體認環保意識的重要性，本校在過去兩年，開設環保與綠色教育課程達106門，本學年度更新增17門。

本校基於「高中均質、區域均衡」及「打破明星高中迷思」教育理念，於96學年提出「繁星計畫」。本計畫的目的是具體實踐「縮短城鄉差距，發掘優秀人才」理念，給予城鄉學生均等入學機會，讓「每所」高中都可成為「明星」，創造高中教育「繁星」願景，發掘環境資源不足但深具潛力並符合清華教育理念的優秀學生。對縮小城鄉差距發揮極大作用，普獲社會肯定，教育部也立即推行於國內優質大學。

本校自99學年度起於甄選入學管道中，針對各學系（班）低收入戶生及身心障礙生通過第一階段篩選者，經校級甄選委員會面談後，免經各系（班）第二階段甄選，即予優先錄取，此一措施施行後，大幅度提高了弱勢學生入學本校之機會，100學年度起，於每一學系至少保留1名額予低收入戶生及身心障礙學生，提供其優先錄取之機會。

98年莫拉克颱風八八水災造成台灣近百年來最大災害，各界捐款及實際行動，展現人溺己溺的同胞愛，但救災固然緊急，但從教育著手，培養人才才是避免重大災情再度重演，並讓社會進步發展的根本之道。本校發起於重創的原住民區，興辦一所優質中學，這項國內首創為原住民設立的「清華原住民教育實驗專班」，係由12萬人捐款託付成立，目標在刺激原住民文化不足劣勢，為原民產業培養未來領導人才。該班設立於屏北高中，自99學年度起招生，招收受災六縣市60名原住民國中生，首屆專班新生已於99年9月入學。

本校設置有「資源教室」，提供身心障礙學生之資源包括以下四方面：（1）課業學習；（2）生活適應；（3）心理輔導；（4）生涯轉銜。另設「還願獎學金」，協助無力負擔註冊費／生活費，或與課內外學習活動相關之特殊需求學生。「逐夢獎學金」，鼓勵清華大學大學部及研究生勇於追尋並實現夢想。本獎學金之獎助金額得依實際需求提出申請。所提計畫亦不限於從事學術研究，但必須深具創意，或能開拓視野、挑戰極限，或能鼓舞人心、服務社會。每一計畫必須有指導老師從旁協助或指導。為培養「關懷」與「利他」的

情操，鼓勵學生走出校園，進行各項社會服務工作，積極推展「國際志工專案」，今年組織70位志工前往尼泊爾、印尼、非洲迦納、坦尚尼亞與中國大陸等地，協助E化並縮減數位落差與推廣數位學習及育幼院的孩童輔導等活動。培養一流人才所須的國際觀、人道關懷、服務與奉獻精神、體察國際脈動及培養互動溝通與群體合作之重要能力。

近年來，清華不論在國際大學評比、國內評鑑、優質教學、先進研發，競爭性經費及社會關懷實績等，表現卓越，清華的努力成果，備受各界肯定。放眼未來，我們期待在校內成員不斷創新突破與持續努力之下，定能為台灣的高等教育與國際社會，帶來新契機。

▲ 清大自將在良好基礎上，向「華人首學」邁進

就職兩周年校務報告

2012年2月1日　星期三

　　「建國百年、清華百歲」，民國一百年適逢本校歡慶百周年，同時在台建校五十五年。四月份教育部第二期「邁向頂尖大學計畫」審議結果出爐，本校獲得每年12億補助，為清華撫今思往、積極策勵未來的契機與動力。

　　頂尖大學的使命除了傳授與創造知識以外，更應引領高等教育風潮及關懷社會。清華大學除了培育菁英人才，以卓越的研發技術來改善人類的環境與生活外，更善於營造大學的文化氛圍與積極發揮社會影響力。過去一年清華在各方面表現優異，各項成果依照清華四大願景分述如下：

（一）人文薈萃的學術殿堂

　　本校學術風氣鼎盛，大師鴻儒，引領校園博大精深治學文化，科技與人文並重，教師有世界性的宏觀視野，研究高深學術，帶動學術風潮。

　　清華教授不論在教學或研究領域上都相當卓越，獲得獎項與肯定無數，包括江安世教授榮膺國科會「學術攻頂研究計畫」全國僅通過兩件中之一件計畫主持人；賀陳弘、張正尚教授榮獲「教育部學術獎」；孔慶昌、杜正恭、洪世章、洪哲文、劉承賢、黃暄益、廖聰明、簡禎富等八位教授榮獲100年度「國科會傑出研究獎」；李瑞光、洪樂文、張孟凡、焦傳金、蔡明哲教授榮獲100年度「國科會吳大猷先生紀念獎」；陳建添教授獲聘為99年度「傑出人才講座」；湯學成教授榮獲2010年「中央研究院年輕學者研究著作獎」；黃惠良教授榮獲2010年「產業貢獻獎—個人獎」；李政崑教授榮獲2010年「產業深耕獎」；鄭建鴻、馬振基教授榮獲「侯金堆傑出榮譽獎」；果尚志、潘晴財教授榮獲「有庠科技講座」等。

在延攬人才方面，本校獲「東和鋼鐵」侯貞雄董事長捐贈貳億元設立「侯金堆講座」，作為延攬及留任一流人才的經費。100學年度禮聘曾任美國紐約州立大學亞洲研究系系主任李弘祺教授，以及原美國達拉斯德州大學、成功大學副校長馮達旋教授到校服務。未來更將藉由頂尖研究中心的卓越化發展，積極延攬國際級人才，進一步向世界百大的目標邁進。

一年來清華共新增16項學術合約與全球140所學校與著名機構締結姊妹校，緊密與國際接軌。

（二）博雅專業的人才搖籃

清華教師充滿熱誠，諄諄善誘，提供高品質教學，以培育社會領導人才，學生敦品勵學，奮發進取，或致力研究，深化自強不息、厚德載物校園文化。

在學生方面，清華在既有與大陸各知名高校交流合作基礎上招收大陸學生，100學年度起共招收碩士生17名、博士生1名大陸學生來校就讀碩、博士班。為使校園文化更多元化，自99學年度起提供相關類群之學系招收由四技二專推薦甄選入學管道的高職生；自100學年度起與台北與台南藝術大學開始互派交換生，以推動跨領域學習；100學年度開始招收美術績優生。院學士班與清華學院之載物學院結合，強調跨領域知識學習，著重延後分流與雙專長等輔導。加強宣傳以吸引更多優秀學生前來報考。無論採用何種入學管道之大學部學生，均以高中在校及大學入學成績結合以追蹤學習成效。另外，學生學業成績由「百分計分法」改採「等級制」以培育寬闊視野之人才；全校共同必修「英文領域」課程由一年改為二年，以延長學生的英語修習時間；持續推動全影音式開放式課程計畫、辦理「基礎科目個別輔導」以提升學生學習效率；本校為培養一流人才所需的國際觀、人道關懷、服務與奉獻精神、體察國際脈動及培養互動溝通與群體合作之重要能力，積極推展「國際志工專案」，99學年新加入台灣邦交國貝里斯團，組織70位志工前往尼泊爾、印尼、非洲迦納、坦尚尼亞與中國大陸等。清華學子到當地國家指導人民醫療衛生知識、教導數位科技技能、更帶給偏遠國家的人民來自台灣的溫暖關懷。在校內積極推動「服務學習」課程，列為全校學士班校定必修科目，讓更多學生參與體驗「服務學習從做中學」，培養「帶得走」的「核心能力」。99學年度共開設102門課，

近900位同學修課。期望學生藉由此課程之服務，開啟心靈的一扇窗，與社會世界接軌，更鼓勵同學能在學習中發現樂趣，成為國際公民。

100年總統教育獎得主、大專組八位得主中，包括本校資訊工程研究所莊靜潔同學及人文社會學院學士班沈芯菱同學，人社院趙雪君博士生榮膺本年十大傑出女青年。同時本校同學在指導老師領軍下，在國內外大賽屢傳捷報，如資工系學生團隊榮獲全球最大規模的超級電腦研討會「國際高速計算會議學生叢集電腦計算競賽」世界冠軍連莊榮譽；資訊工程系博士生陳碩鴻等人設計的向量圖形電子漫畫書軟體，得教育部「全國大專校院開放軟體創作競賽暨網路通訊軟體與創意應用競賽」產學合作的互動多媒體組金牌；資工系學生團隊榮獲微軟全球潛能創意盃「嵌入式系統組」冠軍；本校阿卡貝拉人聲樂團「海鷗‧K」，到韓國參加人聲樂團亞洲大賽，赴香港參加2011「香港無伴奏合唱比賽」，均順利為台灣抱回大賽冠軍等。

（三）前瞻創新的科技重鎮

清華以推動前瞻、核心科技之研發與創新，創造價值，發展文化創意及服務科技。對攸關人類永續發展之替代能源、溫室氣體減量科技更優先推動，強調智慧、健康、樂活之社會關懷科技。

本校成立聯合研發中心積極與業界資源整合，目前已有聯發科技、台達電子、聯詠科技、工研院、長庚醫院、馬偕醫院、臺大醫院新竹分院等標竿機構和本校共同進行前瞻科技研發。99年本校與北京清華大學實施「兩岸清華合作研究計畫」，並規劃成立「兩岸清華大學聯合實驗室」，共同促成卓越研究。本校強化智財之保護與運用，連續三年獲證美國專利件數，居全國大專院校之冠，連續四年獲得「國科會績優技轉中心」獎勵肯定。本校育成中心支持師生創業連年被評為全國最優，成功培育109家公司，其中有56組師生創業，10家公司進駐新竹科學園區，8家完成上市櫃，佔全國大學育成之上市櫃公司數1/5，績效全國第一。本校99年榮獲經濟部「大學產業經濟貢獻獎」—產業貢獻團隊獎暨最佳育成特色創新技術獎、100年獲得中國工程師學會頒發「產學合作績優單位」等獎項。本校99年度執行之研究經費18億元，另加拔尖、增能計畫每年逾2億元。每年發表論文（SCI, SSCI, A&HCI）篇數，由94年1,138

篇成長到99年1,556篇；高引用論文由94年之41篇成長到99年之84篇；Impact Factor前15%論文由94年的433篇成長到99年的643篇。

（四）社會進步的推動基地

因深信「每所高中都有好學生，好學生應不只在明星高中裡」之理念，本校構想以「推薦保送」方式辦理單獨招生，給予城鄉高中平等之機會，各高中可自訂推薦標準，以彰顯其辦學特色，讓「每一個」高中都成為「明星」，經大力倡導，籲請獲得頂尖大學計畫補助之各大學加入，97學年度擴大至25所大學，100學年度起繁星計畫與甄選入學之學校推薦結合為「繁星推薦」，並已擴及各大學參與。另配合教育部政策性開放擴大學士班甄選入學名額比率，提高甄選入學招生名額，並加強弱勢學生及弱勢家庭配套，保留一定名額優先錄取弱勢家庭學生。99、100學年度學士班均有10名左右之低收入戶學生及身心障礙生，通過第一階段篩選獲優先錄取資格，分發就讀本校。清華為讓學生不以追求高分為唯一目標，而願意致力於學習效果的提升與達成。本校自99學年度起，學生學業成績由「百分計分法」改採「等級制」，此項重大變革對本校以及台灣的教育，將會產生深遠的影響。本校於99年加入桃竹苗區域教學資源中心計畫，以多年豐富的經驗，協助各夥伴學校依據其特色及教育目標規劃，建立完善教學助理制度，推廣教學助理培訓課程，已建構桃竹苗區域網路教學的遠距課業輔導平台，推廣線上課業輔導服務及教學助理平台精進教學技巧，促進教學資源共享。為甄選國內青少年科學菁英學生，開設及發展特殊科學教育學程，本校與國立科學工業園區實驗高中共同辦理高中科學班，以提供優越的教學環境和卓越師資，培養學生從事個別科學研究的能力和創造力，並兼顧應具備的人文素養，以能充分發揮天賦潛能，培育成為傑出科學家。本校在教育部、外界捐款支持和屏北高中協助下，99學年度在屏北高中設立小清華原民專班，招生兩班，初步檢討學生學習成效良好。又配合本校百年校慶，辦理百場慶祝活動，其中含主題豐富多元之「清華開放學堂」、「高雄清華講座」及「台中清華講座」，開放各界社會人士免費聽講。

另外，本校以卓越的校務經營提供全校師生優質的教研環境以達到學術卓越之成果：

在硬體上，去年已完成之百萬元以上工程，包括：教學大樓（台達館）、學習資源中心（旺宏館）、一千床位的清齋學生宿舍、北校區實驗室廢水處理廠等4棟建築新建工程；道路排水系統暨共同管道埋設、研發中心等9棟建物修復及補強工程；靜鴻碩華誠等五齋更新及環境美化、仁實齋室內整修及鴻齋宿舍公共地區整修等4項學生宿舍改善；棒球場、籃球場及排球場等體育設施改善；校區高低壓電氣設備更新改善、全校建築物用電安全檢查、核子反應器緊急柴油發電機更新及舊機遷移……等工程。目前進行或規劃中百萬元以上新建工程，包括：多功能運動館、學人宿舍、創新育成大樓、生醫科技大樓、綠色低碳能源教學研究大樓、清華實驗室、一招B棟新建工程、人社二館新建工程、宜蘭園區公共設施暨綜合大樓、全校區給水工程（含配水池）等新建工程；教學大樓、學習資源中心等建物內部裝修及網路工程、結構補強工程、全校污水納管與機電管路工程、全校高壓電力系統改善工程及學生宿舍整修等工程。

在行政管理上，目前積極推動「電子公文線上簽核」、「精實管理」等專案，電子公文線上化已完成12場需求訪談會議、3場系統雛型展示會議，並持續每隔二週召開一次工作小組會議，以確保進度控管，100年4月間，已完成校內集體申請自然人憑證及發卡事宜，系統設計及測試工作已告一段落，自100年8月8日起一連展開34梯次教育訓練，預期系統上線後，將可大幅改善行政效率與效能。為精實行政管理，清華特別聘請美國德克薩斯州大學聖安東尼校區傑出首席講座陳鳳山教授來校推動「精實管理」行動方案，自99年8月針對全校一、二級主管進行「精實管理主管一日營」，12月再對先鋒種子團隊「秘書處」及「總務處」的同仁，進行密集的精實管理教育訓練。課程結束後，二團隊以組（中心、室）為單位，選定一項以上的業務，依精實管理的原則及工具進行實際操作，六個月後，檢討實施成效及進行回饋修正。100年8月再針對所有行政單位舉辦之精實管理研習會共計有148位同仁受訓，另由陳教授引領先鋒種子單位秘書處與總務處提出共14項精實管理實施半年的案例分享，9月針對全校未完成訓練之職技同仁共計442人次進行訓練，並舉辦二天之實作演練工作坊共計166人次參加。在密集課程的洗禮下，同仁們對工作流程的檢視、改善，乃至持續追求完美，已有具體努力的目標與願景。

100年上海交大的大學評比結果，北京清華和臺灣大學並列第一，香港大學第三，新竹清華第四，如果考慮規模因素，新竹清華是第一。英國高等教

育調查機構QS公司，於去年四月起陸續公布全球大學領域排名，本校冶金材料、語言、統計與作業研究等三領域排名在全球51-100名之間；資訊科學、化學工程、機械工程、生命科學與醫學、物理、英語與文學等六領域排名在全球101-150名之間；電子和電機工程、化學領域排名則在151-200名之間。

　　五十五年前梅貽琦校長領導清華在台建校，復經多位校長及全校師生的努力，清華迅速成為台灣頂尖大學。清華下一個階段的展望，不僅是要引領高等教育進步的風潮，更要展現大學真正的精神及再建構大學的價值。「眾志成城」，清華定能在校內一連串的積極作為及改革，以及師生不斷創新突破的努力下，大步邁向華人地區首學的目標。

▲左　清華是博雅專業的人才搖籃
　右　承先啟後，繼往開來

就職三周年校務報告

2013年2月1日　星期五

梅貽琦校長於〈從游論〉中提到，「學校猶水也，師生猶魚也，其行動猶游泳也，大魚前導，小魚尾隨，是從遊也，從遊既久，其濡染觀摩之效，自不求而至，不為而成。……」清華在台復校56年以來，師生兢兢業業，紮實耕耘，造就百年清華璀璨風華。今年清華佳訊連連，展現教師強大的研究實力，而適逢梅校長逝世五十周年紀念，清華這一年來的表現，除長昭梅校長精神外，也檢視吾校在創校百年後發展重點。

一、積極延攬特優教師加入清華團隊　起領頭羊之效

教師為大學之主體，清華在建校初期，以累積聲譽，加上庚款經費的優勢，得以延攬最優秀師資加入團隊；多年來清華積極維持延攬人才的優良傳統，因此教師的平均表現始終在兩岸四地大學中居首。兩年前本校名譽博士侯貞雄董事長如及時雨般，於清華設立「侯金堆講座」，作為延攬及留任一流人才，提昇教學與研究品質，朝學術卓越之頂尖大學邁進之經費。這項捐款是清華邁向國際頂尖大學的利器之一。

本校在聘任特優教師方面，首先聘請到美國伊利諾大學電機系鄭克勇教授及謝光前教授到清華任教。而前年退休的「終身國家講座」陳壽安教授，也因「侯金堆講座」得以打破以往人事制度的限制繼續留在學校。這兩年來，兩位返國任教的教授建立符合國際水平的實驗室展開科技前沿研究，而二位教授分別榮獲去年及今年國內半導體領域極為難得的「潘文淵獎」，陳壽安教授則持續積極進行高水準的研究，著有佳績。

今年，三位新科「侯金堆講座」分別為國際馳名血液學、腫瘤學、血管

與幹細胞生物學頂尖學者伍焜玉講座、國際知名理論物理學家，美國物理學會會士，擔任美國費城Drexel大學講座教授多年的馮達旋講座，以及國際數論、編碼理論頂尖學者，擔任美國賓州州立大學教授多年，曾榮膺難得的Alfred Sloan Fellow榮譽的李文卿講座。同時英國Durham大學講座教授，英國物理學會會士，也是理論物理頂尖學者，「傑出人才講座」朱創新教授也於101學年度加入清華。前後六位「侯金堆講座」與朱創新教授將在清華持續發光發熱，大放異彩，共同為清華「打造華人首學，邁入世界頂尖」努力。

二、優質產學研成果　展現教師驚人學術深度

清華教師群素以卓越的教學實力及研究能量聞名，每年發表論文（SCI、SSCI、A&HCI）篇數，由94年1,138篇成長到101年1,702篇；高引用論文由94年之41篇成長到101年之126篇；Impact Factor前15%論文由94年的433篇成長到101年的785篇。本年度本校教師發表在頂尖期刊發表論文數，更是喜訊連連，本年度刊登於Science期刊論文四篇，Nature期刊論文兩篇，以及Cell期刊一篇，為台灣之冠。

此外，教師獲獎不斷，包括王素蘭、陳博堭教授榮膺第十六屆「教育部國家講座」；宋信文教授榮獲第五十六屆「教育部學術獎」；方維倫、王晉良、宋信文、宋震國、江安世、余怡德、葉哲良、張介玉、蘇朝墩、陳福榮等十位教授榮獲101年度「國科會傑出研究獎」；李夢麟、傅建中、楊家銘、嚴大任、張介玉，及雷松亞等六教授榮獲101年度「國科會吳大猷先生紀念獎」。

孔慶昌、朱創新教授獲聘為100年度「傑出人才講座」；李瑞光及張孟凡二位教授榮獲2012年「中央研究院年輕學者研究著作獎」；陳信龍教授榮獲2011年「侯金堆傑出榮譽獎」；謝光前教授獲2012年「潘文淵文教基金會研究傑出獎」、闕郁倫教授獲2012年「潘文淵文教基金會考察研究獎助金」；黃暄益教授獲第十屆有庠科技論文獎、賴志煌教授獲第五屆「有庠科技發明獎」；簡禎富教授榮獲第22屆行政院「國家品質獎—個人獎」，以及江安世教授獲2012年發展中世界科學院生物科學類「TWAS」獎等。

為能將學術知識轉化成為產業技術精進的觸媒，帶領台灣產業升級，「聯發科技」、「台達電子」及「聯詠科技」等標竿企業於清華設置「機構對機構

之聯合研發中心」，而「工研院」、「長庚醫院」、「馬偕紀念醫院」與「臺大醫院新竹分院」等也都與本校簽訂聯合研究合約。99年起本校與北京清華大學整合雙方資源，共同進行合作研究，並於101年10月正式簽訂「兩岸清華大學合作研究計畫協議書」。

本校極為重視智財之保護與運用，美國專利獲證數由99年度38件；100年度有70件，而101年度有109件，成果獲得「2012年（第一屆）湯森路透台灣創新獎」肯定。在技術移轉部分，101年度技轉金收入達新台幣6,035萬元，較99年度成長近兩倍。此外，本校今年已連續第五年獲得「國科會績優技轉中心」獎勵之肯定。本校育成中心成功已培育119家公司，其中有61組師生創業，10家公司進駐新竹科學園區，8家完成上市櫃。

為滿足蓬勃的產學及育成需求，並展現對產學合作業務永續經營的決心，本校將於南校區興建地上9層地下2層之「產學研發暨育成大樓」，預計於103年底落成。另外，緊鄰之「產學研發暨育成大樓」旁的應用科學研究大樓（簡稱清華實驗室）工程，為一地上九層地下一層的建築物，建築樓地板面積約5000餘坪，除了材料系、化學系、化工系以及物理系四系各分配二個樓層使用外，其餘樓層將由研發處統一控管，現已獲碩禾電材、天瑞公司、上緯企業、正文科技、承德油脂李義發董事長等多位物理系系友、及鼎信顧問公司呂正理董事長等多位化學系系友捐助，順利募得超過一億八千萬元的資金。未來二棟大樓將可發揮創新基礎研究，由學術研究扶植新興產業，共同為我國產業轉型及尋找下一個革新性關鍵產業而努力。

三、全方位打造符合潮流的優質學術園地

清華的教育理念是希望透過充實、豐富與多元的校園生活，使學生未來能活出精彩人生。學校致力於提供良好的環境，使在良師益友的互動下，打好基礎，培養能力，拓展視野，建立正確價值觀，積聚人脈。

網路課程若能持續良性發展，將有可能成為大學基礎課程的主流。清華自99年8月起，著手進行軟硬體系統之改進，並提供專屬中、英、簡體獨立網站介面，讓使用者更容易搜尋擬學習之課程後，持續推動全影音式開放式課程計畫。目前平臺上計有自然科學學群17門，人文社會學群13門，工程學群13門提

供43門開放式課程。此平臺建立後共計有27個國家使用、網站訪客數233,700次、課程總點閱數2,104,689筆，未來應更精緻化與普及化。

自100學年度起，全校共同必修「英文領域」課程，修習時間改為3-4學期。102學年度（含）以後入學之學士班學生，一般生英文領域課程學分為6學分，學士班學生並均應通過本校訂定之英語能力檢定考試之畢業門檻，未通過者須於畢業前修習「指定英文」及格，始得畢業。另已完成建置「清華英語自學網」（Live ABC）線上英語學習平台，藉此增加學生對於英文學習的接觸，也達到大量並持續學習英文之目的。

本校積極鼓勵教師英語授課，100學年度英語授課共計367門，約佔全校開課比率12.2%（不含語文課程）。為擴大多元招收外國學生，賡續與中央研究院合辦「國際研究生學程」。100學年度共有「化學生物學及分子生物物理學」、「分子科學與技術」、「奈米科學與技術」、「計算語言學與中文語言處理」及「生物資訊學」等學程，核定招生名額36名。另與國際合作發展基金會合辦IMBA（國際專業管理碩士學程）與IMPISA（國際資訊科技與應用碩士學程）。

為給予城鄉高中平等之機會，本校96年推動繁星計畫，100學年度起繁星計畫與甄選入學之學校推薦結合為「繁星推薦」，並已擴及各大學參與。96至100學年本校經繁星計畫入學學生，其畢業高中有56所過去從未有畢業生進入本校就讀。101學年度統計亦有16所高中，近3年未有畢業生進入本校就讀。

本校規劃改進運動績優生招生方式，於98學年度起以大一不分系方式招收音樂績優生，100學年度起招收美術、體育運動績優生。101學年度增加基礎科學組，招收對基礎科學有興趣之學生。102學年度起擬再增加不分系戊組。此外，99學年度起，提供相關類群之學系招收由四技二專甄選入學管道的高職生，讓校園文化更多元化。

為爭取大陸優秀學生前來就讀，本校自100年度起赴大陸重點學校舉辦「新竹清華日」介紹本校各領域的重點研究，以加深陸生對新竹清華的認識，未來並將經由本校與大陸知名大學雙聯學制的合作。101學年度本校計招收大陸碩、博士研究生共計23名，較100學年度增加6名。

為擴展學生多元學習視野，繼與國立臺南藝術大學、國立臺北藝術大學之後，本校再與金門大學及政治大學簽訂學生交流協議。藉由跨域結合，整合優

質的學科，讓學生透過不同的學習氛圍，擦撞出全新的火花。另外，101年5、6月為「諾貝爾大師在清華月」，密集邀請五位諾貝爾大師至清華園演講，經典講座內容，除作為教師學術交流管道，也開拓學生學術視野。

四、開放學風　成就博雅專業的學生表現

梅貽琦校長重視「通才教育」，認為應以「通識為本，專識為末」，要求學生對自然、社會與人文三方面都具有廣泛的知識儲備，不應只做一個「高等匠人」，應以成為一個「完人」。

本校為培養一流人才所需的國際觀、人道關懷、服務與奉獻精神、體察國際脈動及培養互動溝通與群體合作之重要能力，積極推展「國際志工專案」，並已建立口碑，100學年組織70位志工前往尼泊爾、坦尚尼亞、貝里斯、馬來西亞與中國等地，指導人民醫療衛生知識、教導數位科技技能、更帶給偏遠國家的人民來自台灣的溫暖關懷。101年首次出團的馬來西亞團，則透過「文化典藏計畫」保存當地華人社會的歷史、文化與教育資源。而尼泊爾志工團更獲得100年區域和平志工團績優團隊全國競賽國際志工類第1名肯定。

清華學生在各類大賽屢傳捷報，101年度全國大專校院運動會，本校運動健兒以8金6銀4銅之優異成績，在全國165所大專校院總排名高居第9名，游泳隊電機系徐子翔同學更在1500公尺自由式打破大會紀錄，成為國內首位游泳成績低於18分鐘大關的一般組選手；國樂社在101年絲竹室內樂合奏大專團體B組獲優等第一名；管樂社則則拿下101年全國學生音樂比賽管樂室內男隊大專團體B組特優第一名；劍道社也摘下中華民國大專院校100學年度劍道社錦標賽男子組團體得分賽冠軍；台文所朱宥勳同學獲出片第二篇短篇小說集；「清華出版社」出版新書《在世界盡頭遇見台灣》作者羅聿同學，他先到非洲擔任國際志工，再以單車挑戰青藏高原，去年更趁到瑞典「林雪平大學」交換學習一年機會，單騎上路繞行大半個瑞典，親訪遠居異鄉的華僑，為思鄉的遊子寫故事等。由這些例子，可略見清華學生能文能武，潛力無窮。

五、共享優質資源　克盡社會責任

　　本校自99年度加入推動桃竹苗區域教學資源中心計畫，以多年豐富的經驗，協助各夥伴學校建立完善教學助理制度，推廣教學助理培訓課程，辦理跨校教學助理活動，分享區域內的教學資源。另一方面，透過網路教學的遠距課業輔導平臺推廣線上課業輔導服務。自99學年度起網頁瀏覽人數達247,574人，進入教室數達2,926次。此外，於100學年度起推動桃竹苗區域教學資源中心之教學助理平臺，蒐集且建構區域各校教學助理制度資料，分享本校傑出教師教學經驗的文章，提供教學助理精進教學技巧，促進區域內教學資源共享，同時提供特色職涯文章瀏覽與分享，提升教學助理之競爭力與軟實力，瀏覽人數累計227,622人。

　　本校與國立科學工業園區實驗高中於98學年度起共同辦理高中科學班，以本校優越的教學環境和卓越師資，培養學生從事個別科學研究的能力和創造力，兼顧應具備的人文素養。第1屆學生已順利完成高中科學班學程，並於101學年度大學甄選及考試入學取得優異成績。

　　「清華開放學堂」，受到聽眾熱烈反應，101年度賡續辦理，另為讓社會大眾得以跨領域的通識學習，透過不一樣的元素，激盪出更燦爛的火花，同時使學術走出殿堂進而回饋社會，特別精心策劃辦理「清華通識講堂」系列演講，邀請文藝界以及各領域專家分享豐富的通識知識。

　　繼辦理「高雄清華講座」後，100年10月本校再與臺中市政府簽署合作協議，為城市與大學建立知識創新的夥伴關係。自100年11月起，共計辦理4場「高雄清華講座」、6場「臺中清華講座」，吸引臺中市民踴躍出席，反應熱烈。為與更多的社會大眾分享學術的趣味，使之得以一窺學術殿堂之奧妙，再推動「國立清華大學2012高中學術列車」活動，邀請本校各領域教師分赴全國12所高中（遍及臺灣全島和金門），於週末午後每校安排4場演講，共約3000人參與。基於使命感與社會之熱烈迴響，本校於101年度下半年再度推出此學術列車活動，並擴大到13所高中。

六、強力的行政支持　共創璀璨清華

本年除已完成清齋、多功能運動館新建工程等多項100萬元以上工程外，學習資源中心（旺宏館）即將啟用，目前尚有多項新建工程進行中，包括：多功能廳堂（一招B棟）、大禮堂屋頂、館舍漏水修繕工程、男生宿舍自來水支線接管、全校區給水及理學院共同管道支管理設等；而將於近期發包興建之工程則有，學人宿舍、創新育成中心、生醫科學館、綠色低碳能源教學研究大樓、清華實驗室等。另依耐震評估須進行鴻齋、雅齋、新齋、禮齋、西院17-20，以及莊敬樓等建物結構補強工程；並逐一規劃醫環館、物理館、同位素館、化工館等教學館舍廁所改善工程。

在行政管理上，持續推動「電子公文線上簽核」、「精實管理」等專案。「電子公文線上簽核」已於101年1月1日全面正式上線，為本校公文文書「由紙本走向電子」開啟新頁，7月通過中華民國軟體資訊協會「公文及檔案管理資訊系統」驗證。由美國德克薩斯州大學聖安東尼校區傑出首席講座陳鳳山教授帶領推動的精實行政管理方案，全校主管及職技、行政助理人員在進行「精實概念教導」、「精實工具工作坊」及「精實實作成果檢討」等三階段共計11場次教育訓練後，已於101年8月9日舉行精實管理全校第一次成果報告。

為紀念梅校長逝世五十週年本校特邀請王國維先生、梁啟超先生、李濟先生、史國衡先生、夏正炎先生等清華名師後裔出席新竹清華校慶。9月21日舉行「清華文武雙傑吳國楨主席與孫立人將軍聯合紀念會」，以兩位對國家社會有重大貢獻的傑出校友紀念一生奉獻清華的梅校長；10月25、26日另舉行「梅貽琦校長逝世50週年紀念研討會」，以多面向的議題探討大學教育，向不凡的梅校長致意。

梅校長以京劇中的「王帽」自喻，自認是因為運氣好，搭在一個好班子裡，觀眾們對這台戲叫好時，他亦覺得「與有榮焉」。回顧本校近年來的發展，本人亦十分贊同梅校長的說法，「吾與有榮焉」。惟當今高教的挑戰遠勝於過往，清華在欣喜長期累積的豐碩成果之餘，卻不可不正視到我們將面對的困難。

人才訓練的爭議以及「世界大學排名」受社會大眾、家長、學生高度關切，致使學校也不得不正視。然而大學要培育什麼樣的學生，企業界需要什麼

樣的人才,是相關而不相等的問題;而不論是QS、THES或是上海交通大學世界大學學術排名等三項較受注目的評比,都有可受公議的地方。大學不是職業訓練所,但要培養未來謀生的能力,若過於重視大學排名確實會導致重研究輕教學、重理工輕人文、重英語輕其他語言、重規模輕特色等嚴重後果,對大學教育常是弊多於利,清華當持續秉持「自強不息,厚德載物」的精神,以「行勝於言」的務實作為,朝向發展為華人首學的目標邁進。

▲ 兢兢業業,紮實耕耘

就職四周年校務報告

2013年10月31日　星期四

　　大學辦學有多重目標，不僅要在現有基礎上儘量發揮優勢，培養下一代優秀人才，也應將對國家社會與人類有益之事列入重點事項，基本上要存有「利人利己」的精神。回顧這一年來的表現，不論是教師學術研究、學生整體表現、大學部招生情形，以及校務經營管理與創新，都有很好的成果，本人在感謝及讚許各位師生同仁的表現之餘，也期待透過檢視及反饋過程，能激盪出更多的火花，讓清華有美好的成長及發展。

彈性薪資制度禮遇教師加入團隊　起領頭羊之效

　　教師為大學之主體，清華在建校初期，以累積聲譽，加上庚款經費的優勢，得以延攬最優秀師資加入團隊；多年來清華積極維持延攬人才的優良傳統，因此教師的平均表現始終在兩岸四地大學中居首。三年前本校名譽博士侯貞雄董事長如及時雨般，於清華設立「侯金堆講座」，作為延攬及留任一流人才，提昇教學與研究品質，朝學術卓越之頂尖大學邁進之經費。這項捐款是清華邁向國際頂尖大學的利器之一。

　　2012年起，清華新增兩項措施，其一是透過教育部「邁向頂尖大學計畫」經費補助，在現行「教師學術卓越獎勵辦法」內，將原本全校教師除特聘教授、清華講座及清華特聘講座外，獎勵約35%教師的規劃，增加至40%，其新增列的5%用來獎勵助理教授到校服務後，研究、教學及服務表現傑出者。此外，本校也新訂「激勵優秀新聘助理教授獎勵辦法」，透過上述兩項獎勵辦法，除了可以激勵校內優秀助理教授，也希望為延攬國內外年輕優秀學者增加誘因。

在清華校友們的熱心支持下，本校特別設置「葉公超講座」，「葉公超講座」經費用以敦聘當代傑出外交人才來清華任教，意義非常重大。今年本校成立「亞洲政策中心」，該中心將結合清華相關學術及研究資源，扮演中立的智庫角色，發揮政策建議功能。首任中心主任兼「葉公超講座教授」是由美國在臺協會（AIT）臺北辦事處前處長司徒文博士（Dr. William A. Stanton）擔任。

產學研成果綿延不絕　薪火相傳學術能量持續迸發

清華教師群素以卓越的教學實力及研究能量聞名，老、中、青三代教師研究成果亮麗，教師的平均表現始終在兩岸四地大學中居首。每年發表論文（SCI、SSCI）篇數，由94年1,128篇成長到101年1,731篇；高引用論文由94年之41篇成長到101年之134篇；Impact Factor前15%論文由94年的435篇成長到101年的792篇。

延續去年的能量，今年本校教師發表在頂尖期刊發表論文數，更是喜訊連連，迄今已被接受或受邀刊登於《Science》期刊論文共計四篇，為臺灣之冠。此外，教師獲獎不斷，包括王素蘭、陳博現教授榮膺第十六屆「國家講座」；宋信文教授榮獲第五十六屆「教育部學術獎」；方維倫、王晉良、江安世、余怡德、宋信文、宋震國、張介玉、陳福榮、葉哲良及蘇朝墩等10位教授榮獲「101年度國科會傑出研究獎」；李昇憲、段興宇、謝豐帆、闞郁倫等4位教授榮獲102年度「國科會吳大猷先生紀念獎」；江國興、張介玉二位教授榮獲2013年「中央研究院年輕學者研究著作獎」；宋信文及季昀二位教授獲得第十一屆「有庠科技講座」；吳孟奇、孫玉珠、江安世及林皓武等四位教授獲得第十一屆「有庠科技論文獎」。

此外，王素蘭教授榮獲第六屆「臺灣傑出女科學家」殊榮；潘犀靈教授獲頒第十九屆「東元科授獎」；柳書琴、孫玉珠二位教授榮獲101年度「中山學術著作獎」；林秀豪教授獲全球開放式課程聯盟年度大獎；張介玉助理教授獲頒晨興數學銀獎及第七屆建大文教基金會傑出年輕金玉學者獎；陳文華教授獲國際計算及實驗工程與科學會議「終身成就獎」，以及陳柏宇助理教授獲2013年TMS美國礦冶與材料學會年輕領袖獎。鄭建鴻教授獲邀國際頂尖期刊德國應用化學雜誌刊登其作者簡歷（Author Profile），為臺灣學術界第一位獲此殊榮者。

為了展現對產學合作業務永續經營的決心，籌建的「產學研發暨創新育成大樓」已於六月底發包興建，預計於103年底落成。另外，建築樓地板面積約5000餘坪的應用科學研究大樓（簡稱清華實驗室）也於近期開工，落成後將由材料系、化學系、化工系以及物理系四系及研發處共同使用；為能將學術知識轉化成為產業技術精進的觸媒，帶領臺灣產業升級，本校目前有「聯發科技」、「台達電子」及「聯詠科技」等標竿企業在清華大學設置聯合研發中心。而「工研院」、「長庚醫院」、「馬偕紀念醫院」與「臺大醫院新竹分院」等也都與本校簽訂多年期合約。102年本校與「國家實驗研究院」暨「同步輻射中心」簽署合作協議書，未來三方將合作共創完整的育成及產學合作環境。

　　本校積極鼓勵教師將研究成果推廣運用，也極為重視智財之保護，美國專利獲證逐年成長。而技術移轉成效明顯，101年度完成了146件技轉案，技轉金收入達新台幣6,035萬元，較100年度業績成長54%，也連續五年（96-100年）獲得「國科會績優技轉中心」獎勵。此外，本校育成中心支持師生創業蔚為風氣，成功培育129家公司，其中有64組師生創業，10家公司進駐新竹科學園區，8家完成上市櫃，績效卓著。本校更因研發領域具創新精神，榮獲第一屆「2012年湯森路透臺灣創新獎」的肯定。

多元且優質的學習環境　培育全方位的清華人

　　今年八月指考放榜，電機系排名躍居第二類組全國第八名，且全校甄試錄取成績與報到率雙雙提高，足見本校務實辦學精神廣為社會大眾肯定。清華的教育目標是要培育「學養均優」、具備獨立思考及判斷能力，且能「推己及人」的清華人。本校創新制度，吸引多元背景且深具潛力的學子加入清華園。為滿足學生的學習慾望，學校不僅在現有的條件下提供豐富的學習資源，也全力引進外部資源，使清華學子得以享受充實、豐富與多樣化的校園生活。學生們也能在良師益友的互動下，打好基礎，培養能力，拓展視野，建立正確價值觀，積聚人脈。學生具備多元背景，方得以豐富校園文化，更有利於彼此間的學習與成長。透過繁星計畫、院學士班及大一不分系等更具彈性的入學管道，讓本校的學生來源更為廣泛，是以，學生不論是課堂間的互動或是課外活動的參與，都瀰漫良好的學習氛圍。而近年來學校提高甄選入學招生名額，並保留

名額優先錄取弱勢家庭學生、也首先提出「旭日計畫」甄選新生，除了盡大學教育之社會責任外，也基於「惜珠」的理念，希望讓處於弱勢環境中但有潛質的高中生有奮發向上的機會。

　　為爭取大陸優秀學生前來就讀，本校自2011年以來，積極至大陸高校舉辦「新竹清華日」，藉由現有與大陸各知名大學交流合作的基礎上來招收大陸學生，並經由本校與大陸知名大學雙聯學制的合作，吸引大陸優秀學生前來就讀。此外，今年9月，本校開國內大學之先，赴美國招生，獲得很好的迴響。

　　全球化的浪潮下各大學也以嚴肅的思惟來面對國際化的挑戰。清華積極向海外招生外，也加強提昇英語教學環境及華語授課課程，以滿足不同背景的學生需求。在課程方面，101學年度英語授課每學期開授約331門，約佔全校開課比率13.6%（不含語文課程）。此外，透過臺灣聯合大學系統華語教學整合計畫經費補助，增開各級華語課程，受惠者除學生外，也包括外籍教授及其家屬，使其更能融入臺灣在地生活。

　　語言中心於100年完成建置「清華英語自學網」（Live ABC）線上英語學習平臺，自102學年度起增開「英檢網」線上平臺提供全民英檢模擬試題，強調本國籍學生英語實力的提升，建構校園友善外語環境。

　　網路課程日趨成熟，海內外各著名高校莫不投入資源，積極以對，清華亦不落於人後。在全影音式開放式課程（OCW）部分，本校提升影片後製品質、影片輸出格式變更，以多元格式來滿足不同設備使用者，目前提供54門課程，網站訪客除來自臺灣地區外，國外使用者遍及歐、美、亞、大洋洲。101學年度本校也與YouTubeEDU合作，著眼與國際的接軌，其中「熱統計物理」課程更獲得「全球開放式課程聯盟」多媒體類年度傑出開放式課程獎。另外，本校也藉由執行台聯大雲端經典課程計畫，積極推動大規模開放式線上課程（MOOCs）。

自由開放的學風　成就博雅專業的學生表現

　　清華強調學生專業領域的學習，亦重視博雅教育的養成。鼓勵學生自我挑戰，積極參與各類活動，並培養思辨能力、具同理心，能成就自己，也成就他人。

本校為培養一流人才所需的國際觀、人道關懷、服務與奉獻精神、體察國際脈動及培養互動溝通與群體合作之重要能力，積極推展「國際志工專案」，並已建立口碑，清華大學101學年度組織68位志工帶著臺灣的溫暖，前往尼泊爾、坦尚尼亞、貝里斯、馬來西亞、獅子山等地。坦尚尼亞團今年與ASUS廠商合作募得電腦主機組，帶給當地民眾並教導使用，增進當地數位科技能力；出訪經驗最豐富的尼泊爾團，依舊持續在尼泊爾偏遠地區進行衛生教育與個人保健的宣導服務。101學年度國際志工團首度前往西非獅子山共和國與當地教會進行電腦資訊服務教學。

學生創意不斷，策劃多項特色活動，舉凡101學年新生手冊、導茫手冊、第四屆清華馬術節、101學年度社團展演、2012萬聖舞會、2012「衝三校」校園演唱會、2013人社院鐘塔跨年、2013癸巳梅竹工作會—潘達弗克斯盃系列活動、2013月涵文學獎系列活動、57th校慶園遊會與校慶演唱會、2013合唱團「吾・拾歲樂」五十週年音樂會、2013三社聯合舞展12週年、2013萬國博覽會、2013風箏大會、2013「漫天夠嗨：十三王牌」畢聯會畢業系列活動、2013第十二屆兩岸清華研究生學術交流互訪活動等，均順利進行，頗受好評。

清華大學本著五育均衡的教育理念，對於體育的重視一脈相承，培養學生健康體魄、訓練學生團結合作，更再度榮獲教育部大專組體育績優學校獎，對於清華是莫大的鼓舞與肯定。清華代表隊在102年全國大專運動會上大放異采，創新竹清華校史上最佳戰績。以16金3銀9銅的成績，在今年163所參賽學校中高居第六，且為非體育科系學校第一；而棒球隊在眾人的期待中，奪得101學年度全國大專棒球聯賽一般組冠軍；足球隊以2比1擊敗強敵臺灣大學，首度奪得冠軍榮耀，並於明年晉升公開男子組第一級。此外，首度舉辦的台清校際友誼，共進行14項競技，有體能、有益智，清華最後以九比五的總成績獲得友誼賽的勝利。

學生勇於挑戰自我，發揮「自強不息」的校訓精神。每一年出國交換的學生很多，分生所羅聿是第一位到了國外還去關心當地華僑，為思鄉的遊子寫故事的清華學生。他用行動表達對社會的關懷，展現「厚德載物」胸懷。回臺後，羅聿將在瑞典當交換學生期間的所見所聞，撰寫成《在世界盡頭遇見臺灣》專書，由清華出版社出版，獲邀在今年台北國際書展中發表。

清華學生也在為國家拼外交，善盡親善大使的角色。由本校承辦的「台美

加暑期研究生研習計畫」（簡稱SIT，Summer Institute in Taiwan）已邁向第13年，2013年共邀請美、加地區共29位研究生來台進行學術交流，清華12名學生組成接待小組，帶領外國學生參觀臺灣在地文化，感受臺灣之美。而清華學生今年暑假有兩個團隊，分別代表中華民國外交部到加拿大及斐濟進行文化及議題上的交流，讓臺灣在世界地圖上動起來，也要讓外國人更瞭解臺灣。

豐富且優質的校園資源與大眾共享　克盡社會責任

101學年度本校開始執行「大學院校協助高中優質精進計畫」，課程支持方案分為「體驗探究物理之美與妙」、「體驗科學之美與妙」二種課程，101學年度共辦理17次研習，共有650人次高中生參與。而由本校提供優越的教學環境和卓越師資，與國立科學工業園區實驗高中自98學年度起共同辦理高中科學班，以培養學生從事個別科學研究的能力和創造力。第1屆學生已順利完成高中科學班學程，並於101學年度大學甄選及考試入學取得優異成績。八八水災後，為培育原住民菁英於屏東屏北高中成立的「小清華班」，不但發展具原住民文化特色及生態保育課程，還引進清華學院實施的住宿教育，今年第1屆畢業生交出漂亮成績單。

本校於102年7月辦理5天4夜科學營活動，對象為武陵高中、國立科學工業園區實驗高中、新竹高中及新竹女中學生。由本校教師進行專題演講，並安排參觀同步輻射中心、腦科中心、反應爐等，學生反應甚佳，未來將視舉辦狀況將名額開放給其他高中學生參與。從101年起推動「國立清華大學高中學術列車」，與各地高中合作，由本校各領域教師巡迴各縣市，於周末午後安排2-3場演講，各界迴響熱烈。102年度除金門外，更跨海行駛至澎湖馬公高中，希望能給予偏鄉地區學子更多知識的探索和啟發。為使準大學生們可善加利用大學甄選入學放榜後至開學此段珍貴時間，有別於他校安排「功能性課程」，於102年5月舉辦「文學一日營」活動，參與活動學生近百人。清華開放學堂及通識講堂開辦以來一直深受好評，102年度賡續辦理，讓新竹市民有機會體驗「一日清華人」，並讓社會大眾享受大學豐沛的資源，以及領略跨領域的通識內涵。

當前全球的經濟局勢對企業經營是一個挑戰的年代，而做好企業管理在這個階段益形重要。「清華」是一個很好的品牌，有能力整合產、學、研資源，

打造一個專業的終身學習平台，是以首次開辦「清華學堂n次方」，結合業師及本校教授，傳承產業智慧。學員背景多元化，師生間雙向交流熱烈，產出更多火花。

本校積極與國際著名大學及學術研究機構進行學術交流及研發合作，本年度共簽署23項學術合約，累計已與全球160所學校與著名機構締結姊妹校，透過國際學術合約之簽署，推動本校國際學術交流之相關業務，緊密與國際接軌，並接受教育部委託，於印度設立四所「印度臺灣教育中心」，深獲好評。

為拓展學生國際視野，鼓勵同學至海外一流大學進行交流，本校選送出國交換生人數年年成長，由99年33位擴增至102年71位。至今，本校學生參與之國際交流計畫已遍佈全球18個國家、48所姊妹校。另外，為擴大招收優秀外國學生，多元校園文化，積極招收外籍學生，本校外國學生人數（含僑生）自397人（97學年）增加至489人（101學年），呈穩定成長的狀態。

強力的行政支持　共創璀璨清華

經過嚴謹的評審過程，本校榮獲第23屆「國家品質獎──機關團體獎」殊榮，證明清華不僅學術聲譽傲人，校務經營管理績效也是頂尖。而為了活化校務資金以及解決校務基金不足等問題，財務規劃室成立「永續基金」，期能善用企業及校友所贊助之資金，在穩健投資之原則下，增加投資收益，取得中長期之投資報酬，以強化校務基金之收入、管理及運用，有利於大學永續經營。

校友體育館、學習資源中心（旺宏館）、奕園公共藝術設置計畫「對奕、對藝」和清齋新建工程公共藝術設置計畫都已於101學期正式啟用，第一招待所B棟也將於近期完工，再加上包括自來水支線接管、公共區域路面及人行鋪面修繕、同位素館周邊改善、理學院共同管道支管埋設、駐警隊區支管埋設、巴歇爾量水堰新設、小吃部前木作平台（野台）整體翻修、教學館舍周圍路面及設施修繕、工科館周邊道路及排水改善等9項基礎設施新興及改善工程的完工，不僅為清華校園增添新風貌，也使校園環境更加完備。

此外，包括創新育成中心、學人宿舍、生醫科學館、清華實驗室、綠色低碳能源教學研究大樓等5棟房屋建築新建工程，和多項基礎設施新興及改善工程、變電站設備更新改善等工程刻正進行或規劃中。

在行政管理上，持續推動「電子公文線上簽核」、「精實管理」等專案。「電子公文線上簽核」上線以來，除每學期舉辦教育訓練、對新任主管抽樣訪談簽核使用情形外，並舉行業務座談，也積極推動檔案應用及優質管理。推動「精實管理」行動方案係為達成調整組織，建立支援校務卓越化的制度，增加行政人員之專業能力，提升校務之經營管理效能；今年除賡續落實精實管理與全面品質管理文化外，更邁入進階綠色精實階段。而統整電資學院及主計室專案之「國外差旅費報帳系統」也於今年正式上線，嘉惠全校同仁。

　　依「上海交大兩岸四地大學排名」公布2012年排名，若將規模以及資源投入兩項因素納入考慮，清華已是名副其實的「華人首學」。校務發展是一項「承先啟後，繼往開來」的工作，端賴各位師生同仁持續不懈的努力，成果方得維持，並進一步追求精進。在此，深深地感謝各位無私的付出。

　　另一方面，臺灣各大學正面臨極大的挑戰。清華在校務發展上，目前面臨兩大困境，一是博士班招生問題，二是學校經費問題，在博士班招生方面，今年招收的學生數約為教師人數的一半，如此趨勢不變，未來每位教師平均每兩年只能收到一位博士生，在臺灣普遍缺乏長聘研究支援人力的情況下，對許多領域的競爭力將造成很大的衝擊；同時，由於政府長年編列高教預算不足，近年來雖然有「邁向頂尖大學計畫」挹注每年12億元，讓校務能比較順利推動，但根據教育部的規劃，未來三年將各減少1.8、3、4.2億元，這兩個問題都需嚴肅正視，並動員清華所有的力量，加以克服。

　　由於中國大陸以及新興亞洲國家的快速崛起，亞洲對勇於挑戰新世界秩序人士吸引力日增，清華擁有很好的機會；外國學生到亞洲學習日益風行。臺灣是一個連結歐美、日本、中國以及新興亞洲市場的理想中繼站，在世界經濟中扮演重要角色，清華如何以當前具前瞻性的研究水準及環境，把握機會，將大環境的逆勢轉化為優勢，將是我們下一步重要的課題，也仰賴各位集思廣益，共同創造新局。

▲左　不斷努力創新突破
　右　大學基本上要有「利人利己」的精神

清華出版專書序言

　　匯集由國立清華大學出版社所出版，與清華相關之歷史沿革、人物故事、學研成效等系列專書序言。以圖文並茂的紀錄，觀看清華校史軌跡、校園情誼、綠能願景、原子核能研究、藝術搖籃、人文關懷、產學合作、基金會發展、體育通識、國際志工等多彩豐碩的成果。

「綠能清華」專書序言

2010年6月14日　星期一

清華電動車和磁浮車

　　清華電動車和磁浮車一路以來的研究與發展，可說是我親眼目睹。1977年我剛到清華的時候，毛高文院長率領著一群電動車研發專業團隊，正如火如荼的進行著在當時台灣社會造成轟動，對業界、學界都有深遠影響的跨領域整合計畫。這個大型計畫，當時不僅得到相當的資源，也獲得報章雜誌廣泛報導，可說是一個高知名度的研發工作；現在回頭看，人才延攬是很重要的，像是此計畫的推手——毛高文院長，以及黃光治教授、萬其超教授、孫如意教授等均是一時之選。此外就是科技整合的意義，因為有一群來自清華工學院各系各有所長的年輕教授，所以能夠響應這個重大的研發工作，並且做出具體的成果。

　　不免遺憾的，這樣的研究成果無法推廣到產業界。我們都知道一個產業或是一個工業的發展受到很多因素的影響，時機的影響當然重要，譬如說那時的電池就趕不上實際的需要，電池那麼重，影響了電動車的性能，還有成本始終無法壓下來，但是研發工作本來就是這樣，要整合不同領域的人才、訓練學生及技術人員，從過程中獲取經驗、體驗失敗、滿載成果，也算是達到了它的目的。

　　磁浮車也幾乎是同樣的故事重演。當時有幸延攬到長期在通用汽車公司擔任高階主

▲ 清華永遠的驕傲

管的汪積昌教授；在他的帶領下，組織了一個跨領域的團隊，經過不斷的研發及改進，接連發展出磁浮車1號、2號及3號。事實上，這兩項研究成果也為清華做了很多公關工作，只要有貴賓來參訪，一定招待他去體驗電動車平穩的行駛、去觀賞磁浮車在軌道上緩緩滑行。我想，這會是清華永遠的驕傲。

　　賡續著清華歷任校長高瞻遠矚的視野與永續經營的情懷，本人上任以來就立即成立新能源綠色校園推動小組，以將清華改造成新能源綠色校園為願景，半年以來已完成初步規劃，並全面實施中，期望成為國內外大學校園的典範。這正與前任校長推動電動車與磁浮車不謀而合且相互輝映，相信這又會是清華的另一項驕傲。

▲ 親眼目睹清華電動車和磁浮車的研究與發展

▲ 賡續高瞻遠矚的視野與永續經營的情懷

「溫馨清華」專書序言

2010年10月27日　星期三

百年清華　更見瑰麗風景

　　清華建校以來，格外注重「研究學術」與「造就人才」兩大理念。清華校史上名家輩出、學術成果豐碩，時值西曆2011建校週年之際，特編纂校慶百年系列專刊以誌其盛。而在系列刊物中，《溫馨清華》一書獨樹一幟，設計上別有新貌，在內容取材上亦另有旨趣。書中記錄清華園內豐沛的情感與人文的關懷，因此儘管內容非關學術，卻洋溢著激勵人心的澎湃能量；儘管非為名人著傳立說，卻能傳達校園生活裡的不平凡。

　　在《溫馨清華》的篇章裡，校園內各種面向的情感有了具體的面貌，因此可看見同學間甜蜜的愛情、堅定的友情；師生間亦師亦友的關懷之情；也可感受到校友對清華的孺慕之情，甚至是對青春年華的追憶與梅竹賽對手的惺惺相惜，無一不躍然紙上。如此愛人愛物愛校的典範，也正是今日大學生品德、人格養成的最好教材，更與「厚德載物」的校訓遙相呼應。此書收錄各類情感篇章，賦以「溫馨」本質為名，放眼當今國內外大學尚無此舉，亦盼此書能開風氣之先，讓校園內豐富多元的情感，造就更具人性關懷與人文思想的校園文化。

▲ 記錄清華園內豐沛的情感與人文的關懷

清華之美，不僅有水有木，更在於景有內涵。《溫馨清華》裡的動人故事與輕靈淡彩，能讓人深深感受到清華人對生命的感動與真情的流露、人際情誼的涵養與百年歷史的共鳴，因而清華園裡的一景一物，無不被寄託了代代清華人的情感歸屬，百年校園風景在每個人的眼中，更有不同的瑰麗與華美。相信不管是畢業多年的校友抑或在校的師生們，應該都能夠在60餘篇故事中找到共鳴的情懷。《溫馨清華》是一冊兼具浪漫與感性的校園情誼全紀錄，也是一本充盈人文與關懷的文學作品，更是一頁饒富深意的教育手札。

「創業清華」序言

2010年11月10日　星期三

　　我的童年及青少年時期，就在清華校園旁的光明新村成長，對於清華悠久歷史與光榮傳統，早已耳濡目染，對新竹清華建校過程的蓽路藍縷，更是印象深刻。1977年回到新竹在清華教書研究，至今已30多年。

　　30多年來，我看著一屆屆學生畢業，在事業上各自闖出一片天，又在校園中、或街頭巷尾與我相遇。聽著他們分享著事業與人生的高低起伏，有時不免自問，清華人的特質是什麼？清華的教育賦予他們哪些往後面對挑戰的態度？

　　在這本《創業清華》書中，作者訪問了55位校友，大部分在台灣創業成功，或者在知名國際企業中一路晉升至高階經理人。他們都是在清華時期，隨著大環境薰陶，師長的身教言教影響，以及個人自我惕厲，讓性格中「專注」與「勤奮」的特質更為彰顯，在畢業投入社會前，就建立起日後創業及經營管理的基本態度。

　　我常告訴學生，尋找研究題目除了是本身有興趣的領域外，如果對世界人類福祉有幫助，是更理想的事。本書中的校友創業故事，也如同尋找研究題目一般，創業研發的產品，不僅是他們極感興趣的技術，且研究發展出的產品，也往往成為使我們生活更有效率、更健康的產品。從台灣早年的石化相關、進而轉至半導體、電腦、通訊，乃至近十餘年的太陽能、LED、軟體應用等技術，都有清華人深耕貢獻的角色，在金融、保

▲ 彰顯性格中「專注」與「勤奮」的特質

險、法律、出版、藝術、房地產等多元化領域，清華人也從不缺席。

　　希望閱讀這本書的新竹清華校友，可以從中感受到當年清華園中濃郁的同學師生情誼，回想起水木清華的秀麗校園中許多美好回憶。對於還在清華求學的同學，希望你們能從學長姊們的創業故事中，領略清華人精神的正面價值，對規劃未來人生更有助益。

　　而對於大部分未曾造訪台灣的北京清華校友，希望能從這本書許多人物故事間，看到「我們新竹清華這些年」，特別是40年前台灣從農業社會轉型為工業社會過程中，清華人貢獻的心力與智慧，以及開拓出的影響力等。

　　適逢清華百年校慶，校園將建立多功能體育館，學校規劃成立百人會，由100多位校友各慷慨捐出100萬元以上，共一億餘元捐款，做為體育館建館經費。《創業清華》書中介紹的校友，許多人已是「百人會」成員。希望未來校友們不只是金錢上的捐輸，更能將創業及經營心得傳承給學弟妹，讓這一代年輕人可以接棒上一世代學長姊的熱情與勤奮。

「原子能與清華」序言

2010年11月25日　星期四

　　清華大學在台建校後有相當長的一段時間可與原科院劃上等號。初期不但順利執行我國第一座核子反應器的建造與運轉，也培育台灣至今唯一在本土完成碩士研究諾貝爾化學獎得主李遠哲校友。明年清華大學歡慶在台建校五十五週年，也正代表台灣發展核能五十五年，在我國核能發展史上，別具意義。而清大自始至今，為全國唯一兼備教學與研究的核能科技之教育機構，「只此一家，別無分號」，其歷史地位更是不可撼動。

　　台灣核能發展受客觀因素影響，一方面受到侷限，另一方面則可聚焦於核能基礎研究和平應用，包括同位素與輻射、保健物理、核能發電。由本書第十一章清華與核能發電記載，我國與核能發電有密切關係的原子能委員會與所屬核能研究所以及台灣電力公司核能發電部門，清華人可說扮演「中流砥柱」以及引領的角色，台灣核能發電有今天的規模與績效，清華人居功厥偉。

　　由於美國三哩島事件影響，國際間瀰漫反核風潮，核能發展受到強烈質疑，原科院招生也遭遇衝擊，乃有改名之舉與轉型之議。一方面擴展至奈米系統、微機電系統、電漿科學與工程系統科學、生醫光電、醫學物理與環境科學等領域，另一方面也保存了再出發的元氣，2007年為滿足國內核能人才的需求，以及全世界核能的復興熱潮，核子

▲ 清華「只此一家，別無分號」歷史地位不可撼動

工程與科學研究所（核工所得以恢復成立碩士班，而博士班也獲教育部核定於2008年開始招生。充分顯示清華人的韌性與耐力。

　　核子工程系是清華大學在台建校後最先設立兩個學系之一。1968年畢業生也是清華大學在台第一屆大學部校友，包括民國92-98年擔任校友會理事長的許明德校友。本年第二屆（1969級）校友李偉德博士，捐贈新台幣一億五千萬元協助興建「綠色低碳能源教學研究大樓」，是清華在台建校以來，最大一筆畢業校友以個人名義進行的捐贈，極具歷史及啟發的深義。李偉德校友並非巨富，但他選擇投資教育，「希望協助清華大學早日邁進世界一百大」，嘉惠更多學子，尤為感人。另外清大為籌建「多功能體育館」，以成立「百人會」方式，希望招募百位校友，各捐款一百萬元以上，募集一億元資金，配合學校經費，早日達成興建新體育館的目標，獲得校友熱烈迴響，而其中核子工程系校友至十一月底捐贈已超過一千七百萬元，代表校友對學校培育的感念，展示出強烈向心力。

　　展望未來，核能科技教學與研究是清華大學發展的優勢與機會，也是本校對台灣社會應盡的責任。一方面要面對台灣核能發展受客觀因素影響受到侷限的現實，另一方面也要認清中等規模國家如台灣的迫切需求。觀諸過往，清華人展現出無比智慧與毅力，未來本校核能科技教學與研究應是「前途光明，風景無限。」

「藝於言表」序言

2011年2月10日　星期四

藝術清華慶百年

　　欣逢清華百年校慶，學校規劃出版百年校慶叢書，藝術自然是盛宴中榮耀的一環。校園與藝術的對話由二十多年前的校園一角努力扎根繁衍，至今枝繁葉茂、人文薈萃、氣象萬千，本人自1977年開始任教於清華，深刻感受到長久以來校園藝術文化氣息活絡滋長的歷程。

　　國民政府遷台後選定新竹為清華大學在台復校的地點，初期追求學術上卓越亮眼的表現，而教學內容偏重實用取向的理工相關課程，直到1980年代校方成立人文社會系所，接著通識教育中心隨之設立，才有所改善。但藝術方面的課程則始終在主要教學規劃中付之闕如，而校方也深感建立藝術教育課程的重要。早期在通識教育中心之下籌設「美育實驗課程計畫」藝術教育課程。為提昇藝術教育的成效並刺激更廣泛、更直接的藝術參與及經驗，1988年乃成立「藝術中心」，著手籌劃藝術展覽及音樂表演活動，藉此激發整個校園藝術與人文素養。

　　清大藝術中心發展重點雙管齊下，一直縈繞著兩個核心架構，朝著多元、全方位的藝術活動面向發展：一為靜態的藝術

▲ 枝繁葉茂、人文薈萃、氣象萬千

展覽，包括了繪畫、攝影、雕塑、陶瓷、書法、裝置藝術、數位藝術與公共藝術。另為動態的表演藝術，包含音樂、戲劇與舞蹈。而近年來世界藝術潮流的發展已邁向跨領域的範疇，更證明清大藝中初始的發展重點是動靜兼備切重要領。

藝術中心由綜合二館八樓的辦公空間作為臨時展覽空間開始，一路披荊斬棘，到目前完備的展覽廳與表演廳，並且規劃活動引介當代的視覺與表演藝術菁英之作，也呈現藝術界的多樣化，吸引校內外各階層人士前來欣賞同樂。二十多年的節目活動不勝枚舉時常辦理藝術季、文藝季、專題影展，甚至也照顧到小眾藝術例如風箏展、傳統剪紙、木偶戲、傀儡戲、皮影戲、中國傳統服飾、茶藝、蠟染、相聲、手工書等等，而古典音樂、交響樂以及現代舞、搖滾樂、或實驗劇場等各種表演輪番上陣。

這二十多年來，清大藝術中心已經成為校園和社區文化藝術生活的中心；尤其是在九〇年代，大學尚未有設立藝術中心的風尚之時，更是一枝獨秀引領風華，清大藝中的活動將服務對象擴展到新竹社區民眾，尤其是二十多年來展覽廳持續安排當代國內外藝術家的展覽，累積豐富的視覺藝術資訊給各界參考。本人自擔任校長以來，多次參加校內藝文活動，包括人社院學士班、中文系、外語系畢業戲劇公演、清華樂集、管樂社、合唱團演出、藝文走廊展覽、美術史講座、書法展、畫展等，深感本校藝文氣息濃厚，深入校園各角落。這學期的水墨展覽，我也親臨開幕與座談會的現場向當代水墨藝術家們與民眾致意，更能體會到他們熱烈地沈浸於水墨內化感受與美感經驗之中，充分反映新竹民眾對藝術求知若渴的精神，而清大藝中正是藝術的傳導先鋒，也受到廣大新竹藝術人士的肯定。

本人應邀為藝術中心即將出版的百年校慶專輯撰寫校長序文，藝中是清大人與民眾接近藝術的場域，藝術創新觀念的實驗場所，也體現清大藝術精神與印記。這本百年校慶藝術專書見證清大藝中自創立以來二十多年的藝術軌跡，內文涵蓋藝中相關人士近五十篇的文章，也是藝術界樂見其成的紮實回顧文集，亦是有志從事藝術行政管理的新生與研究大學藝術機構人士的重要參考。

藝術是文化之精華，感謝前人努力，藝術不再是附會風雅的貴族文化，校園內蓬勃的藝術氣息，藝術儼然已成為生活的一部分，師生去圖書館時，自然而然會繞進藝術中心看看展覽，聽聽音樂。放眼未來，期待清華大學藝術中心

在不斷的創新努力下能有更多樣化的藝術呈現，預期藝術能更深入學術殿堂以及每人的生活之中，成為專業的人才搖籃，人人樂於欣賞藝術，喜愛藝術，甚至討論藝術。

「話說清華」、「圖像清華」序言

2011年2月25日　星期五

百年首學　世紀展望

　　走過百年的國立清華大學，不論是從建校的緣起，或是歷史的角度觀察，都是一所很獨特的學校。

　　1909年以美國退還超收的庚子賠款成立「遊美學務處」，並規劃在北京惇親王的清華園內興建「遊美肄業館」，1911年4月29日「清華學堂」正式開學，1912年改稱「清華學校」隸屬於外交部。1928年正式改名為「國立清華大學」，對日抗戰期間輾轉遷校，師生們的足跡走過大半個中國。1949年兩岸分治之後，清華大學於1956年在台建校，而且建校始於建造全國唯一的水池式核子反應器，也就是大家通稱的「原子爐」。1974年同時成立原子科學院、理學院、工學院，相較於其他大學先成立系所、學院，隨後再建校的次序完全不同。

　　與國同壽的清華，不僅師生的學術研究成果傑出，還有許多創新的理念落實在各個層面，例如：研發電動車、實施通識教育、推動校園民主化、擬定中長程計畫建立教育管理制度，還有率先開設中學教師暑期進修班、成立盲友會、從自強基金會進而發展出育成中心乃至於產學聯盟、繁星計畫、清華學院等。

　　國立清華大學圖書館多年來在各單位協助下，持續蒐集、整理許多校史檔案資料，為慶祝清華百年校慶，經陳信雄教授、莊慧玲教授、謝小芩教授、吳泉源教授、陳華教授、許明德校友等校史委員討論後，挑選出具重大意義的主題，委請專人撰寫四十一篇專文，由吳泉源教授擔任主編，輯成《話說清華》

一書；另精選五百餘張年代橫跨半世紀之久的圖片、手稿、文件檔案，配合簡潔的中英文說明，由謝小芩教授擔任主編，編輯為《圖像清華》一書。

兩書以校史為主軸，分別以文、圖為重點的方式，呈現清華大學發展的歷史軌跡，有別於資料堆積，提供具有可讀性的文章與圖片，期使讀者透過不同的角度更深入了解清華師生多元的成果。透過《圖像清華》、《話說清華》兩書，讀者也可以看到清華校園面貌隨著歲月而變遷，但不變的是校友對於母校的向心力與付出。迄今校內多項硬體建設，如台北的月涵堂、大禮堂，還有「百人會」募款興建的多功能體育館等，都來自於校友對母校的回饋。

承此百年校慶，僅以兩書獻給所有的清華人，以及關心清華的各界人士。

▲左　由校史委員挑選出具重大意義的主題，委請專人撰寫
　右　精選五百餘張圖片、手稿、文件檔案，配合簡潔的說明

「游藝清華」專書序言

2011年6月20日　星期一

　　本人在去年上任後，受邀參加藝文走廊的週年慶活動，很驚喜發現原來在行政大樓也有如此藝文氣息的環境，且還是平日讓人感覺最為嚴肅與繁忙的會計室。在胡主任益芬精心策劃及其團隊之巧思規劃下，讓原本只是行政大樓的一條走道，有了不一樣的藝術風貌。且懸掛作品皆為本校教職員工生及眷屬的藝術創作，真正發揮了清華人兼具科學與人文素養精神之特色。

　　藝術的本質在於追求真善美，在生活中佔有極重要的地位；藝術的精神可深入每個人的生活空間，藝術創作的陶冶可抒解工作壓力，藝術欣賞則能開拓心胸並提昇藝術涵養。藉由文化藝術活動的展出，促使同仁在工作之餘，亦可互相切磋琢磨、聯絡彼此感情，提昇生活品味，以達到「生活藝術化、藝術生活化」的目的。

　　行政大樓藝文走廊的誕生，網羅清華師生同仁及眷屬多元化創作，包括：攝影、油畫、彩墨、水彩及充滿童趣之畫作等作品，還有由本校雅心社社員所創作的版畫、瓷盤彩繪及彩繪燈籠等展出，提供琳瑯滿目、美不勝收的視覺饗宴。由展出資料顯示幾個特色：一、藝文走廊歷經兩年餘，共展出14期188件作品，故平均不到兩個月即有一次作品推出，檔期十分緊湊，藉此看得出策展單位同仁的用心；二、期間參與人數超過120人，男、女性比例六、四比，行政與教學單位各佔約52%及48%，亦含括外籍學生及眷屬，參與的普遍性及普及度可見一斑；三、配合百年叢書專輯出版，邀請歷屆校長參與作品展出，藉此展現校長們對藝文活動的支持，更是一大特色與創舉。

　　值此百年校慶，將藝術作品配合百年叢書活動集結成冊之際，謹致序文，藝文走廊是一個屬於大家創作的絕佳空間，希望藉此拋磚引玉，激發同仁們的創作和發表，將可見到同仁們更豐富多彩的藝文才華展現，並提昇本校的藝文風氣。

▲ 發揮清華人兼具科學與人文素養精神之特色

「人培清華」序言

2011年8月20日　星期六

攜手併力，追求卓越

　　1973年國立清華大學校友為協助母校產學合作，捐獻基金成立財團法人自強工業科學技術服務社，為擴大服務項目，自1997年元月起正式改名為財團法人自強工業科學基金會，亦即自強基金會。

　　三十八年來，自強基金會以誠信合作，創新卓越為願景，致力培育高科技人才，提供檢測、代工服務；積極整合產、官、學、研各界之資源，從事工業技術之合作、研發與高科技人才之培育。其研發成果應用在工業材料檢測及半導體／微機電製程代工服務，同時也配合產業的發展，積極推動生物與奈米科技、智慧財產權、科技管理等專業知識與服務，辦理各項國際合作活動促成國際交流。對我國高科技發展與母校產業研發產生了相當的助力。

　　基金會發展歷經蓽路藍縷、積極開拓以迄穩健經營期，見證清華大學校友愛護學校，勇於發想，創立平台促進產學研合作的時空背景，同時歷任董事長、執行長與工作人員也能體認情勢，因應需求，擴大服務項目以及秉持奉獻社會理念，多角經營。另一方面，國內高科技產業與產學合作、政經社會情勢均持續劇烈變化，自強基金會以往引以為傲的多項業務，或陷入紅海困局，或不再適切，不斷面臨極大轉型與調整之挑戰，展望未來，在知識經濟時代，以推動文明進步，增進人類福祉，追求卓越為目標，清華大學當與基金會攜手併力，發揮潛力，共同為基金會永續蓬勃發展努力。

人培清華
——自強基金會

自強基金會發展歷經篳路藍縷，積極開拓，
以追穩健經營期，其多角化的經營，
積極整合產、官、學、研各界之資源，
從事工業技術之合作與研發，進而累積出
基金會如今在國內人才培育之領先地位。

財團法人自強工業科學基金會　主編

國立清華大學出版社
NATIONAL TSING HUA UNIVERSITY PRESS

▲由校友捐獻基金，致力培育高科技人才

「梅竹清華」專書序言

2011年8月31日　星期三

為未來活出精彩人生作最佳的準備

　　梅竹賽是四十多年來清交兩校年度盛事，雖偶有中斷，絕大多數年份都能如期盛大舉辦，喜見兩校同學在激烈的競爭後，情誼不減反增，日後在事業上常能相互扶持合作，梅竹賽也成為不可磨滅的共同回憶。個人自約五十年前成為清華鄰居起與清華結緣，在校內外常能感受到清華校友對學校強烈的向心力，這一定與校友們當年在學時美好校園生活回憶有關，梅竹賽無疑是發揮了定錨的作用。

　　我今年二月擔任校長以後，第一次以校長身分全程參與梅竹賽活動，從校長行程表看來，包括探視梅竹校隊、接受新聞採訪、參加開幕祈福、梅竹演唱會、祭梅、誓師、開幕、各項比賽、閉幕、檢討會、慰勞餐會、老梅竹高球賽餐敘，前後參與約二十場的活動，深受同學們的全心投入、展現的熱情與青春活力所感動。整個過程，包括梅竹籌備會、工作會、選手、啦啦隊、火力班、表演隊、指導師長的努力演練與付出，學校學務、總務行政職技人員鼎力支援，再加上熱情觀眾，一兩千人在三天賽程中，經歷期待、扼腕、

▲ 梅竹賽是名副其實的青春饗宴

興奮、嘆息、喜悅、失望，各種情緒高低起伏迴盪，汗水與淚水交織，同享歡樂，而同學們也大致能做到熱情而不激情，盡性而不失理性，在競爭中避免紛爭，是名副其實的青春饗宴。這種經驗，在台灣大學生活中，應是獨一無二，即在國際上，也是極少見的。梅竹賽期間，選手們竭盡所能一心為學校爭取榮譽，同學們不分所系、年級同心齊力為校隊加油、歡呼、喝采，共同的美好回憶所凝聚的向心力更是所有其他活動所難以比擬的。

曾長期名列世界首富的科技奇才比爾蓋茲的父親在《我是如何教出比爾蓋茲》書中寫到，「不要小看各種遊戲與運動，它可以培養孩子冒險進取的精神、抗壓能力，也讓他學習如何追求成功，以及面對失敗。」清華人何其有幸得以浸浴在梅竹賽的輝煌傳統中，為豐富充實的校園生活留下青春註腳，為未來活出精彩人生作最佳的準備。未來所有清華人當為梅竹精神的發揚光大共同努力。在此順便一提的是學校正積極籌建新多功能體育館。近十年來，清華學生人數雖大幅成長，但運動場地卻受限於校地、經費等諸多因素，無法相對成長，以致室內運動場空間嚴重不足，興建新多功能體育館刻不容緩。學校企盼熱心校友慷慨解囊，針對多功能體育館的建設成立「百人會」，捐款一百萬元以上的善心人士就是百人會的會員，期能協助母校募集新台幣1億元的建設基金，為清華學子的全人化教育注入嶄新的能量。「百人會」推動工作承蒙熱心校友強力支持，進行甚為順利，應可輕鬆達陣，為清華百年校慶珍貴獻禮之外，未來必將為清華在梅竹賽中增強戰力、揚眉吐氣增添莫大助力。

為慶祝清華百年校慶，學校規劃出版梅竹紀念刊物，由同學們組成小組採訪、撰稿、編輯，與梅竹賽以學生為主體相互呼應，本人應邀，自樂為推薦作序。

▶ ①為豐富充實的校園生活留
　下青春註腳
②為未來活出精彩人生作最
　佳的準備
③學習如何追求成功，以及
　面對失敗

「人物清華」專書序言

2011年10月27日　星期四

　　清華大學建校可追溯至西元1911年的「清華學堂」，當時乃由清廷以美國退還尚未付足之「庚子賠款」設立。1956年，梅貽琦校長接受政府囑託，在新竹建校，延續清華輝煌的歷史與光榮傳統，同時克服建校初期的篳路藍縷，披荊斬棘，為新竹清華今日之成長茁壯，奠定了最紮實的基礎。

　　55年來，在歷屆校長帶領下，清華師生們秉持創校以來「自強不息，厚德載物」的創新精神，天天求進步、時時在發展，讓清華大學逐漸走上坦途。如今清華大學已成為一涵蓋人文社會、理、工、生命科學、電機資訊、及管理等領域，且均衡發展的優良學府。清華不但是一個人文薈萃的學術殿堂、博雅與專業人才培育場域，也肩負著創新科技研發及推動社會多元進步發展的使命。

　　數十年來，新竹清華大學不但培育了諾貝爾獎得主李遠哲校友，校友與師長中榮膺中央研究院院士者更多達二十餘位，造就英才超過五萬人，絕大多數清華人在國內外產官學研各界均有優異表現，不但對國家有重大貢獻、得到社會普遍肯定，也為清華爭取到無上的光榮。

　　新竹清華大學不但致力於維持優良學風，並以卓越表現贏得國內外的肯定，種種的努力也充分反映在國際上重要的評鑑與排名上。2010年QS世界大學排名，本校繼2008、2009年排名大幅進步後，更上一

▲ 絕大多數清華人在各界均有優異表現

層樓，名列全球第196名，表現亮麗。另外，據向來執世界大學排名牛耳的英國泰晤士報高等教育專刊（THE），2010年，本校在世界大學排名再度報捷，名列世界第107名，為台灣各大學排名之首。而在過往許多學術指標評鑑上，清華教師表現均為兩岸三地大學第一。

清華今日之成就乃是過往許許多多清華師生同仁的奉獻才能獲致，然而我們絕不以此自滿，更不耽溺於現有的桂冠光環。尤其，隨著時代進步，面臨更加嚴峻的挑戰之際，清華人只有秉持日新又新的精神，不斷地自我惕勵、奮勇向前。

眾所周知，今日世界的問題日益複雜化，能源短缺、人口爆增、糧食危機、地球暖化危機等等諸多人類面臨的問題，皆涉及跨越地區、國族界限，需要人類共同攜手合作，才能解決問題。因此清華大學不僅要攬優秀人才，增強師資陣容，提升研究、教學與服務品質，更需要積極培育優秀學生，涵養其人文精神與宏觀視野，並提倡互助合作的精神，以便在未來與世界各國菁英共同攜手，帶領人類走出難關。簡言之，現今的清華，不但要倡導跨校、跨院、跨系所的合作，更要以培育具備國際視野及學養皆優的菁英領袖為目標。未來清華大學將本著一貫創新、求真的科學精神，與誠懇務實的態度，致力提升自我，使清華成為維護人類社會永續發展的重鎮，為人類社會的福祉做出貢獻。

前人點點滴滴的成就與智慧，是構築今日清華的堅實基礎，也是清華追求卓越、進入世界百大以及華人首學的依據。在清華大學成立100年暨建校55週年之際，校方特別出版「清華人物誌」專書，以專文介紹55位與清華大學具有深厚淵源、其成就與學養皆足為清華師生楷模的師長與校友，藉由記錄其斐然的成就與事蹟，作為清華師生學習的榜樣。

期待清華師生透過這本書，深刻感受前輩對清華無怨無悔的付出，體會他們對清華的無限熱愛，並起而效法學習。同時，在傾聽師長、校友等勉勵話語之際，能自我惕勵，蓄積繼續勇敢向前的力量，迎接未來更艱難的挑戰。也希望藉由這本《人物清華》的分享，讓社會各界更加了解涵蘊清華深厚能量的來源，並給予清華最深的祝福與支持。

「相約清華」序言

2011年11月27日　星期日

　　我與許明德兄互動比較密切大約是從十年前開始，當時清華大學正在遴
選當年度傑出校友，我與他同為遴選委員。某晚有一位候選人剛好返國在工
學院演講，散場時發現許明德兄特別從台北趕來聽並非屬其專業的演講，以
作「評量」的參考，後來在遴選委員會也聽他報告專程與另一位候選人面談的
經過，對時任中興保全事業群總裁大忙人的許校友為母校盡心盡力之情印象
深刻。

　　明德兄於民國87年，擔任由清華校友捐贈成立的財團法人「自強工業科
學基金會董事長」，民國88年，擔任清華大學工程與系統科學系系友會理事
長，民國88年開始在校友會擔任理事、總幹事，民國92-98年更擔任校友理事
長，對關係學校與校友間大小事務可謂「無
役不與」。由於明德兄是宜蘭女婿，94年本
校宜蘭校區籌備主任的重任也落到他身上。
近年來在台灣由於資源分散，大學財務是每
個學校要面對的難題，清大成立「財務規劃
室」，明德兄又慨然接下主任兼職，正如
他在序言中所說：「接觸層面越來越廣，互
動越來越密切。」他歷年來對清華個人捐款
超過四百萬。今年清大為籌建「多功能體育
館」，以成立「百人會」方式，希望招募百
位校友，各捐款一百萬元以上，募集一億元
資金，配合學校經費，早日達成興建新體育
館的目標，作為清華創校百年暨在台建校五

▲ 為母校盡心盡力的校友，居功厥偉

十五週年紀念，獲得校友熱烈迴響，至十一月底已募得校友捐款一億三仟多萬元。「百人會」之勸募工作，主要由「財務規劃室」執行。「財務規劃室」目前僅有專任助理一人，在短期間有如此佳績，明德兄親自操盤當居首功。「百人會」成員除了個人外，亦不乏夫妻檔、父母子女檔或系級組合，即為明德兄的創意。另外多次以倒數計時方式，透過電子郵件對校友密集轟炸，有不止一位校友笑稱：「最後只好投降加入。」不僅交出亮麗成績單，對凝聚校友向心力，別具意義。明德兄在書中說：「現在我最念茲在茲的，是對母校的感恩與回饋。」綜觀明德兄對清華愛校之殷，任事之勤，理事之多，貢獻之大，在非清華專任教師校友中，絕對空前。

本書如序言所說：「跨越時空，描述清華的成長，也對清華未來有所期許，從各層面導覽清華，」從校友觀點，描述對清華所見所聞，希望讀者對清華有更深刻的認識，對有志進入清華學子導讀。包括許多珍貴史料與圖片，是校友對清華創校百年暨在台建校五十五週年最佳賀禮。

判斷一個大學辦學是否成功，除了師資設施與學生良窳外，校友表現與向心力無疑是最重要指標。如果有評鑑團體抽樣，剛好抽到許明德校友，清華大學無疑可進世界前二十大。在拜讀本書之餘，本人深感「清華大學有許明德為校友真好。」

「百歲清華」專書序言

2011年12月1日　星期四

百年校慶活動集錦

　　民國一百年將近尾聲，回顧這一整年百歲清華豐富且多元的慶典活動，除了再度見證海內外清華人的團結心及凝聚力外，也見證行政團隊優質的規劃力及強大的執行力；清華團隊挑戰了各式各樣「不可能的任務」，卻也成就了許許多多讓各界讚嘆的活動成果。百年校慶熱鬧歡騰氛圍漸趨於平靜，各項活動點點滴滴所累積的經驗及成果，是智慧及心力的集成，不應該如過眼雲煙般的消逝。凡走過必留下足跡，因此「百歲清華」專書透過影像紀實的方式，忠實的呈現活動的內涵，也將百歲校慶熱鬧非凡的氣氛，久久長長的保存著。

　　在歷經月餘持續由各單位徵集各類型的資料，照片量之多，整理過程的複雜度及困難性可想而之。秘書處在有限的時間內將資料逐一整理及分類，編輯小組歷經多次的討論，「百歲清華」專書的編輯方向終漸為明朗。

　　「百歲清華」編輯內容，舉凡從「清華的品牌故事」、「校友活動」、「校慶大會活動」、「思想論壇」、「名人演講或對談」、「新館落成」、「學術研討會」、「各類型的動態活動」、「藝術饗宴」到「媒體報導」等等，以十一章節的架構，記錄這一整年來校內外各項動靜態校慶慶祝活動，雖然無法鉅細靡遺完全收錄，但確也能一睹清華百年最大慶典的全貌。

　　此外，「百歲清華」也記錄了各界對清華無限的祝福及期許。馬英九總統、行政院吳敦義院長、立法院王金平院長、李遠哲院士、王力宏先生、吳敏求董事長、侯貞雄董事長及鄭崇華董事長等政商名流都參與了清華百歲校慶系列活動慶典；清華強而極有向心力的海內外校友，更以各種型式捐贈並踴躍

參與母校的重要活動；而中華民國郵政總局也在建國百年、清華百歲之際發行「國立清華大學建校百年紀念郵票」，為清華在歷史的軌跡中留下重要的見證。

同時，兩岸清華同根同源，競合又互補，為迎接百年校慶，兩校互由副校長帶領代表團前往恭賀，「百歲清華」也以圖像方式予以詳實記錄兩岸清華的友好互動關係。走過一世紀，清華已建立難以被撼動的學術榮耀及聲望；揮別歡慶的一年，清華將持續積蓄能量，再登學術領域另一個峰頂。「百歲清華」不僅收藏繁華，也將是社會大眾檢視清華成長，及作為清華進步的推動力量。

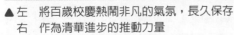

▲ 左　將百歲校慶熱鬧非凡的氣氛，長久保存
　 右　作為清華進步的推動力量

「師鐸清華」序言

2011年12月4日　星期日

　　曾經有位賢明的人說過一段饒富意味的話：人生最困難的事有兩件，其一是把鈔票從別人的口袋放入自己的口袋，其二是把想法從自己的腦袋裝進別人的腦袋。這第二件事，由某種層面上來說其實正說明了教育的不易，但也僅僅說明了一半。教學是教育工作的核心，其困難處不僅在於老師須將多年練就的一身功力傳授給學生，時至今日，在充滿競爭與挑戰的環境下，老師還得引導學生、啟發學生，最終將教育現場的主動性與思考權還給學生，才能培育出具有獨立精神的下一代。

　　一般人提到清華，第一個給人聯想到的印象總是：這是所學術取向的研究型大學，教學不是她的強項。事實上，清華的老師不只會做研究，具有如上所說富有教育熱忱、兼備教育理念和教學技巧的良師，所在多有。為了獎勵這樣的老師，校方由民國71年開始頒發「傑出教學獎」給在教學上具有卓越表現的教師，該獎得主係由各院學生根據自身修課經驗公正客觀投票選出，30年來共有237人次獲獎，其中獲得3次傑出教學獎（此為規定上限）者更有20位之多。此外，清華鼓勵「經師亦為人師」，鑑於教育的範圍並不侷限於課堂上、教室內，因此另於97學年度創立「傑出導師獎」，肯定對學生課業以外的生活和人格教育上積極付出的老師們，3年來共有9位導師獲獎。

　　本書共計50篇文章，由65位清華人（含63位在校學生、1位博士後研究員、1位校友）針對上述兩獎項的得獎者進行專訪，採訪對象包含18位3次傑出教學獎得主、25位2次傑出教學獎得主，及9位傑出導師獎得主（其中2位同時是2次傑出教學獎與傑出導師獎得主），涵括理、工、原科、人社、生科、電資、科管、共教會等8個教學單位。50篇專訪即是50篇人生故事，每位師鐸獎得主的人生軌跡、求學過程、各種機緣與際遇、對教學的看法與和學生的相處

模式或有不同，每位教授的專業學科領域更是天差地別，然而支持他（她）們成為學生眼中的好老師的關鍵卻都相差不多：做任何事情都用心付出、對任何選擇都不要後悔，人生便沒有白走的道路，而沿途處處都會有好風景。

　　適逢百年校慶，學校規劃出版系列叢書，在系列叢書中，《師鐸清華》一書對向來標舉「研究學術」及「造就人才」的清華尤其別具意義。有句俗話說：「教學相長」，其實應用在清華的例子裡，將之改成「教研相長」亦無錯，雖則教學與研究兩者重心略有不同：前者重知識的傳遞，後者重知識的創新，然實則相輔相成，兩者並不互斥，相通之處在於皆需無比的耐心、靈活轉換立場來思考的能力、對問題所在具有深刻的洞察力，以及克服困難與容忍挫折的強韌毅力。好的研究者亦可以同時是好的教師，優秀的知識創新者更能同時是優秀的知識傳遞者，這樣的例子在本書裡屢見不鮮。誠如一位獲得三次傑出教學獎教授在專訪裡所說的：「清華的學生十分聰明、熱情，……在清華任教，如果只享受到作研究的快樂與成就感，而沒能體會到教書的快樂與成就感，會是一件非常可惜的事！」期勉本書之出版能鼓勵更多教師同仁不偏廢任何一方，做個新世代全方位教師。

▲ 清華鼓勵「經師亦為人師」

「遊藝清華II」序言

2013年4月24日　星期三

　　藝文走廊啟動至今，即將屆滿四週年，由於活動對協助營造校園文藝氛圍，有重大意義，本人自99年上任以來，每次藝文走廊的開展及週年慶相關活動，必定撥空參加，每一次都發現展出的內容越發多元化，展出主題也各不相同，舉凡繪畫、書法、攝影、彩繪、中國結及兒童作品等等，次次都有意外驚喜，顯見清華的同學、同仁及眷屬們個個臥虎藏龍，只待有適當園地發揮，很高興本校同仁能主動提出藝文走廊的構想，又協助落實，讓大家有了展現藝術天分及多元風貌的機會。

　　以平均每年4~5次的展期，在所有藝術園丁辛勤的灌溉下，如今的藝文走廊早已成長茁壯為行政大樓所有同仁生活的一部分，也是平日大家交流情感的管道之一，每每經過走廊，總見有人放慢腳步駐足欣賞牆面上的作品，日積月累之下，對於同仁紓解工作壓力和陶冶身心方面，確實發揮了極大的功效。

　　今年藝文走廊即將屆滿第4年，感謝胡主任和主計室同仁的用心經營，使原本單調的走廊生色不少；時值清華102年校慶暨學習資源中心「旺宏館」啟用之際，藝文走廊再次將這兩年來的作品及旺宏館校友聯展作品集結成冊，出版了《遊藝清華II》，本人除謹致序文外，也樂見同仁們持續沐浴於藝文氣息中，讓清華大學除了科技、人文的學術專業之外，也是個充滿多彩藝術內涵的一流大學。

▲ 甜蜜清華，幸福有感

▲ 樂見同仁們持續沐浴於藝文氣息中

「通識清華」序言

2011年5月1日　星期一

世紀風華　清華新

廿年引領　通識行

　　兩岸的清華大學有文理並重之優良傳統，前校長梅貽琦先生早在半世紀前（1941）已指出：「通識為本，專識為末；社會所需者，通才為大，而專家次之」。台灣清華大學於1989年率全國之先成立通識教育中心（Center for General Education），作為推行通識教育的專責單位，顯示本校對通識教育的前瞻與遠見，以及長期投入的決心。歷來清華通識教育中心秉持「自強不息，厚德載物」校訓，發揚清華大學之精神，人文科技對話的傳統，致力培育學養俱優、文理兼修的清華人。

　　清華通識教育中心成立迄今2011年已逾二十寒暑，已有多項通識教育改革特色及成果，近年來的改革措施主要為：核心通識課程七大向度與進階選修通識制度之規劃與施行、核心通識師資與專業系所合聘制度、清華學院（住宿學院制）、助教三級制等等創新措施。

　　長期以來，本校通識教育中心專任教師除了在各自的學術專業領域上研究積極且表現優異，獲得國科會傑出研究獎肯定

▲ 清華開風氣之先，最先成立通識教育中心

等外，對通識課程之規劃施行、通識教育政策之研擬、落實均不遺餘力，扮演本校大學教育改革重要的推手。因而，本校通識教育在課程改革與大學教育改進上不斷有創新之舉，同時也成為國內高等教育學習之典範，引領著全國高教之發展。

本人於2010年二月接任校長，不久即欣逢清華大學百歲校慶，又值通識教育中心成立20週年之喜。適為對校務進行全盤地回顧、分析與理解契機，藉此深刻體認到清華大學要追求卓越、培育新時代的社會精英，除了學術研究之外，大學部教育再提昇與清華獨特校園文化的重塑更為當務之急。

於參與本校「通識中心成立20週年論壇」時，本人曾表示，通識教育是大學教育不可或缺的一環，清華的教育希望透過多元、充實及豐富的校園生活，培養學生活出精彩人生的能力；專業教育固然重要，通識教育更是其中重要的一環，不容置疑的，通識教育的推動內涵事實上即為整體大學教育的事務，亦是本人任期內的重要的課題之一。

未來的清華校園要發展出「以開授全校性通識課為教師之榮耀」的校園氛圍與共識，目前已有些院系所在這方面努力施行，更希望本校教師能以培養關懷各自系所以外的他系學生之學習成長為己任，確實扮演傳道、授業、解惑的經師與人師；而學生上通識課有如同上專業課程般認真投入的敬業態度。此外，鼓勵教師在教學上善用資通科技與數位化教學資源，並且在教學軟硬體上持續改善，如提供設備良好的大型教室從事大班教學及滿足不同課程性質需求的特殊教學功能教室的空間等。

通識教育中心楊主任響應清華百歲校慶，將通識教育中心成立20週年系列活動等成果彙總編撰成「通識清華：通識教育中心成立20週年暨百歲校慶」特輯，作為「國立清華大學百年校慶系列叢書」，邀請本人作序言。綜觀本書編排極為用心，精美且具特色，內容豐富，除回首來時路，並期許展佈於未來，以持續提昇本校通識教育之教學研究品質與效益，本人深感認同，欣然作序以推薦之。

「邁向華人首學」序言

2013年12月20日　星期五

為突破逆境，找尋精進實力之解方

　　當前台灣的高等教育正面對國內大學在過去二十年數目急遽增加，導致大學密度在世界上名列前茅，資源高度稀釋，不利於與國際間各大學的競爭；而近年來政府財政困窘，高等教育在經費供給面更令人擔憂。另一方面，大學生不願意繼續就讀博士班、學用落差造成就業市場供需不均衡。面對這些高等教育的危機，清華大學多年來一直在努力求有效的解方，也啟動一連串改革機制，希望突破逆境，繼續追求卓越。

　　教育發展是長久大業，但觀念必須與時俱進。清華從1982年成立「長期發展委員會」、1984年推動行政電腦化以來，陸續推動行政合理化、校務評鑑、教務創新、品牌管理策略、組織再造、以為精實管理等制度或措施，即是百年老校面對外部挑戰時，在維持既有優良傳統的堅持下，亦不斷創新及改進，迎向未來的藥方。

　　回顧申請「國家品質獎」（國品獎）之初，清華確實是經過一番長考。一來以往沒有國立大學得獎；二來預期所需付出的精力必然不少，清華各單位的業務已極為繁重，是否值得來推動，尚須評估；三來這個獎項確實不易獲得，變數很多，若是「名落孫山」也頗不是滋味。所以，當去年「國家品質獎」個人獎得主，也就是本校主任秘書簡禎富教授提出建議時，本人相當保留，但簡主秘認為本校很有一搏的機會，故初步決定準備看看再評估。在面臨決定時刻時，發現學校各方面都已積極動員起來，有「箭在弦上，不得不發」之勢，因而帶著頗為複雜的心情提出申請。

　　申請國品獎是一個自我盤點的過程，特點即在於其指標涵蓋校務發展的

全面相度。除學校簡介外，包括推行全面品質管理的經過，以及推行全面品質管理的現況；在推行全面品質管理的現況項下，又分領導、策略管理、研發與創新、顧客與市場管理、人力資源與知識管理、資訊策略、應用與管理、流程管理、經營績效等分項，是一個澈底檢視學校在全面品質管理努力與成效的機會。而事實證明，整個過程，本校相關部門都積極參與以及因應，是非常可貴的經驗，施行期間能讓全校各單位一起全心投入，深具意義與價值。

　　清華的同仁向來都很努力，但組織規模較大，彼此間可能不甚了解其他人在做什麼，以致於許多政策的推動過程，常覺得事倍功半。是以，本校推動精實管理，透過不斷地實作及分享的歷程，有效地打破疆界，跨領域合作。而本書也有同樣目的，清華大學願意拋磚引玉，透過分享清華的措施及做法，相互精進，當國內各個組織能夠全面性地成長，國家社會也會因此而受惠。

　　校務發展是「承先啟後，繼往開來」。清華全面品質管理的推動是從校務永續展為策略目標，也是教育創新與持續改善的歷程。本書從第一章〈卓越經營與全面品質管理〉，到第十章〈校友經營與資源網絡策略〉，完整呈現在校務推動的策略，以及如何引進外部資源，有效協助學校在各個層面的發展。

　　在此，我特別推薦清華近年來為強化行政效能，自2010年推動的「精實管理」行動方案。藉由全校動員，由上而下課責，先針對全校一、二級主管進行「精實管理主管一日營」，再以秘書處及總務處的同仁為先鋒種子團隊，進行密集的精實管理教育訓練，以組（中心、室）為單位，選定一項以上的業務，依精實管理的原則及工具進行實際操作。六個月後，檢討實施成效及進行回饋修正，再將全校職技人員及行政助理皆納入調訓對象，以逐步推動並落實校內精實管理。而且藉由邀請外部顧問、專家學者協助教育訓練與評審，以及組成「全面品質管理顧問小組」，協助持續推動品質提升。

　　大學教育目的乃是國家培育專業博雅的人才，其所提供的知識品質，也將是國

▲ 以校務永續展為策略目標

家競爭力的關鍵，是以，大學唯有在經營管理上精益求精，才能突破當前的困境及提升自我的能力，這個精神當可套用在各行各業上，以此與各位共勉。

▲ 清華是最先榮獲國品獎的公立大學

▲ 拋磚引玉，分享清華的措施及做法

「國際志工系列叢書」序言

2012年6月14日　星期四

　　林懷民先生曾鼓勵臺灣青年：「年輕的流浪是一生的養分。」年輕人貴在有充裕的時間可以體驗生命、盡情學習。在現今全球化的時代，海外服務也成了體驗生命的另一種方式，世界觀可因此而改變，再加上本著愛無國界與人道關懷的精神，清華大學國際志工計畫因應而生。身為頂尖大學，同時也是國內推動海外服務學習的先驅，本校鼓勵清華學子除了以學識、年輕的本錢外，更應承襲校訓「自強不息，厚德載物」之期許，將得到的養分回饋給社會。

　　清華大學國際志工計畫在今年邁入第七年，而一路上也秉持這個精神，讓學生在服務中學習、在學習中服務。至今，學生的足跡遍及東南亞印尼的雨林、南亞尼泊爾的山稜，東非坦尚尼亞的莽原、西非迦納的灌木，以及中南美洲貝里斯的海濱；我們的學生不但克服了語言隔閡、文化差異，更打破了國界疆域、種族藩籬，透過海外服務，學習世界公民應具有的國際視野。這些土地，更提供了他們成長的養分，實踐「讀萬卷書，行萬里路，服萬人務」的真諦，而這也是本計畫的核心價值。

▲ 清華是國內推動海外服務學習的先驅

▲ 實踐「讀萬卷書，行萬里路，服萬人務」的真諦

然而，再多的量化數據也無法表達遠行帶來的感動，更無法衡量從服務中習得的謙卑與關懷。更有許多學子經此蛻變，返國後重新思考生命的價值、擬定人生的目標。海外服務是塊投入心池的石頭，其漣漪雖然不似波濤，但在漣漪內的所有事物都會受影響。這些影響小自改變了日常生活作息，大至人生規劃；而每項改變背後，無不有著它的意義和故事。

　　讀者手上這一系列成果集，正記錄著這些點點滴滴，每小段漣漪、每樣催化劑，以及每個改變。我們希望透過成果集的圖文紀錄以及心得分享，能將同學們旅行中的成長、收到回饋時的感動、實作與下決定的煎熬、在當地服務所受的挫折，還有更多途中遇到的屏息時刻、鼻酸故事、感恩心情，傳遞給關心我們的人。

　　多年來，清華大學國際志工的種籽撒播於世界各個角落，埋藏於參與同學們的心田。一路走來，我們受到社會各界的鼓勵，而同學們在經歷海外服務的學習後，收穫的種籽也已萌芽、扎根並逐漸茁壯。這一系列的國際志工成果集寫著的不只是清華大學國際志工成長的歷史，也是學子們收穫的故事，更是支持我們的指導老師、合作單位、家長，與贊助單位的成果。這塊投入心池的小石子因為有你們的相陪，蛻變而成璞玉，再被雕琢而成臺灣社會的未來。感謝你們的協助讓我們達成了這項艱鉅任務！

人文教育與科技專刊、
手冊序言

載錄新生手冊、畢業生祝福、運動校隊、科技報告寫作
教學及歷史文物典藏等人文科技教育專刊、手冊之序言。期
望學生藉由刊物手冊的指引，能感受到清華師生對清華的熱
愛活力，與清華五育兼備；人文、科技並蓄的深厚涵養。

「人文—科學—清華人」序言
——成功湖畔談成功

2013年9月10日　星期二

首先，歡迎大家加入清華大學這個大家庭，從今而後都與「百年清華」永久結合，與眾多學術大師、各領域傑出校友、優秀同學們同為清華人，可喜可賀。

清華代表清新美麗，校園美如其名，山明水秀，美不勝收；未來這幾年你的課業學習、宿舍生活、社團活動，都會在這美麗的清華園發生及經歷：在清華美景中，最具代表性的是「清華第一湖」，也就是大禮堂前的「成功湖」；大家可曾想過，「什麼是成功？如何成功？」成功學大師史蒂芬・柯維（Stephen Covey）認為「全方位的成功，才是成功」，「與成功有約」的準則與校訓「自強不息，厚德載物」校訓相合，在培養內在修為、個人成功方面，大文豪歌德就曾說：「凡是自強不息者，最終都會成功。」有關與人相處的公眾成功面向，與「厚德載物」有相同意旨，激發改變外在行為的力量，進而創造全面成功的人生。

《人文・科學・清華人》是學務處特別為今年大一新生編輯製作的一本專刊。精心收集並編輯清華出版社文章及師長發表於「科學人」雜誌作品，其中有師長及學長姐的心得與領悟、新鮮人必修、清華人剪影、清華園的一草一木，當然也有專業知識文章，帶領閱讀者走進清華歷史，領略「人文清華」、「科學清華」的美。

很多過來人都同意：「一生最重要的時期在大學，大學最重要的時期在大一。」我們期盼，每一位同學能透過這本書，除了對於清華有初步認識之外，並能感受到師長及學生對清華無怨無悔的付出，體會他們對清華的無限熱愛及支持，並起而效法學習。最後祝福每一位同學，在清華的薰陶下，成為頂天立地的「清華人」。

「科技報告寫作通用手冊」推薦序

2013年10月7日　星期一

　　本手冊是為科技報告寫作者而編寫；清楚展示「知識內容」與「文字形式」的密切關聯，強調寫作報告不只是專注「該寫甚麼」，「該怎麼寫」也同等重要。手冊係依據寫作中心與工業技術研究院產業經濟與趨勢研究中心（IEK）近四年合作經驗，以IEK工程師的科技報告為範例，加以剖析編寫而成，深入淺出，是一本可讀性與實用性均高的佳作。

　　全手冊分上、中、下編三部分；上編「自我檢查」兩章，「三種常見報告類型」分別是「現象分析」、「發展評估」與「觀點呈現」，解說每一種類型行文特點，第二章「寫作思考與解答」以對話方塊提示前兩類型報告寫作時的注意事項，由「問題與討論」引導學習者針對重點更深入的探索與思考問題。以手冊近一半的篇幅，使讀者對科技報告基本寫作類型有適當的認識。

　　中編「從無到有，打好報告的地基」有「量身打造的標題」、「文章推進器─主旨句」、「引人入勝─段落組織層層解密」等三章；擬定報告標題的原則是「精確」與「概括」，並舉例說明全文與內文標題的擬定策略及兩種標題間的相互關係。第四章主張以每個段落第一個句子為主旨句，全篇主旨句的內容須回應主題，各段主旨句則凸顯段落焦點，如此帶給讀

▲ 寫作報告「該寫甚麼」與「該怎麼寫」同等重要。

者條理清晰、主張明確的第一印象，報告的整體觀點也較為讀者理解、吸收；段落組織包含四部分：「前言」應具備主題意識、研究策略與步驟、研究目的，有時可彈性置入相關背景或重要說明，以有效引導讀者進入報告主體；「結語」是回顧全文的最後一筆，內容應能呼應「前言」主題意識、重述報告要點以及提示未來研究與發展方向。「單一段落」應只有一個核心主題，「說明式段落」句意承接連貫或文句平行並列，「論證式段落」以因果關係為最基本結構，有時以轉折關係推展論點。「段落切分與聯繫」舉例說明段落主旨與內容的關係，並分析段落之間應如何承接、扣合；本編約占手冊四分之一的篇幅，指出報告「成篇」的基本原則，提供了簡明而實用的建議。

下編「從有到好，打造好句子和文章」包括「常見的行文謬誤」、「常見的病句」、「預設讀者與各類用語」與「基本標點符號與使用原則」四部分，是所有領域寫作須知，清晰扼要，有利於文字精確表達，值得參詳。

在引言中，作者舉出假想對象為曾向缺乏相關背景知識的客戶解釋商品功能、向非技術背景出身的主管做簡報或向公司內業務解釋你的研發內容而感「有心無力」、「捉襟見肘」的新進科技工作者；由於範例取自IEK工程師，手冊似專為IEK「量身打造」，但實際適用範圍遠較廣泛；由於多數科技工作者並未有機會接受寫報告專業訓練，善者經長期摸索而勉強達到「無師自通」，其餘大多數人的寫作水準可以「亟待加強」形容；本手冊提供專業寫作知識，展示如何清楚呈現工作或知識內容，給予的建議，具體而通用，舉凡科技工作者，皆可「開卷有益」，甚為難得。

綜觀全手冊，作者似乎有意避開另一重要報告類型，即實驗研究成果報告以及研究論文，也就是實驗研究者主要報告類型，未來如能將此一報告類型納入，將更能嘉惠莘莘學子；另一方面，現今報告之前多有摘要，手冊如能在這方面略加著墨，將更趨完善。

最後是有關手冊名稱問題：「報告好好寫」，可有「好好寫報告」之意，也可有「讀了本手冊，寫報告變容易了」之意。在細讀本手冊之後，個人體認應是「兩者皆宜」的雙關語，相信需要「好好寫報告」而希望「報告好好寫」的科技工作者都能深感「惠我良多」。

「101學年度校隊年刊」序言

2013年11月20日　星期三

　　本校體育室於100學年度時，為了紀錄14支運動代表隊的練習與成績，第一次集結出版校隊年刊，作為百年紀念的一個里程碑，101學年欣見在此基石上，又大大地向前跨了一步，完成許多不可能的任務。在全國大專院校運動會，拿下16金3銀9銅，締造了歷史紀錄，另外棒球隊睽違8年後再度拿到大專聯賽冠軍，足球隊更是18年來首度拿到二級冠軍，宛如小聯合國的足球隊，有來自各國的外籍學生，教練指導時多聲道傳播，英文、中文、粵語、馬來語此起彼落，且要瞭解不同國情文化，難度甚高。各團隊有此表現，實為學校大大增光！

　　在學術表現上，清華居於執牛耳的地位，教師及學生兢兢業業從事研究，多有斬獲，得獎無數爭光不少。而清華自創校之始，校園運動風氣鼎盛，已成優異特色，代表隊成績更是蒸蒸日上，證明會唸書的孩子運動表現亦可不俗。或許反過來說，正因為清華人皆愛運動，才能在各方面表現愈益傑出。約翰・瑞提（John J. Ratey）醫師和艾瑞克・海格曼（Eric Hagerman）合著了一本書，名為《運動改造大腦：IQ和EQ大進步的關鍵》，正是在闡述運動的效益。其實身、心、大腦的關聯就在運動，人在運動時，身體會產生多巴胺、血清素、正腎上腺素；人要快

▲ 忠實紀錄代表隊同學辛勞操練求取勝利的努力

樂大腦一定要有多巴胺，血清素與情緒及記憶有關，正腎上腺素跟注意力有關連，這也是為什麼運動會使人心情愉快，且增進學習效果。而最近的研究趨勢也紛紛指向運動有助於大腦開發，這已經是腦神經學界的普遍共識，也反轉了「會運動的小孩不會讀書」的刻板印象。想來，清華人受惠於運動的效益著實不小。

　　運動代表隊所追求的是「卓越」，苦其心志、勞其筋骨必是日常的功課，而不分寒暑堅持不懈地練習更是不在話下；為求步伐與回擊的精確到位，每一吋肌肉的微調運用與拍面角度的最佳掌控，都必須透過縝密思考與不斷地反覆操練，方能展現完美無瑕的動作技術；為此，代表隊選手們流下的汗水實無法以斗量計數。而這本年刊正是將代表隊同學辛勞操練求取勝利的汗水忠實紀錄下來，其實不論輸贏結果為何，我都很樂意給這群同學們大大地按一個「讚」！

▲ 運動改造大腦：IQ和EQ大進步的關鍵

▲ 清華自創校之始，校園運動風氣鼎盛，已成優異特色

「102年度新生手冊」序言

2013年8月21日　星期三

　　首先，歡迎大家加入清華大學這個大家庭，未來這幾年你的課業學習、宿舍生活、社團活動，都會在這美麗的清華園發生及經歷。

　　《人文‧科學‧清華人》是學務處特別為今年大一新生編輯製作的一本專刊。精心收集並編輯清華出版社文章及師長發表於「科學人」雜誌作品，其中有師長及學長姐的心得與領悟、新鮮人必修、清華人剪影、清華園的一草一木，當然也有專業知識文章，帶領閱讀者走進清華歷史，領略「人文清華」、「科學清華」的美。

　　我們期盼，每一位同學能透過這本書，除了對於清華有初步認識之外，並能感受到師長及學生對清華無怨無悔的付出，體會他們對清華的無限熱愛及支持，並起而效法學習。最後祝福每一位同學，在清華的薰陶下，成為頂天立地的「清華人」。

歷史跫音　文化饗宴

2013年10月31日　星期四

　　本校中文系楊儒賓與方聖平教授伉儷於2008年11月3日，與校方正式簽訂「典藏文物合作協議備忘錄」，意將近二十年來持續收藏之東亞儒學相關珍貴文物，藉由捐贈以催生清華博物館，同時期並於清大藝術中心舉行「台灣在東亞：清大博物館催生展」，展開清華博物館發展上的重要一頁。

　　書畫不僅是中國的藝術精髓，也是歷史紀錄的一部分。本套捐贈書畫圖錄，收錄楊儒賓與方聖平兩位教授多年蒐羅之書畫、檔案、地圖文書等千餘件珍貴藏品，依其主題分為「中國儒者翰墨」、「日本儒者翰墨」、「日華交流書畫」、「台灣書畫—華人篇」、「台灣書畫—日人篇」、「記憶的跫音—再現古文書」六冊。書畫作品部分之作者包含明代名儒陳獻章、思想家王陽明、近代康有為等重要人物，還涵蓋許多歷史上軍功彪炳的日本將領，如日俄戰爭中在對馬海峽大敗俄國海軍的東鄉平八郎，與日治時期曾經出任台灣總督的樺山資紀、桂太郎、乃木希典、兒玉源太郎等人，以及實際參與治理實務的後藤新平。此外，還有竹塹知名廟宇彩繪師李秋山、女畫家范侃卿等。古文書的部分更是包羅萬象，收錄了台灣民間早年的契約與證書、光復初期政府為推行「耕者有其田」政策補償發放給地主的台泥股票、中研院院士李鎮源於昭和十五年取得的醫師免許證等等。許多曾經在書本上出現的遙遠古人，透過圖錄彷彿跨越時空歷歷在前，歷史上為人熟知的將領，原來還有那麼貼近中國文化的另一種面貌，而清華校園所在的竹塹，也有不少代代傳承的書畫名家。

　　大學博物館應有蒐藏並維護珍貴文物，提供研究、鑑賞，並透過展示，教育學子與嘉惠民眾的功能。這一批文物，不僅將成為清華大學的珍貴資產，也將是社會公眾的珍貴資產；透過這套圖錄，除了本校師生，亦將使更多的讀者認識這些珍貴文物的歷史價值與重要性，讓這些珍貴文物可以重新被審視、解

讀、研究與鑑賞。在清華博物館推動工作上，本校目前已組成籌畫小組，在場館定位與規劃上有所研商，以冀順勢而為，早日促成博物館的興建。謹代表國立清華大學向楊儒賓與方聖平教授表達敬意與感謝，也謝謝促成啟動、持續執行的兩任圖書館館長謝小芩教授與莊慧玲教授。這是一場不容錯過的歷史文化饗宴，值得大家仔細品味瀏覽。

▲ 捐贈文物，成為清華大學與社會公眾的珍貴資產

▲ 瀛海掇英，鯤島遺珍

給2013與2014畢業生的話

2014年1月24日　星期五

前記

　　去年畢業生聯誼會的負責同學來邀稿，後來失聯，所以寫好的稿件暫「存諸高閣」，今年畢聯誼會同學再來邀稿時，檢視去年的稿件，似仍適用，謹以獻給2013與2014畢業同學。

　　畢業時節將屆，畢業生聯誼會的負責同學希望我寫一些勉勵的話；大學畢業是人生一個重要里程碑，在畢業典禮中，學校一般會邀請一位社會上事業成功、卓有聲譽的貴賓演講，將他們的人生智慧在關鍵時刻與畢業生分享，是非常美好而有意義的事；但你如果問一些過來人，恐怕很少人記得他大學畢業時特邀演講貴賓講了甚麼話，在畢業典禮中，校長說的話，合理的猜測是更不容樂觀；一個希望是如果形諸文字效果可能好很多，所以我欣然接受邀請。

　　雖然邀稿同學沒有限制篇幅，太長的文章總不是很恰當；由於請校長撰文是一種新的嘗試，我也在此做一個新的嘗試；也就是摘錄一部分我在過去一年在學校各種場合對不同的群體同學說的話，而附有原致詞稿網址，一方面可節省篇幅，一方面也可讓有興趣的同學從原始講稿看到我說話的原委或出處；

2012新進教師研討會致詞—120903

　　「永遠不要錯過能讓你大放異彩的機會」（Never ever miss an opportunity to be fabulous）

101年新生講習致詞—120911

「有些書可淺嘗即止，有些可吞嚥，少部分書需咀嚼與消化，也就是說，某些書只需讀一部分，某些書瀏覽一下就好，少部分書則應全心精讀細琢」（Some books are to be tasted, others to be swallowed, and some few to be chewed and digested: That is, some books are to be read only in parts; others to be read, but not curiously; and some few to be read wholly, and with diligence, and attention.）」

「閱讀使人充實，會談使人機敏，寫作使人精確」（Reading makes a full man; conference a ready man; and writing an exact man.）

猶太聖經《塔木德》中有三問，「不是我，是誰？」、「不是現在，是什麼時候？」、「不幫助人，我活著有甚麼意義？」是很值得大家深思的。

《大亨小傳》（The Great Gatsby）作者F. Scott Fitzgerald說 "The test of a first—rate intelligence is the ability to hold two opposed ideas in the mind at the same time, and still retain the ability to function." 也就是說有一流智慧的領導人要容納兩種相反的概念在心中盤桓，從中衡量，做出明智的抉擇，而不要被教條、迷信、口號、習俗甚至情緒誤導與迷惑，是很有道理的。

沈君山前校長題字「莫因身在最高層，遂教浮雲遮望眼」，並常將這兩句話「送給特別聰明、特別漂亮，或者特別有權勢的朋友」，意思是，「不要因為自己高高在上，便讓浮雲遮住了眼——因此，看不清腳下的真實世界是什麼了」，「出名容易成名難。出名可以靠運氣，但是把名聲一直保持下去，卻得靠真本領，靠不斷的努力」

2012年教師節茶會致詞—120924

每個人都要能回答的三個重要問題，「如何使工作生涯成功、快樂，如何從工作中得到快樂？」、「如何擁有美好的家人、朋友關係？」、「如何堅持原則過正直人生？」並了解「衡量人生，不是用金錢，而是我可以幫助多少人，變成更好的人」，

追尋快樂六大秘訣，包括確定目標、參與緊密的群體活動、有適當表達自我的管道、正向思考、從事公益與慈善工作、具有使命感，

「成功不一定能帶來快樂，但保持快樂的人較容易成功。」

期待未來領袖對談引言—120924

如果我們希望的「領袖人才」是指能「服萬人務」的人才，他的特質是：

一、大公無私，有誠信，具使命感與大格局，有寬大胸懷，

二、知識與能力；歌德說「人們所見到的，正是他們所知道的」，否則淪為視而不見，了解事物真象，具同理心，有能力方能落實好的想法，

三、見識與智慧，能通古今之變，而能把握時機，作正確判斷，

四、表達能力強，長於溝通，知人善用，用人才德兼備，有清晰願景，不聽民調決策。

科學園區首任局長何宜慈先生紀念會致詞—130412

「挫折是工作的一部分，也是生活的一部分（Frustration is part of our job, and also part of our life），公司給我們的薪水，其中有一部分就是補償這些挫折的」，

「要有工作熱情（eager to work）、要熱切地學習（eager to learn）、並且要有企圖心成就事業（eager to achieve）！

工作則要講究方法，努力工作（work hard）是一件事，更要有方法、有效率的工作（work smart），最重要的是要工作精敏周到（work sharp）！」

各奔前程——誕生於清華的藝術份子—130415

祝福所有清華人「有自信與自尊、永遠真誠、能推己及人，勇於面對，義無反顧」（And may you grow to be proud, dignified and true. And do unto others as you'd have done to you. Be courageous and be brave.）

「我們過自己選擇的生活，盡力而為就無所謂成敗；如今我們年齒漸長，

但並沒有更聰明些，因為我們不改初衷，夢想如昔」（We'd live the life we choose. We'd fight and never lose. Oh my friend we're older but no wiser. For in our hearts the dreams are still the same.）

清華合唱團五十周年音樂會致詞—130421

「在大學交到好朋友，是給自己最好的禮物」

「你豈不知擁有一顆年輕的心是無價之寶？」（Don't you know that it's worth every treasure on earth to be young at heart）？

「如此你年老時才會驚歎生命的無限可能。」（And if you should survive to 105, look at all you'll derive out of being alive）

壬辰梅竹賽閉幕典禮致詞—120304

Life itself, road taken and road not taken make all the difference。也就是說有沒有體驗過，有極大的差異。

「送出去的電子郵件、上臉書、Youtube是追不回來的」，尤其是情緒性的言語，可能造成難以修補的裂痕。

國際志工分享成果記者會致詞—111104

Making a living，意指謀生，與這相對應的是make a life，即讓生命有意義，有價值。

We make a living by what we get, but we make a life by what we give，也就是我們以得取謀生，以付出讓生命有意義，有價值。助人是最高貴的情操，慈善是普世價值。

The greatest mistake one can make is afraid of making one，即人能犯的最大錯誤就是怕犯錯。

The best time to plant a tree was 10 years ago, and the 2nd best is now! 十年樹木，所以種樹最好的時間是十年以前，但如果沒有做的話，此時現刻仍个失為

次佳時間。

一百學年度精實管理研習會開幕致詞—110926

「把事情做好，不是靠信心，而是靠沒信心。」要義是把事情做好要長存警惕之心。

一百學年度大學部新生講習致詞—110906

「為學要如金字塔，要能廣大要能高。」

要成為一個有學識的人（learned man）要「learn something about everything，everything about something。」（對所有事務都有概念，對某些專業要能精到）

科學是教我們把事情做好（Do the thing right），人文教育教我們做對的事（Do the right thing），文理會通的人才能把對的事情做好（Do the right thing right）。

「不以善小而不為，不以惡小而為之。」

人能問的最高尚的問題是能做什麼有益的事，助人是人類最高情懷；

「規劃得好很好，說得好更好，做得好最好」。

▲ 為學要如金字塔，要能廣大要能高

清華出版傳記序言

　　精選由清華大學出版社出版《張立綱傳：五院院士的故事》、《父子雙傑清華傳承：徐賢修與徐遐生兩位校長的故事》、《陳守信院士回憶錄》、《清華因緣：學思行旅、口述青春紀事》、《一代學人張永山》、《百年追憶：王國維之女王東明回憶錄》，及《清華外交學人小傳》等傳記之推薦書序。見證清華大師雲集，英傑匯聚之盛況。藉撰寫傳奇，紀錄學思歷程，留存典範。

「張立綱傳——五院院士的故事」序

　　清華大學出版在約兩年前擬議出版「中央研究院院士系列」，主要是基於中央研究院院士為華人頂尖菁英，學術地位崇隆，學思歷程必然精彩，足為後生學子典範。清華大學建校百年來，大師雲集，清華園中多英傑，深知學術大師的影響澤被深遠。是以首先鎖定與清華關係密切院士。張立綱（Leroy Chang）院士是清學大學長期的襄贊者也是我的良師益友，很自然應是「中研院院士系列」傳主之一。雖然張院士已於2008年8月10日溘然長逝，但張夫人與親朋好友多健在，一生事蹟仍有機會忠實傳錄，很感謝林基興博士慨然接受本校邀請，致力於張立綱院士傳記撰寫工作。

▲左　是好人、偉人，同時有高貴的心靈
　右　音容相貌將長存於內心深處

我在2009年8月13日「中央研究院」為張院士舉辦的紀念會中，在立綱親友聚集的場合講幾句話追思故友，曾說Leroy（朋友們對他的稱呼）是一個good man, great man and noble man，也就是立綱是好人、偉人，同時有高貴的心靈。

　　朋友們都會同意Leroy熱忱、和善，Leroy聰明睿智，談笑風生，與Leroy在一起是很愉快的，有一次我遇到一位在香港科大任教的大陸籍教授談到Leroy，他對Leroy非常崇仰，特別是說他人從校長到工友一樣和善真誠，Leroy是個good man, nice man and kind man（好心、善良、體貼的人）。

　　Leroy是一個great man（偉大的人），他有諾貝爾級的學術成就，難得的五院院士，同時有卓越的行政能力與服務精神，1998年清華大學在遴選校長之時，到香港科大打聽Leroy在擔任理學院院長的政績，得到的答案是「佳評如潮」。後來遴選委員會以全票通過向教育部推薦Leroy為校長人選，很可惜最後他因個人因素沒有到清華來。由於我當時擔任校長遴選委員會副召集人，有較多與Leroy接觸機會，從此與他較深結緣。

　　Leroy是個noble man（高貴的人），是正人君子，豪爽率真，但心思細密，有高貴的心靈。他對朋友的真誠、熱心，讓人十分感佩。孔子說：「益者

▲ 分享多彩多姿的豐富人生

三友，友直、友諒、友多聞」。Leroy是我們的好榜樣，對長期處於較單純學術界的個人，多所勉勵鼓舞，於我實有知遇之恩。他最後一次返國，也是我們最後一次見面之時，是在2006年院士會議之時，他除在院士選舉前很長一段時間以及選舉盡心盡力外，選舉後還主動幫我推介新工作，並以他自己為例，認為他從IBM轉到香港科大工作是很正確的抉擇，勸我加以考慮。雖然我當下決定「一動不如一靜」，對他的友情則是永遠感念。2008年開始，我到國科會服務，2010年回到清華擔任校長，立綱給予的「勇於接受新挑戰」鼓勵也確實發揮了決定性的作用。

　　朋友們都很慶幸有Leroy這樣的朋友。如果世界上多一些像Leroy一樣的好人、偉人與正人君子，將是多麼美好。立綱讓我們分享多彩多姿的豐富人生，他的音容相貌將長存於我們內心深處。

「百年追憶——王國維之女王東明回憶錄」序言

2013年3月16日　星期六

　　王國維先生是一位傳奇人物，不幸在八十五年前已英年早逝，而他的長女王東明女士，正以百歲人瑞，撰寫傳奇，而這本《百年追憶》正是兩個傳奇的交會。

　　去年清華大學慶祝一百周年，歷數奠定建校璀璨百年之基的清華人，國學院四大導師自是首選之一；今年有機緣自大陸邀請清華名師後裔參加校慶，適見中國時報報導高齡逾百的王東明女士在台北每週仍票戲的新聞；經與王女士聯絡，得以面邀參加校慶活動，而當王女士於校慶日應邀出現於慶祝大會、午宴，並參與下午座談時，以健朗之姿，穩健台風，親切溫馨聲調，侃侃而談，立即風靡全場，成為活動焦點，並贏得許多粉絲（fan）。

　　在與王女士的晤談中，得知其正在寫回憶錄，當即表達希由清華大學出版的願望，王女士也很爽快的應允，後來「台灣商務印書館」也來邀約；基於王國維先生在身前身後與兩個單位的深厚淵源以及王女士的首肯，決定共同出版《百年追憶》是兩全其美的辦法。

　　王國維先生於1925年受任清華國學院導師；清華在此前以留美預備學校著稱，王先生與梁啟超先生等受聘清華國學院，振動學

▲《百年追憶》是兩個傳奇的交會

術界，開啟清華迅速成為國內學術重鎮之先河；近一年來，我在清華活動中曾屢次引用他的人生三境界說以及對詩人的看法：「詩人對宇宙人生，須入乎其內，又須出乎其外。入乎其內，故能寫之。出乎其外，故能觀之。入乎其內，故有生氣。出乎其外，故有高致」，同時日本京都大學松本紘校長在清華演說中也提到王先生對文化交流的見解，都可看到王先生對清華與國內外文史思想界的影響，仍方興未艾；王先生身後，知友陳寅恪先生撰文的《清華大學王觀堂先生紀念碑銘》有云「惟此獨立之精神，自由之思想，歷千萬祀，與天壤而同久，共三光而永光」。誠如王女士所言，王先生學術是我中華民族的文化瑰寶，也是全球的文物遺產，我們有責任維護它！宣揚它！

本書分兩部分；上編「記憶中的父親」記述王先生之家世背景、為學歷程、生平軼事、家庭與休閒生活、清華園故事、親子互動以及投湖經過等，引人入勝，並能使讀者對王先生行誼有進一步了解；下編「國學大師之女回憶錄」，包括百歲自述與生活雜記，可看出王女士平凡中之不平凡；她在父親身後，不足十四歲時無意中看到母親遺書，能冷靜的設法說服母親打消死志；抗日戰爭爆發先逃難至浙西一帶，後隨叔父在上海英租界集資為流亡失學青年辦建「浙光中學」；太平洋戰爭爆發，日本入侵上海英租界，「浙光中學」被迫解散，再輾轉到達後方；1948年，由上海至台灣高雄任教師；1950年秋與陳秉炎先生結婚並在私立泰北中學任教。1953年春起，負責台北縣永和鎮消費合作社中央公教人員實物配給，工作了二十多年，一直到1982年，年屆七十歲，隨消費合作社停辦而離職。退休後在家養老，除了整理父親的遺物外，有時到各地旅遊探親訪友；1994年開始迷上京劇，堅持學唱了十多年，增進身心健康，延年益壽，順利達成「唱到九十九」的願望，可看出她剛毅進取、開朗豁達的個性，行文亦莊亦諧，充滿人生智慧，可讀性甚高。

清華校友胡適之先生在晚年常闡述：「交友以自大其身」，王女士結識愛京劇，又愛閱讀、寫作的「忘年交」李秋月女士，願意悉心採訪整理王女士的記述，促成這本精彩的《百年追憶》早日問世，亦為王氏傳奇，再添佳話。最後也感謝「台灣商務印書館」共襄盛舉！

▲ 平凡中之不平凡　　　　　　　　　　　　　　　　▲ 百歲人瑞，撰寫傳奇

「陳守信院士回憶錄」序言

2014年5月27日　星期二

　　陳守信院士是清華大學在台復校後最先設立的「原子科學研究所」第一屆畢業校友，麻省理工學院應用輻射物理榮譽教授，中子散射及軟物質研究的世界權威之一，也是中央研究院院士，2006年膺選本校傑出校友，2001年起擔任本校原子科學研究院榮譽講座教授；清華大學出版社規劃「院士傳記系列」叢書，以彰顯與清華關係密切的中央研究院院士行誼，陳院士自是首批鎖定的對象之一，很感謝陳院士首肯為其出版自傳，為「院士傳記系列」更添光華。

　　在拜讀陳院士初稿時，心中充滿感動，尤其是院士對母校的熱愛，緣起他於1956-58在清華短暫的二年學習期間，由梅貽琦校長親自擔任班上15位同學

▲ 六十餘年來專心致志在領域中耕耘，發光發熱

▲ 生動的記述傳主的求學以及教學研究的過程

的導師，在物質條件艱苦的當時，師生情感密切，同學相互砥礪，出國時又受梅校長多方協助，他說道：「梅校長是有眼光，具遠見並富領導力的真正教育家」；他回憶在進清華以前，老師多「把物理教得像哲學」，在清華原科所，眾多客座教授帶回來美式教學，讓學生深受啟發，清華在校園裡為教師刻意搭建舒適的獨棟宿舍，學生也一律住校，彼此間多互動來往，關切與溫暖油然而生，讓他對清華有特殊的感情，形成院士日後對母校的深厚感念並具體轉化為積極回饋母校的驅動力。

回憶錄生動的記述傳主的求學以及教學研究的過程，從在物理系成為熱門科系以前，即鎖定物理為終生志業，六十餘年來專心致志在領域中耕耘，發光發熱；在陳院士學術生涯中，與四位諾貝爾獎得主結緣並共事過，他是中子科學先驅Bertram Neville Brockhouse第一個博士班學生，也因而展開了在中子科學領域的研究生涯；同時他在麻省理工學院（MIT）辦公室就在隔壁的同事Clifford G. Shull與Brockhouse一同於1994年因中子科學研究獲得諾貝爾物理獎；陳院士在哈佛大學做博士後研究的導師Nicolas Blomebergen於1981年因發展雷射光譜學研究獲得諾貝爾物理獎，另外1991年諾貝爾物理獎得主Pierre—Gilles de Gennes也與陳院士有密切的專業來往與私人交情；顯示陳院士有高超學術研究品味，發揮選擇合作對象與題目的獨到眼光，往往得到很好的成果，也受益良多。

另一方面，陳院士在學術生涯中，有許多不凡的遭遇，例如他拿到博士學位後，受聘於滑鐵盧大學（U. Waterloo），擔任四年助理教授，但僅需教書一年，期間並可長期在國內外其他學術研究機構從事研究工作；他到哈佛大學做博士後研究一年後，即由MIT「找上門來」主動邀請，省略面談程序，聘請擔任助理教授，並於二年後升任副教授，再四年升正教授，一方面可看出陳院士因傑出表現所受到的重視；同時也可見到美、加學術單位用人的彈性。

陳院士在2000年，六十五歲時，突因遺傳性類巴金森氏症病發，像是「一夜之間掌管四肢的橡皮筋斷了」，意志無法自由控制四肢的動作，兩年後，才在上海由醫生正確診斷，開出適當藥方，能控制病況，但無法根治，自2002年末起，陳院士每天早、午、晚每天固定時間服藥五次，並「發明」一套體操，每次服藥後必定接著做大約一小時體操，以增強藥效，近十二年來定時服藥，定時運動，從不間斷，展現驚人的毅力，仍集中精力獻身科學，令人敬佩。

陳院士事母至孝，與兄姊和樂相處，與夫人相知相愛，鶼鰈情深，在事業上互相扶持，奉養岳母至逾百高齡辭世為止，膝下二女一男，各有成就，與父母親情濃密，以此一隅，已可見陳院士做人成功的一面；而在回憶錄中也可深切感受到陳院士與師友學生的溫厚深情，維持長期合作關係，他的長期合作者稱讚他：「誠實、效率、公平、嚴謹、開放、和藹、真性情」、「有耐心的指導者」、「熱情的探索者」、「殷勤的主人」、「既聰明個性又好的科學家」，感人而真誠，為成功學人的典範。

　　回憶錄以近半篇幅敘述陳院士的學術歷程，包括第三章：開啟清華歲月，第五章：一生中已有五位諾貝爾，第九章：終生研究與著作，第十章：國際聯繫、合作與貢獻，第十一章：桃李滿天下，可一窺陳院士治學的嚴謹與執著；他的合作夥伴敘述他有「厚實理論基礎」、「思考透徹」、具「通盤眼光」，總在思考「最困難的問題在哪裡？」、「如何突破？」善於看出「最需要解決的問題」、「最關鍵的問題」，在尋求「最具挑戰性、最尖端的題目」時異常敏銳，而因思考通透，並運用厚實理論知識，配合電腦模擬，協助估計可能的答案，每每建功；另一方面，陳院士勤於教育與培養學生，樂於與人分享知識，並熱心從事研究領域推廣工作；同時回憶錄在陳院士卓有貢獻的光關聯散射、中子散射、複雜流體、膠體、低溫水等各領域多有著墨，將成為各該領域不僅在美國，而廣及國際間發展史不可或缺的篇章與史料。

　　本人有幸在校長任內，與陳院士有較密切的接觸與認識，在拜讀傳記初稿時，原先的敬佩更添加了幾分景仰，典範足式，也很感謝陳院士為本人在校長任內推動的清華「院士傳記系列」加持，故樂為之序。

「父子雙傑　清華傳承」序言

2012年7月1日　星期五

兩位徐校長值得我們尊敬與佩服

　　1966年（民國55年），我就讀臺灣大學物理系大二，清華開設暑期研習班，邀請許多國外華裔學者來臺灣短期講課。那年暑假授課的學者，包括應用數學方面的徐賢修教授、普渡大學物理系教授范緒筠院士，及當時任職於美國貝爾實驗室的施敏博士。我家住在光明新村，與清華校園僅一牆之隔，暑假上課很方便，記得上課地點就在現在化工系館位置的舊物理館。

　　整個暑假我都在清華暑期研習班聽課，課程結束以後，我代表臺大物理系學生訪問徐賢修教授，為物理系刊《時空雜誌》寫稿。採訪是在一個晚上，我與物理系四位同學一起前往，那時他住在清華大學新南院教授宿舍，就是現在的第一綜合大樓原址。訪談之後，我寫了一篇訪問稿。對他的印象是口才很好，講話很能振奮人心，對年輕人也有一番訓勉。

　　仕琦幫我找出45年前在《時空雜誌》寫的〈徐賢修博士訪問摘記〉，文中他談到政府對於科學發展應朝何種方向努力，徐教授認為「應從基本科學做起。『基本』二字或嫌空洞，也許說『實用科學』要明白些，如Solid State Physics（固態物理）的應用、電子工業等，由於人才、設備等客觀因素所限，只有選擇與工業發展有關的科學，以已有之研究設備及工業，集中作線型的發展。」

　　徐教授的這些想法，後來於1970年（民國59年）他擔任清華校長時，逐漸開始實現。他為清華設立了工學院，陸續成立動力機械工程、工業化學、材料科學工程、及工業工程等科系。在當年的時空下，政府不希望每所大學重複

設系，因此清華工學院各系當年的系所名稱都很特別。例如「化學工程系」初創時名為「工業化學系」，「電機系」1976年設立時的名稱是「電機電力工程系」，但「動力機械工程系」維持原名，至今臺灣只有清華大學設此科系。

「材料系」的成立尤為特別。世界上的第一個材料科學系，是美國西北大學在1960年（民國49年）設立的，清華大學在1972年（民國61年）就有材料系，也是臺灣的第一個，這就算放在世界材料科學領域，都是很早的研究機構。應用數學背景的徐校長，預見了材料科學的重要性，在清華設系，我的了解是他接受當時康乃爾大學工學院院長的建議，而有此規劃。經過了四十年的發展，「清華材料系」現在是臺灣龍頭地位的系所，無論在產業界或學術界，影響力有目共睹。

徐校長當年規劃的工學院系所都極具遠見，為清華大學後續的長遠發展奠定扎實基礎，之後他擔任國科會主任委員，推動新竹科學園區成立，使得臺灣經濟發展邁向另一階段，這層影響力就不只嘉惠清華校友而已了。由於他的卓越貢獻，清華在2001年（民國90年）由工學院提名頒予徐校長榮譽博士學位。

▲ 兩位徐校長值得我們尊敬與佩服　▲ 始終如一，無怨無悔的奉獻

徐校長也以樂觀出名，據沈君山校長在自傳中述及，當年徐校長勸沈校長回國服務時，曾大談在臺灣海峽開採石油的遠景，當沈校長表示不以為然時，徐校長說：「也許會成功也不一定。」讓人印象深刻。

本書中，徐遐生校長回憶昆明出生、移民美國初時的清苦生活，及至成年後在學術的層層突破，在美國學術界成為巨擘，這是個大時代華人遷徙生根的故事。他到原來並不熟悉的清華擔任校長，當然受到徐老校長的經歷影響，而懷著滿腔抱負。

我對徐遐生校長的最初印象是，他是位傑出的科學家。直到2001年（民國90年），我擔任清華大學校長遴選委員會副召集人後，才與他初次見面。後來他來清華擔任校長時，我是工學院院長，與他在公務上有長期合作關係。整體印象是他是位令人敬重、正直而認真的學者。清華很感謝他擔任校長四年中，始終如一，無怨無悔的奉獻。

徐遐生校長卸任後，回到科學研究領域，開始新的研究方向。回想四十多年前拜訪他父親徐賢修校長時，徐老校長侃侃而談，徐氏父子對於清華、對於臺灣科學界的貢獻，都值得我們尊敬與佩服。

▲ 令人敬重、正直而認真的學者

「黃秉乾院士傳」序

2015年5月4日　星期一

　　中央研究院自1948年開始選舉院士以來，院士榮銜成為國內學人學術專業的桂冠、至高的榮譽。碩學鴻儒，窮首皓經，而能出類拔萃，必有過人的智慧、不凡之際會，值得後進學習與效法。令人惋惜太嘆的是，許多院士往生前無意或未及立傳，精彩人生無以較完整的方式傳世，因而本人在擔任清華大學校長期間，推動由「清華出版社」出版「院士傳記系列」叢書，鎖定與清華淵源深厚的院士為對象，或以回憶錄，或以口述歷史方式，幸得多位院士支持，陸續出版《張立綱傳：五院院士的故事》、《父子雙傑清華傳承》、《陳守信院士回憶錄》，本書是「院士傳記系列」已完成的第四本傳記。

　　與秉乾兄接觸較多要溯及在清華沈君山校長任內，由於發生校內教授上法院控告一群生科院學生事件，沈校長指定本人與當時擔任生科院院長的秉乾兄等，組成三人小組，協助校方了解實情；在執行校方任務期間，深感秉乾兄不僅在專業上傑出卓越，對人情義理，尤其有高卓的體認與看法，令人印象極為深刻。2006年，本人忝任中央研究院院士，也與黃院士夫人，黃周汝吉院士，接觸機會較多，同時在本人擔任清華大學校長任內，在校務推動上，總是能獲得黃院士伉儷不遺餘力的協助，至今銘感不已。

　　黃院士伉儷情深，尤其是中央研究院有史以來，極少見的院士伉儷（迄今一共僅三對），也是第一對從台灣大學出生的夫妻檔；黃院士形容夫人：「great daughter, good sister, sweet lover, devoted wife, loving mother, dedicated scientist, caring teacher, lasting friend and a trusting colleague.」黃周汝吉院士說：「五十年之研究生涯轉瞬即逝，唯吾夫婦情趣依舊，深感晚年新生命的珍貴。」讓人想起「只羨鴛鴦不羨仙」千古名句。

　　本書對黃院士的精彩生平與志業，有很生動的描述，但如黃院士所願，

重點放在清華，可以黃院士清華情來形容，而以「清華因緣」為名甚為適切；黃院士強調，放眼兩岸以及中國的歷史發展，清華既是典範，也是特例。二十餘年來，黃院士高度認同清華人，非但意欲接續清華的優良人文傳統，且發願有以開創，寄望清華在西學東漸大潮中繼承過去的燦爛，且能再現高潮；他於1985年即參與清華新成立的生命科學諮詢委員會，1993-97年擔任清華生科院院長，從獨創了中文「生命科學」的新名詞，到籌備以及創立生命科學院的規劃，從課程設計與羅致、聘用人才，有很長的一段時間用心投入與參與，集中心力推動生命科

▲ 教學不止在課堂傳道授業

學，憑藉前此已然奠定的深厚根基，開拓恢弘遼闊的景觀；黃院士雖於1996年返美任教，但持續關注清華，始終保持密切聯繫，至今仍擔任清華大學校務諮詢委員，清華生命科學院諮詢委員兼主席。本人也有幸長年有機會獲得教益，誠如我在接受清華百年校慶推出的「人物清華」一書作者訪問中，略敘黃院士與清華之因緣中所說：「多年來他一直把他自己當作清華的一員，可以說是他的歸屬，」、「這幾年，他都回來幫生科院授課；每年的校務諮詢委員會議，他都從美國老遠專程回國全程參與，針對議題建言，持續為清華服務，熱誠投入。」黃夫人曾說：「秉乾對清華的感情是歷史性的，認為清華人是很了不起的，秉乾很認同清華的傳統。」

　　黃院士伉儷雖大半時間身居海外，除個人取得的學術成就外，近半個世紀以來，及長期承擔著引介生命科學在台灣生根和發展的使命與抱負；他以清華國學院導師之一的陳寅恪肯定另一位導師王國維治學與文化情操雋語：「士之讀書治學，蓋將以脫心志於俗諦之桎梏，真理得以發揚。」引為圭臬。黃周汝吉院士曾說：「我們夫妻要說對台灣有甚麼貢獻，那就是幫忙建立分子生物學。」黃院士長期以來以教育為志趣，在校園裡和年輕同學相處也是他的樂趣。他強調Pedagogy is more than teaching，即教學不止在課堂傳道授業。他在大一開「生命科學導論」，且連開四年。他很重視與學生的互動，關懷學生是

否能在清華園陶冶心智而成材；他說：「清華人應具備的知識菁英內涵，非僅具有學術價值，且能淑世，有以貢獻於人類社會。」、「在我任教那幾年，同學都知道。念清華生科系不是為了就業，而是超越就業。」他對初進清華的新鮮人，都會強調要能高度認同清華的傳統，也就是文理會通。「讀書就是要能開創個人的選擇空間，樂於個人選擇的工作，成功就是懂得選擇。」他學生的座右銘即是「to be able to choose, and happy with what you have chosen.」他很費心思，加強師生互動，也很珍惜師生關係，此外，他致力於推動兵役制度改革，突破限制，使清華學子在求學期間，得以在暑期出國交流，爭取生科系役男分發，改革替代役，也打開了從義務役逐漸走向募兵制的思維，貢獻許多心力，居功厥偉。

最難得的是，黃院士交卸生命科學院長職務後，從不認為他已從清華退休，而是持續關懷清華，樂於接受諮詢，也勇於提出意見，諸如建立清華學生住宿學院；推動並促成編寫「生命科學與工程」教科書；為提升學生競爭力，主張強化英語能力，推動醫學文學閱讀；參與催生醫學科學系，主張在生科院以人的科學為核心繼續設立第三個學系，處理人與生態以及人體內為數更多的生命體如各種細菌；對清華大學與交通大學合併持保留意見，但在清華和交大之間搭起了生命科學橋樑。清華園依然經常看得到他的身影，積極參與校務、院務諮詢、兩岸清華互動、合開課程、學生座談、發表演講，可以說黃院士人依然在清華，心思更用在清華。

清華在黃院士早年記憶裡，是長輩最推崇，同學們相與欽羨的學術殿堂；他體認中國近代史幾個最重要環節，都與清華息息相關，也構成中國歷史向前推展的巨大動力；過去欣然嚮往清華大師輩出，轉身而為清華人，身負教研重任，而今正有心且持續付出心力為清華因緣接續更多的篇章，有所貢獻於清華的未來，實為清華幸。

陳力俊　謹識於清華園
民國一〇四年五月

▲ 獨創了中文「生命科學」的新名詞

▲ 持續付出心力為清華因緣接續更多的篇章

「張永山院士傳記」推薦序
——《一代學人張永山》

2016年3月15日　星期二

　　中央研究院是我國最高學術研究機構，自1948年在南京選舉第一屆院士以來，院士榮銜一直是華人學者最高的桂冠。院士們攀越學術高峰，背後不凡學習歷程、治學經驗以及精彩人生，如能有所傳述，將可激勵嘉惠莘莘學子，為後進學習與效法。令人嘆惜的是，許多當年曾經望重一時，深受景仰的學界泰斗，並未能在身後留下深刻述記，不僅是學界，而且是整個社會莫大的損失。

　　本人有幸於2006年當選院士，親睹多位院士風采，乃於擔任清華大學校長任內，推動由「清華出版社」出版《院士傳記系列》叢書，鎖定與力促與清華淵源深厚院士，同意以口述歷史或回憶錄方式為其立傳，幸得多位院士支持，已先後完成《張立綱傳：五院院士的故事》、《父子雙傑清華傳承：徐賢修與徐遐生兩位校長的故事》、《陳守信院士回憶錄》、《清華因緣：學思行旅、口述青春紀事》四書，本書是《院士傳記系列》已完成的第五本傳記。

　　張永山院士是在國共內戰塵埃稍定之際赴美留學，而在學術界發光發亮的一代學人，在材料科學領域旅美華人學者中，他的學術成就、地位與榮譽，豐富的學術行政歷練無疑是首屈一指的。他與清華大學多年來有緊密互動，包括於2001-2005年，擔任榮譽講座教授，並分別於2002與2004年，任清華大學《國聯光電講座》教授，同時他在正式自威斯康辛大學退休後，已安排每年定期到清華大學講學，由於猝逝而未能實現。同樣令人萬分惋惜的是，他於2010年當選中研院院士後，依照中研院往例，新科院士參加的第一次院士會議是兩年後的次屆會議，而張院士於2011年8月溘然長逝，不及參加而成永憾，也是中研院的巨大損失。

　　張院士來自一個不算美滿的家庭，童年至為艱辛，未受過教育的慈母長年

備受父親冷遇甚至離棄，使張院士及妹妹與父母共同相處時間不到一年，長期受父親漠視，母親「為母則強」，獨力堅忍拉拔兒女長大，但張院士與妹妹的教育並未被忽略，在鄉下日子過得雖貧困仍不失溫馨。如張院士妹妹張婉如女士所言：「母親慈祥、堅強、對人謙和，他對我們的教養影響永山與我的一生。」整體而言，張院士在赴美留學前，人生可謂灰澀黯淡，此後，雖不能以「一帆風順」形容，但確實漸入佳境。使人好奇的是，是什麼樣的特質、動力、環境與際遇造就了一代學人，讓一位離鄉背井的遊子在異域獲得非凡成就？

除了天資聰穎、學習有方，首先是強烈向上的動力，他年輕時曾在信中說：「黃面孔人在美國受到歧視，若是有個博士學位在，有好的事情，在社會上有點地位，他們會看得起我們，這樣讓他們看看。」、「做為一個中國人在美國，如果工作不努力的話，你就永遠無法和美國人競爭，因為無論是語言或社會背景，你都比不過他們。」他深受母親教誨——「做任何事有耐心且堅持下去」的影響，要對長期疏離的父親「證明自己，透過成就感肯定自己」，同時定力夠，自我鞭策很澈底，生活過得忙碌與充實，另外則是找到真實興趣與發揮舞台。他曾在產業界工作前後約八年，一樣勤奮努力，工作求表現，但沒受到注意，如龍困淺灘，直到轉至學術界工作，才開始如魚得水，一展長才。

在學術領域中，張院士專研自己真正有興趣的冶金熱力學相關題材，恣意發揮，不僅廣闊，而且細緻。與他有四十年交情的同事觀察：「張教授是深知自己優勢與目標的人，而且知道如何創造優勢。」他花了四十年時間成為全球冶金熱力學泰斗，他曾說：「要耐得住寂寞，要靜下心來，必須有奉獻精神，才會有一番成就。」、「世界上天才是很少的，但一個人即使不是天才，通過加倍勤奮，最後也能成功。」、「研究之路不好走，重要的是要有眼光與目標，遇到困難也不輕言放棄。」做事仔細、嚴謹，行政能力無人能及，二十二歲的他在擔任學生組織「華社」社長期間，即具有極佳的統籌、執行與溝通能力，他一向公正、慷慨而真誠，成熟的處世風格、專注而細心的態度讓他廣結人脈，也得以在威斯康辛大學密爾瓦基分校（University of Wisconsin, Milwaukee, UW-Milwaukee）與麥迪遜分校（University of Wisconsin, Madison, UW-Madison）共擔任十五年系主任，都有重大建樹，除政通人和外，深受推崇，他的同事說：「他有極佳的說服力、理解力與領導力。」他也有很好的識

人能力，了解各人實力，能找到關鍵人物（key person），他還曾對同事說："You have to be good, but it's not enough. You have to know the people."

另一方面，他喜歡教書，認為教學與研究可相輔相成，授課內容有系統而簡潔，他可以用簡單的方式解說複雜的事情，以便讓每個人都了解他的意思。張院士曾說："Never frustrate students." 他認為：「研究生白天時就要讀論文、做實驗、整理論文結果，與修課有關的讀書則應在晚上自己的時間進行。」他對學生的研究進度要求非常嚴格，願意花很多時間改進學生的研究報告，有學生報告內容不夠充實，被「退件」三、四次，他以一種開放、無私的態度，分享自己的智慧；他對學生照顧有加，有能力讓學生適性成長；不只重視自我修練，也不忘提攜他人，極為難得。他的學生認為：「對於幫助學生成功，張教授做的遠超過他應該做的。」

本傳記另一特色則是大量節錄了在美國西雅圖攻讀碩士學位的張院士，於剛認識在美國加州柏克萊大學的未來張夫人何碧英女士後，三個月中寫的七十封情書，這些信件，短則一、兩頁，長則十一、二頁，天南地北，無所不談，包括讀書、上課、筆記、寫論文、與教授互動、改正英文、擔任助教、交友、聽音樂、看電影、跳舞、打麻將、橋牌、看足球、主持華僑學生社團「華社」等生活點滴。除了情話綿綿外，透露年輕時的許多內心想法與感觸，從中可以一窺低調寡言，鮮談往事的張院士的內心世界。

他在信中提到：「妳要知道我對妳非常坦白，自離開妳後，每一樣personal affairs我都告訴妳。」、「妳感到分離的難過，難道我又會例外嗎？」以及 "I never told anybody before that I want a Ph.D. I am afraid that I may not succeed."、"I am telling you now because I know you can be trusted and you are my best friend." 至於選科的問題，他說：「我對於化工與有機化學都很有興趣，換句話說都沒有多大興趣，interest has to be developed。」自嘲「像我這樣的學生教授不逼是不肯讀書的。」又說：「我不是說女人意志不堅，而是很多時候被環境逼迫不得以而為之，男人大概也一樣。」、「有時候愛某個人常常說不出所以然來，為什麼相愛，不過我非常高興聽到（再次）妳說妳愛我，我也在此再說一遍，我也很愛妳。」不僅真實呈現張院士當年感情與校園生活，同時也是1950年代，一個剛陷入熱戀、徬徨於學業與事業間的優秀中國留美學生心情寫照的格外珍貴史料。不讓人意外的是，張院士這七十封情書

「效果宏大」，三個月後，與未來張夫人互訂終身，不久後成婚，展開長達五十五年的美滿婚姻。

　　張院士說，一生中影響他最深的三個人分別是母親、妻子與三兒子張道崙（Theodore, Theo）。Theo生下來就是患有「唐氏症」的「唐寶寶」，多屬中度智能不足，需要額外照顧與更加注意，但是如果可以接受特殊教育，他們可以做到自我照顧與獨立生活。張院士夫婦最初「心情很差，吃不下也睡不著，不知該如何面對這個現實，為了此事，他們把自己關在家裡數月之久，不和任何人來往，但慢慢接受了這個事實。」他們以最大的努力教養Theo，從穿衣吃飯等小事開始到讀書識字，發揮無比耐心，不假手他人，攬下許多照顧的責任，讓Theo不僅有工作能力，還會自己搭巴士上班、到銀行存錢、烹調三餐等，非常不容易。他們將Theo視為「上帝的禮物」，一路扶持，甚至車牌都以「Theo」為名，而由於住在紐約州的大兒子張道旭夫婦對父母承諾照顧Theo，為了讓Theo及早適應紐約州的生活，七十三歲的張院士自威斯康辛大學正式退休，「選擇放下」，帶著Theo先搬到紐約州。

　　張院士對妻子說：「老三給我最大的影響是更有耐心、更能了解人、更能為別人著想，別人一定有不得已的苦衷才有這樣的結果。」、「老三讓我成為更好的人（better man）。」這是何等偉大的愛心與胸懷！他的一位知友說：「他讓我明白，一位優秀的科學家同時也可以是偉大的人。」

　　本傳記以說故事的方式，對一代學人生平有相當細緻的描繪，從張院士童年、求學、就業、成家、養育子女，到終成學界巨擘，在學術界發光發亮，培育眾多優秀學生，以致逐漸淡出人生舞台，深具啟發性，附錄則包括由張院士多位家人、朋友、同事、學生等所撰紀念文章。張院士用生命所寫的奮鬥故事，每個章節都精彩，反映出幾經淬鍊後成熟圓融的人生智慧。傳記以《有故事的人》為書名，甚為適切，一方面將可為崇敬與感念之眾多親友珍藏、誌念，再方面也可為後進來者，對一代學人養成經過與內心世界有所了解，作為師法懿範，「曲終，人不散」，是一本極有價值與可讀性甚高的傳記。

陳力俊　謹序

2016年3月　於清華園

①長期領導美國「礦冶與材料學
　會」（TMS）
②有極佳的說服力、理解力與領
　導力
③「曲終，人不散」，是一本極
　有價值與可讀性甚高的傳記

「清華外交學人小傳」序

2017年9月19日　星期二

　　可能很多人知道，在我國駐美大使中，胡適是清華校友；也許較少人知道葉公超、蔣廷黻也是清華人，大概更少人知道曾參與籌辦清華學校，協助建立遊美學務處肄業館以及清華學校教學制度，並主持成立了清華學校校董會的顏惠慶曾任駐美特命全權公使（當時無大使銜）；在謝小芩教授所領導的團隊所整理的《清華外交學人小傳》一書中，可看到這些前輩僅是大批「清華外交學人」的代表人物，而其他曾擔任我國外交部部長、次長以及大使、公使等要職的清華人亦所在多有，構成「民國職業外交官中最大的一個群體」。

　　許多人可能會因而產生「清華素無外交專業系所，而外交人才輩出，是由於甚麼因緣際會？」的疑問。部分答案應可追溯到清華大學前身「清華學堂」、「清華學校」由美國退還多索庚子賠款而成立為源頭；自1909年起，在庚款支持下，有計畫的考選大批國內菁英學子赴美深造，開風氣之先；這些校友與清華教師，通稱為「清華人」，多獲有名校高等學位，具有較佳的英語能力，而二十世紀肇始，我國全球視野民智初開，在常以強勢英語為背景的國際外交舞台，大放異彩，是身逢其時，而占有相當優勢，得以從容接受大時代的招喚。另外清華人文社會學科有不少曾接受嚴格外交學理薰陶、孕育的名師，有多人最後轉入外交界，同時也培育可觀的相關人才。作者團隊在種種困難之下，爬梳整理，完成這本《清華外交學人小傳》，有系統的具體呈現「清華人」在我國外交工作上的努力、影響與貢獻，甚為難能可貴。

　　清華建校是由美國退還多索庚子賠款而起；而這獨特的歷史事件正是由巧妙的外交折衝而來，並以當時清廷駐美公使梁誠是美國退還庚款有功第一人。梁誠在1904年與美國接洽庚款賠款辦法中得知，美國政府內部早知「庚款實屬多索」，乃積極活動，遊說美國朝野，重新核算，將多索部分的賠款退還給中

國。根據1905年4月8日梁誠致外務部的信函內載「似宜聲告美國政府，請將此項賠款歸回，以為廣設學堂遣派遊學之用，在美廷既喜得歸款之義聲，又樂觀育才之盛舉。縱有少數議紳或生異議，而詞旨光大，必受全國歡迎。……在我國以已出之資財，造無窮之才俊，利益損益已適相反。」此建議遭到當時清廷重臣反對，提出用退款辦實業，開發路礦，時值中美邦交陷入低潮，退款交涉陷於停頓狀態。梁誠鍥而不捨，多方運作，歷經兩年多，直到1907年12月3日，美國政府發布退款命令，退款將於1909年1月1日生效。梁誠是第一個正式向美國政府提出退還多索庚款的建議者，也是多方積極及有效遊說美國朝野支持者，歷盡艱辛，克服困難，終於在符合兩國共同利益的情形下使中美達成退款興學決議，是「美國退還庚款有功第一人」，當之無愧，並寫下我國外交史上光輝的一頁。同時清華成立之初由外務部與學部共同監理，直到1929年改制為國立清華大學才完全隸屬教育部。

美國退還庚款，與得到美國的宗教界和教育界的人士支持，盡力促成也大有關聯；這些人士從美國的長遠利益出發，倡議退款興學和接受中國留學生對美國的好處，建議將退還之款供中國政府派遣學生赴美留學，持續力主專款專用，遊說美國總統，接受了退款興學計畫。而從今日觀之，一方面扭轉了當年我國留學生絕大多數赴日學習的趨勢，一方面培育了大批知美、親美之菁英人士，大幅增進美國對中國文化、政治、經濟、社會、學術等各面的影響力，尤其現今兩岸清華均發展成世界級名校，其作用頗能符合甚至遠超當初預期。歷史的耦合，造就了中美外交的雙贏局面，至今餘波盪漾，也可見外交折衝之重要性。

另一方面，清華辦學的特色，包括注重通識教育、愛國情操和「自強不息，厚德載物」校訓，也一定對這些卓越的外交官的養成以及優越表現，產生了決定性的影響。

最後我要感謝謝小芩教授所領導的團隊，在有限資源下，整理出《清華外交學人小傳》，「典範在夙昔」，使讀者得以「觀前人之光耀」，為清華幸，亦為讀者幸。

▲ 清華人曾是「民國職業外交官 　▲ 「典範在夙昔」，使讀者得以「觀前人之光耀」
　 中最大的一個群體」

漫談清華故事

集聚2012至2013年，於《中國時報》所載《漫談清華故事》專欄，以簡短篇幅細說清華歷史、學術大師、教育理念、校務發展、學習資源、教學趨勢、社會議題與藝術文化等豐富內涵。藉此展現清華多元教育，作育英才，面對國際的向度。

漫談清華故事——破除畫地自限的思維

2011年12月16日　星期五

多年來我們從學校工作中發現，很多人容易因循舊習，執著於長久養成的工作習慣，縱使已知目前做事的方法不見得是最好的，卻未能檢視各環節上可能發生的缺漏處加以改善，以致於常因小小的缺憾，卻造成很大的影響。

美國開國元勳富蘭克林所著《窮理查年鑑》曾是美國殖民地時代僅次於《聖經》的暢銷書，其中有一句箴言「把事情做好，不是靠信心，而是靠沒信心」，主要的涵義是把事情做好要長存警惕之心。

在現在這個講求速度及效率的時代，乍聽之下對這種理論似乎覺得說不通。不過仔細檢視我們日常生活中諸多事件，常因自以為準備充足而發生的失誤，所造成時間成本上的浪費不計其數，這一句話顯得格外的重要。

清大的傳統是不走嚴厲路線，但是嚴格要求大家把事情做好。目前行政系統正全面性推動精實管理（Lean management）。由觀看流程、消除浪費、節省成本，學習「少量多樣化」的工作模式，持續進行工作流程改善，讓學校的行政作業模式澈底「暢流」，以創造最大的價值。這也是工作態度的改變，以破除學校內容易發生的本位主義，適度引入資源共享、增強效率觀念，這在今日教育資源嚴重稀釋的情形下，學校人事、經費與空間才不會永遠捉襟見肘，國家的資源分配才能被有效發揮。

漫談清華故事
——大學時期　培養多元思考能力

2011年12月30日　星期五

　　十二月清大舉辦兩件盛事，分別頒發名譽博士給中研院長翁啟惠、武俠小說大師金庸先生。從兩位台灣社會家喻戶曉名人的身教、言教以及在各領域的成就來觀察，深覺一個人要做很多有意義的事，時間管理益顯重要。

　　大學時期是人生很重要的階段，也是一生中最好的學習時光。現在社會多元化，各式各樣的活動也很豐富，大學生有太多選擇，如何權衡時間分配，掌握優先順序益顯重要，在進入成人社會前應專心致力，浸浴於優美學習環境與氛圍，有良師引導，有益友切磋，用八成的時間學習，二成則用在課外活動或戀愛、交友。

　　上大學好比逛博物館，是要看熱鬧，或看門道滿載而歸，端看自己的選擇。以前陣子在故宮博物院展出的富春山居圖為例，我們可以看其三百六十餘年間因火毀損分為兩段首次在同地展出的熱鬧，也可深究其在中國文人畫傳統承先啟後的重要價值，明清時期黃公望藝術的影響，體會與領受程度不可以道里計。

　　清華校友胡適先生曾說：「為學要如金字塔，要能廣大要能高。」即成為一個有學識的人，對所有的事務都有概念，對某些專業要能精到，也要具備良好的中、英文表達能力。

　　在世事變遷迅速，社會價值紛亂的時代，大學生應培養多元思考能力，要能慎思明辨書本、媒體、活動甚至課堂所學，不要照單全收、人云亦云，要透過各項學習，學會面對複雜的問題，並找出解決的方法。

漫談清華故事——大學教育的目標

2012年4月5日　星期四

　　最近清華大學的兩位名譽博士，台灣積體電路公司的張忠謀董事長與廣達電腦公司的林百里董事長對大學生就業表達了他們的看法，引起一些討論。張忠謀董事長要學生「培養未來謀生的能力」，林百里董事長認為大學不應培養「耕牛」，而要培養「賽馬」，另外也屢勸大學生不要再念電機系。如果張董事長是說上大學主要為「培養未來謀生的能力」，林百里董事長認為大學只應培養「賽馬」，而僅從就業觀點要大家不念電機系，當然失之偏頗，但如細看報導，可知並非兩者原意。大學要培育什麼樣的學生，企業界需要什麼樣的人才，是相關而不相等的問題。大學不是職業訓練所，但要培養未來謀生的能力。大學不應僅培養「耕牛」，但也不能只培養「賽馬」。

　　大學教育的目標自近世大學成形後，中外多有思索討論。大學應培養通才還是專才呢？美國有許多著名的博雅學院（Liberal Arts College），目標是通才，畢業後，再分流到各行各業。與之成對比的，如麻省理工學院，目標是工程與應用人才。這些學校都培育出無數秀異人才，因此無所謂放之四海而皆準的培養人才模式。

　　清華大學的教育理念是希望藉由多元、豐富與充實的校園生活，培養未來能活出精彩人生的人才。為落實理念，培育寬闊視野之人才，清大自99學年度起，學生學業成績由百分計分法改採等級制，讓學生不以追求高分為唯一目標，而願意致力於學習效果的提升與達成，得以有機會與時間接觸更多其他有意義的事務，相信未來對台灣的高等教育將會產生深遠的影響。

▲ 大學不應僅培養「耕牛」或「賽馬」

▲ 大學不是職業訓練所，但要培養未來謀生能力

漫談清華故事——凍漲學費與社會公義

2012年4月20日　星期五

前些日子清大同學向學校陳情，希望凍漲學費，並透過對資本企業課專稅等稅制改良增加公共教育經費。大學辦學理應增進學生的福祉，教育目標之一，是培養理性思考能力，所以就學生的訴求公開溝通。

學生陳情中屢提到社會公義，忽略現今台灣社會最大的不公不義，就是私立大學院校學生所負擔的學費約為公立學校學生的一倍。如果稅改真能做到，也應優先用於拉近對公私立學校學生補助，重振階級流動，消弭反重分配現象才對。

談到教育成本，以清大為例，學費收入約占除新建館舍外經營費用的十％，教育部經常費約占廿％，其餘是不穩定的競爭性經費。台灣平均稅負為廿％，美、英、日、韓等國平均稅負介於廿一至卅七％，台灣公立學校學生每年學費收費不到這些國家一半甚至廿分之一。一個稅負低的國家公立大學學費也低，這現象很獨特。

公立大學學費自民國九十三年以來未曾調漲，而九十四年迄今，物價指數約增加十％，公立大學中人事費用缺口持續在增加，而水電費前幾年已漲了約廿％，今年料有一番漲勢，學校如不因應，經營上會有困難。物價上漲沒有消費者會喜歡，從現實面漲價有時是無奈的事情。

在物價高漲，教育部補助經費不增加情況下，大學沒有本錢宣布凍漲學費，不損及教育品質，清大堅持以確保教育品質為先。清大學費目前在同等學校當中為最低，同時設有還願獎學金，行之有年，讓學生不會因繳不出學費而輟學，這會持續做下去。

學生追求社會公義是絕對值得鼓勵。鼓吹增加教育經費，公平稅制，對貧寒學生發教育券等，都是可努力的方向，但要有方法，同時要有長期努力以赴的準備。學校與學生站在同一陣線，也會結合同仁與校友共同努力。

漫談清華故事——學術大師

2012年5月2日　星期三

今年適逢兩岸清華永久共同校長梅貽琦校長逝世五十周年。梅校長最為人傳誦的一句話是：「大學者，有大師之謂也」。大師是一流大學的靈魂，有了大師，才能提供一流教育，吸引優秀學生，適切爭取教研資源、發揮社會影響力。梅校長在擔任教務長期間，正是清華成立國學院，震動學術界之際；梅校長於1931年起擔任校長，更積極延攬大師級學者使清華迅速成為頂尖名校。梅校長於56年前在台灣創建新竹清華，也積極延攬名師，中研院李遠哲前院長在很多場合提及，當年最優秀的師資都集中在清華，而這個優良的傳統也一直延續到現在。

北京清華名師後裔在去年底編輯出版了《清華名師風采》，包括文科卷、理科卷與工科卷三巨冊，收錄名師117人，長達兩千餘頁。《清華名師風采》採名家的看法，認為大師「中西會通、古今會通、文理會通」，「遊刃於自然、人文與社會諸學科之間，無不通用自如者」，「有科學家之瑩澈頭腦、文學家之深刻情緒」，「自然科學與社會科學之凝合」。上週清華北京清華名師梁啟超、王國維、李濟、聞一多、夏鼐、周先庚及史國衡等先生後裔於日前專程從大陸來台參加校慶活動，再與現居台北王國維先生女兒，百歲人瑞王東明女士以及梁啟超曾孫女，本校客座教授梁帆女士會合，聚首清華，漫談先人風采，是一場豐盛的歷史饗宴。值得一提的是《清華名師風

▲ 大師「中西會通、古今會通、文理會通」

采》採錄原則，「生不立傳」，若名師仍在世則不收錄。新竹清華相對年輕，但已造就很多大師，未來出一本《新竹清華名師風采》是可以期待的。

漫談清華故事——網路課程海嘯來了

2012年5月18日　星期五

　　最近美國紐約時報專欄作家大衛布魯克（David Brooks）以「海嘯淹進校園」為題報導網路課程如海嘯般捲向美國大學校園。該文有感於日前哈佛大學與麻省理工學院共同宣布將投入約十八億台幣用以建構線上學習平台，於今年秋季起聯手提供免費的網路課程，而美國許多其他頂尖大學也大舉投入推波助瀾。新情勢讓史丹福大學校長在接受訪問時說出「網路課程海嘯來了」！

　　現在透過網路已可收視到許多免費而精緻的課程，尤其最近網路課程進展神速，修課學生可透過視訊上課、考試、交作業。美國史丹佛大學有些網路課程更有線上做習題與考試及評分的設計，通過了才能收視下一課。據說純從網路學習甚至比到課室上課效果好。以往理解網路課程有利於隨時隨地反覆學習，如今加上確保學習效果功能，如虎添翼。如此繼續發展，已不難想像以後大學至少基礎課程漸以網路課程為主流。

　　在資訊科技相當發達的台灣，學術界也早注意到網路課程發展情勢。清華大學本學年度共提供四十三門開放式課程，計自然科學學群十七門，人文社會學群十三門，工程學群十三門。內容可包括影音課程（線上播放、下載、行動載具），講義下載（課堂投影片、教學講義、電子教科書）以及作業與考題（測驗、作業）。影音課程是上線門檻，部分可講義下載，但所有課程都尚未有線上做習題及相應測驗及考試，因此還有改進空間，未來應儘速精緻化與普及化。另外將謀求與有意發展網路課程的大學與法人單位分工合作，開發共用平台以及課程，將可收事半功倍之效果。

漫談清華故事——海嘯來了然後呢

2012年6月1日　星期五

在美國許多頂尖大學推波助瀾下，網路課程如海嘯排山倒海似的捲向大學校園，已不難想像以後至少基礎課程漸以網路課程為主流，大學教育將受到很大的衝擊，教師在課堂中授課的角色將會減輕，校園將不如現今熱鬧，教室、宿舍、公共設施需求減少，圖書館「十位九空」等。大學要如何因應呢？

明太祖朱元璋稱王前，採用謀士獻策：「高築牆，廣積糧，緩稱王」，建立了明朝基業。大學要因應網路課程帶來的變局也可以此三方向為指標：

一、高築牆：加強大學教育不能被網路課程取代的部分；如跨領域課程教學，討論、自學報告式學習，與大師對談，教師解答疑難，導師對人生問題輔導，實驗與實作課程，產學合作與工廠實習，專題研究，田野調查，社會服務，住宿教育，國際交流，課外活動，體育活動等，設計學程培養團隊合作、領導、溝通、書寫與口頭表達能力。

二、廣積糧：網路課程勢不可擋，未來應儘速精緻化與普及化。加強與國內外其他大學合作，積極改善軟體設施，加速提升網路課程的廣度、深度與品質。部分課程利用大班教學，小班輔導方式切入網路課程情境，並補其不足。

三、緩稱王：在全球化時代，過份注重各種以相當分歧的指標產生的大學評比，是相當不足取的。大學教育並非零和遊戲，校際活動，境外交流，共享智慧財產，共同研討網路課程的衝擊、機會、大學教育的未來、新聘教師定位、現有教師調適，以及培訓各種新時代校園所需人才都是各大學可群策群力，集思廣益的合作研討項目。

漫談清華故事——勇於嘗試　面對新環境

2012年6月15日　星期五

　　耶魯大學1942級校友在畢業五十年時曾辦理一個徵文活動，要校友總結其生活經歷；許多校友表示對沒有更具冒險性（risk not taken）感到遺憾，許多人希望當年有對智慧與知識有更多的想望，很多人感受到機遇對命運的影響，幾乎所有人都強調家人與朋友的重要。最令人矚目的是精力充沛，勇於生涯改變的人，即使沒有成功，都無怨無悔；也就是勇於嘗試面對新環境的人，有最正面的人生體驗。

　　哲學博士擁有折服眾人之口的非凡智慧，碩士意為學識淵博之士。今日大家取得高等學位的金字標記與豐碑，可謂拿到人生事業的敲門磚，協助打開優質企業機構與社會傑出人士的機會大門。是否能登堂入室進而窺其堂奧，仍需看各位未來的修行與努力。

　　最近有人計算歷史人物的財富，最富有的人，首推約翰洛克菲勒，財產估計比連續多年名列美國首富的比爾蓋茲多五、六倍。他在給子女的信中說：「相信自己是重要人物，誰都有機會成為大人物」。人的潛力是非常驚人的，同樣的人，是否有自信心、好奇心、企圖心，有理想、有毅力，有終身學習能力將很大部分決定你未來是否會有美滿成功的人生；另外一部分，雖可歸諸「時也，運也」，但正如美國第三任總統傑佛遜所說：「我很相信運氣，我越努力運氣越好」；最後是幸運的人，應負更多的責任。社會的安定，靠多數人的努力，社會的進步，靠少數人的燦爛成就。有能者應幫助需要的人，「己立立人，己達達人」，「讀萬卷書，行萬里路，服萬人務」，才能使社會更和諧美滿，共創美好未來。

漫談清華故事──諾貝爾大師風範

2012年7月5日　星期四

　　清華大學在五、六月邀請到五位諾貝爾獎得主到校演講，學校因而趁機辦理「諾貝爾大師月」活動。諾貝爾大師蒞校以往每年平均約有兩、三次。在一個多月內，有五位密集到訪，則屬空前，是清華師生以及鄰近學子難得的知識饗宴。

　　諾貝爾獎是學術桂冠，如所有難得獎項一樣，有運氣成份，而常有遺珠之憾，但得獎人往往實至名歸。諾貝爾獎大師一般都平易近人，思路清晰，善於溝通，知識淵博，精於表達，是學者最佳典範。

　　2011化學獎得主Dan Shechtman勉勵學子對自我要有信心，並有排除眾議的勇氣，要挑選自己有興趣的領域，成為這個領域的翹楚；1997年物理獎得主 Claude Cohen—Tannoudji歸因獲得非凡成就，主要受父親與猶太傳統價值、良師益友的啟發與法國學院使他拓展知識範圍、觸類旁通經驗的影響；2008年化學獎得主Martin Chalfie受益於猶太家庭重視教育、學習的傳統，以及他能在挫折中獲取教訓，學會向人請教以及與人合作，在一連串機遇下，由貴人指引，把握學習機會，在適當研究環境中苗壯，同時能不隨流俗，專心執意，按部就班，終於登上學術最高殿堂；2004與2009化學獎得主Aaron Ciechanover與Ada Yonath在同一天演講，是名副其實「滿漢全席」級的盛筵。他

▲是清華師生以及鄰近學子難得的知識饗宴

們都從小就具有好奇心與冒險精神，受到好老師影響，貴人相助，有境外學習經驗，保持與其他國際團隊合作，長期投入並不畏挫折。值得注意的是五位大師不約而同的指出基礎科學研究的重要，由觀念革命開始，進而改變我們對事物的看法，可能發展出意想不到的應用，成為推動創新的引擎，影響人類生活。

漫談清華故事——猶太人的成就與精神

2012年7月13日　星期五

　　今年五、六月諾貝爾大師雲集清華，雖因不同的機緣，巧合的是五位都屬猶太裔。猶太人在學術界大放異彩不是新聞，但以全世界約僅有一千五百萬猶太人，不到世界人口的千分之三，產生了約四分之一的諾貝爾獎得主，仍然是非常驚人的。如果再進一步分析，1901-1950與1951-2000年，猶太裔物理、化學、醫學、文學諾貝爾獎得主分別由15、12、22、4百分點上升到32、22、32、15百分點，同時在此四領域整體而言由17進步到29百分點，則更令人震驚。有學者研究，猶太人在歐美獲得自由發展的公民權，是十九世紀末期的事，二十世紀前半段，歐洲又掀起強大反猶風暴，二十世紀後半段起才是猶太人比較不受拘束的發展期，因此後勢更為看好。

　　如果看二十世紀猶太裔世界級偉人，包括愛因斯坦、佛洛伊德、畢卡索、季辛基，可謂群星璀璨。猶太人是如何做到的？我們能見賢思齊嗎？

　　猶太人從小培養孩子讀書的好習慣，使他們知道書中能賦予他們無窮的智慧。在精明的猶太人眼中，任何有價的東西都能失而復得，只有智慧才是人生無價的財富。前以色列駐台北經濟文化辦事處代表齊普立（Menashe Zipori）曾說，猶太人經由教育獲取知識的重要性；社會責任；致力慈善與積極的社會參與；在本行中力求專業；擁有自信、鼓勵創意；有追求成功的決心，是猶太人的成功祕訣。華人也以注重教育著稱，但過份強調「學以致用」，少有為知識而知識情懷，另一方面，拙於質疑權威，不主動發掘問題是普遍的缺憾。要能從善如流，才有希望迎頭趕上。

漫談清華故事
——父子雙傑掌清大　傳承奉獻

2012年7月27日　星期五

　　清華大學出版社日前舉辦徐賢修、徐遐生校長《父子雙傑　清華傳承》新書發表會。古今中外「父子雙傑」，可想到一些先例，如「唐宋八大家，一門三學士」的蘇洵、蘇軾、蘇轍；法國文豪大、小仲馬，美國老布希與小布希總統，但是父子皆為同一所知名大學校長即使不是空前，也應該是極為少見的機遇。

　　徐賢修校長於1970年應蔣經國總統之邀，返回清華母校擔任校長。他認為臺灣未來經濟發展「應選擇科技工業，集中發展」。為落實這些想法，1972年即在清華設立工學院，如今清華工學院四系都是居台灣學界龍頭地位的系所，奈微工程與系統研究所更有「亞洲第一」之譽，無論在學術界或產業界，影響力有目共睹。

　　徐校長在四十年前即看出化石能源短缺終究會威脅文明的進展，而積極推動電動車研究。1973-1981年間，他擔任國科會主任委員，促成新竹科學園區成立，使得台灣經濟發展邁向另一階段。

　　徐遐生校長在書中回憶昆明出生、移民美國初時的清苦生活，乃至成年後在學術研究的層層突破，在美國學術界成為巨擘，這是個大時代華人遷徙生根的故事。他於2002年到原來並不熟悉的清華擔任校長，當然受到老徐校長的經歷影響，而懷著滿腔抱負。是位令人敬重，正直而認真的學者。不僅致力於清華校務整體提升，而且積極協助臺灣教育宏觀規劃，居功厥偉。

　　清華很感謝他任校長四年中始終如一，無怨無悔的奉獻。徐校長卸任後，回到科學研究領域，開始新的研究方向。徐氏父子對於清華、對於台灣科技界的貢獻，都值得我們尊敬與佩服。

▲積極協助臺灣教育宏觀規劃

漫談清華故事
——滾滾遼河　一時多少豪傑

2012年8月10日　星期五

　　清華大學於日前啟用「紀剛數位資料館」網站。紀先生在日本於東北扶植建立「滿洲國」時期，投身抗戰地下工作，並於勝利後，經歷了國民黨地工面對共產黨接收群體與蘇連接收部隊之間的鬥爭與整肅。在定居臺灣之後，將東北抗戰與國共內戰事蹟以及過往生活經驗寫就了《滾滾遼河》一書，轟動文壇，並榮獲一九七零年「中山文藝獎」；與一般小說不同的是，書中記載，有九成以上是真人真事，「生命寫史血寫詩」，且經昔日長官戰友仔細驗證，在當時社會備受矚目，也成為研究抗戰與國共內戰時期重要的一手資料。

　　三年前紀先生慷慨地將《滾滾遼河》部分手寫原稿及一批地下情報與滿洲國歷史文物，捐贈給清大圖書館典藏；清大臺文所與歷史所師生多次為他進行口述歷史訪談，之後由本校四位教授共同帶領之團隊，以「國科會數位典藏計畫」方式針對紀剛先生及其友人捐贈之珍貴文物進行數位典藏工作，建置學術性資料庫，完成「紀剛數位資料館」網站的建置，免費提供各界使用，作為促進台灣社會文化史研究、教學及國際交流之學術平台，並冀以提升清大學子的人文素養、社會關懷以及作為公民的責任。

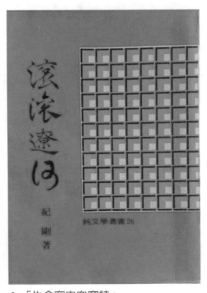

▲「生命寫史血寫詩」

從《滾滾遼河》的故事情節及紀剛先生的個人經歷可以看到，抗戰時期年輕人在動盪的大環境中積極尋找可以為社會貢獻一己之力的機會。現在不少清華學生，利用閒暇及假期深入台灣各地社區、或遠赴國外偏遠地區去服務民眾。儘管時代社會變遷，有心的年輕人熱血奉獻的精神，相信依舊可以跨越時代繼續傳承下去。

漫談清華故事——新移民與楚材晉用

2012年8月24日　星期五

　　內政部移民署在上月與清華大學簽訂策略聯盟協議；清大雖是國立大學，但與官署簽約，乃是首開記錄，尤其是由移民署主動發起，可見署方求新求變，加強服務的用心，更屬難能可貴。

　　目前臺灣面臨的移民問題，包括新移民的適應與子女教育，以及專技人才延攬等。據移民署資料，台灣目前有近一百萬外來人口，其中新住民配偶人數已超過四十六萬人，在一百學年度外配子女就讀國小有十五萬多人，超過總人數約一百四十六萬人的十分之一，這些新住民和子女都是台灣多元社會的一分子。具體的來說，學校可使上力的，包括結合社區與校園資源，拓展新移民服務專業志工，另配合實習課程，培育專業社工，整合教學與研究之人才及設備資源。

　　在世界先進國家，生育率普遍降低，人口呈萎縮之勢，只有美國一支獨秀，除人口增加外，科技創新源源不絕，主要是由於其開放的移民政策。重視世界級人才的延攬，僑外生及陸生的招攬與留才，方得使我國的教育投資達到最大效益。我國在春秋時代，即有「楚材晉用」傳統；春秋戰國時代，秦國雖偏處西隅，破格起用「外國客卿」百里奚、范雎、商鞅、張儀、呂不韋、李斯等人，乃得富國強兵，一統天下；蒙古人與滿洲人能善用漢人，分別奠定元、清兩朝基業，終能入主中原；清華大學名譽博士張忠謀先生自大陸直接赴美而來臺，是不折不扣的客卿，打造「晶圓製造服務模式」，揚名國際，另一位名譽博士林百里先生為香港僑生，領導的「廣達電腦集團」，去年產值已超過一兆元，是最好的範例。

漫談清華故事
——奕園公共藝術與沈君山前校長

2012年9月7日　星期五

　　清華大學於上月中旬舉辦「奕園」公共藝術邀請比件展。建設「奕園」是沈君山前校長的願望。沈前校長是圍棋高手，在民國九十五年曾手書略為：「余自四十五年與清華結緣，六十二年長期返台，迄今已三十三年，以後亦不會離開清華園，故對新竹清華有特殊感情，擬捐助『奕園』，原則如下：一、地址須在清華校園，二、園中不砍一樹，全園少用水泥（最好不用）」，並表示將捐出在美國的退休金，以興建「奕園」。可惜不久後，沈前校長即因再度中風而不省人事，學校為完成沈前校長的心願，先在本校南校區生態區建設「奕亭」，已於九十九年元月揭牌啟用。而進一步造景建設「奕園」則在沈前校長昔年棋友等倡議下，於去年十月起開始啟動。

　　籌建小組提議蒐集圍棋大師墨寶及珍局展現於園中，同時公開徵求設計團隊，適巧林海峰國手夫婦於去年十月來校探訪沈前校長，在得知籌建小組規劃後，慨然應允協助，並蒙林國手在返日後即積極進行，在去年十二月蒐集到所有原規劃六位圍棋大師，包括吳清源、林海峰、日本木古實、韓國曹薰鉉、中國大陸聶衛平以及陳祖德大師墨寶及珍局。另一方面，沈前校長胞妹與妹婿在得知學校規劃後，決定將他們代管的沈前校長在美國的退休金匯回作為興建「奕園」費用，因此也完成了沈前校長捐款興建「奕園」的心願，別具意義。「奕園」預計明年初完成建設，將深具潛力成為未來的世界圍棋勝地，同時是對一手擘建理學、人文社會、生命科學、科技管理四學院「功在清華」的沈前校長最佳紀念。

▲ ①蒐集圍棋大師墨寶及珍局展現於園中
　②完成了沈前校長捐款興建「奕園」的心願
　③生前致力推動兩岸交流
　④兩岸四地大學校長參觀「奕園」

漫談清華故事——仗義每多屠狗輩

2012年9月21日　星期五

某週刊日前以「清大畢業生為何淪為澳洲屠夫」為題有所撰述，學校師生同仁與校友至為關心，在社會上也頗掀起一片波瀾；雖然後來該刊承認是「三合一」烏龍，倒是可以藉此談談對青年到國外打工與職業貴賤問題的看法。

在民國五、六十年代，大多數到美國留學的學生都需要靠打工維持生活；曾經盛行一時的「留美文學」，打工是主題之一；後來擔任師大教授以及名主持人趙寧即以「趙茶房」出名，清大名譽博士侯貞雄董事長則曾在碼頭打工；我的一位朋友在便利商店夜班連續遭持槍搶劫三次，但仍苦撐待變，代表許多留學生的「一把辛酸淚」。

週刊故事希望引人注目的是「澳洲屠夫」；孔子在兩千多年前即說：「君子遠庖廚」，雖然我國有「仗義每多屠狗輩」之說，讀書人與屠夫平常是不會「呼朋引伴」的，但要注意孔子並沒有要廢庖廚，《論語》中有，子曰：「自行束脩以上，吾未嘗無誨焉」，「子在齊聞韶，三月不知肉味」；除少數素食者外，社會需要屠夫為大家服務；屠宰是絕大多數人不願意從事的辛苦、骯髒行業，我們實應同情甚至感謝屠夫們。

大學生離鄉背井，到澳洲打工，雖然文中引年輕人說他單純的要賺錢，但他能吃苦耐勞，希望以兩年時間賺第一桶金回台再出發，以正當方式達成自己的願望，實際上是很難得的。在多元社會裏，我們不希望學生多為了賺錢用非所學，但容許部分年輕人以自己方式走出一步，也是必要的；至於我們的社會為何無法提供足夠的「事少、錢多、離家近」的工作，牽涉甚廣，容後再談。

漫談清華故事——清華文武雙傑 吳國楨省主席與孫立人將軍

2012年10月5日　星期五

　　清華大學於兩周前舉行文武雙傑紀念會。歷數對台灣生存發展卓有貢獻校友，始自吳國楨省主席與孫立人將軍。在1949年，國民政府播遷台灣，中原板蕩之際，一文一武分別擔任台灣軍政首長，文武雙傑對台灣社會政治、軍事局勢發揮了中流砥柱的作用，奠定後來穩定發展，建設台灣為自由民主基地良好基礎。

　　吳國楨省主席與孫立人將軍有共同的背景與發展軌跡，相似的際遇、命運，唯有身後遺緒相當不同；他們除均在清華受教育，保送留學美國深造，返國後歷任要職，先受蔣介石先生重用，分別在文治武功上嶄露頭角，有功於家國，在政府遷台，也同膺重命，終因與蔣介石、蔣經國父子有根本矛盾，不容於當道，吳先出走美國，遭撤職查辦，旋與政府達成和解，從此流亡異邦，直到一九八四年逝世未再踏入台灣一步；孫則以「縱容」部屬武裝叛亂，「窩藏共匪」，「密謀犯上」等罪名，被革除職務，判處「長期拘禁」，軟禁三十三年後平反，病逝後獲得褒揚，兩人宦海大起大落，情節離奇，均顯有相當的冤屈與悲劇性。

　　吳孫兩校友分別於二十八年與二十二年前辭世，他們是清華人的代表與驕傲；先賢孟子強調「知人論世」，認為應站在前人、當事人的情境去設想與體會，不以今非古，不溢美不隱諱。在大時代的洪流下，兩位校友在功成名就，處於人生高峰之際都陡遭奇變，黯然退出歷史舞台，「往者已矣，來者可追」，吾人在唏噓之餘，更應以文字語言與行動，「不容青史化成灰」，以致類似悲劇發生在現世代，而使「後人復哀今人」。

▲孫立人將軍次女孫中平傑出校友

漫談清華故事——世界大學排名的迷思

2012年10月19日　星期五

　　近年不同機構定期公佈「世界大學排名」，經媒體大幅報導，以致社會大眾、家長、學生高度關切，學校也不得不正視，而比較受注目的三項評比，都有可受公議的地方。

　　QS世界最佳大學排名：學術界人士與雇主評比屬主觀因素，占百分之五十，研究論文被引用數占百分之二十，有利於規模較大的學校而低估人文社會學科表現，同時在英語強勢主導論文發表狀況下，英美與英語地區大學常有超乎尋常的佳績；國際化占百分之十、生師比占百分之二十均與投入資源有關，對台灣的大學非常不利。

　　上海交通大學世界大學學術排名：六大評鑑指標包括校友與教師獲諾貝爾獎和費爾茲獎數量各占百分之十與二十、各學科領域被高度引用的教師數占百分之二十、發表在「科學」和「自然」期刊論文數占百分之二十、收錄論文數占百分之二十、以上五項和依規模調整值占百分之十。前幾項指標對新興國家極為不利，例如華人獲諾貝爾獎和費爾茲獎數量非常少，韓國則掛零。

　　英國泰晤士報高等教育專刊世界大學排名：評鑑指標及所占比重為教學、論文引用、研究各占百分之三十；國際化情形占百分之七點五，及產學合作占百分之二點五。各項比重各年似差別不大，但以幾乎同樣的數據，甚至一樣名稱的指標及所占比重，經過不同處理，可造成約一百名落差。

　　以上種種問題，都顯示過於重視大學排名確實會導致重研究輕教學、重理工輕人文、重英語輕其他語言、重規模輕特色等嚴重後果，對大學教育常是弊多於利，值得大家嚴肅討論因應之道，有所矯正。

漫談清華故事——清華之子　清華之師

2012年11月2日　星期五

　　清華大學於上週舉行「梅貽琦校長逝世五十周年紀念會」；梅校長一生奉獻給清華，在兩岸清華擔任校長二十四年期間奠定了北京清華與新竹清華在兩岸分別成為數一數二名校的基礎和聲譽，是兩岸清華永久共同校長。紀念會除緬懷梅校長事蹟行誼，並就與其辦學理念契合的主軸研討。

　　梅校長是清華第一屆直接留美生（民前二年），六年後回清華大學擔任教師、教務長、校長。一生盡瘁清華大學，未曾一日間斷。清華事業就是他的事業，是古今極為少見的遇合。

　　梅校長就任時提出的「所謂大學者，非謂有大樓之謂也，有大師之謂也」，已成高等教育名言。在擔任教務長期間，正是清華成立國學院，震動學術界之際；他於民國二十年起擔任校長，首先竭力平撫校園紛亂氛圍，施行教師治校，落實校園民主，繼而積極延攬大師級學者使清華迅速成為頂尖名校。民國四十五年自美轉到台灣創建新竹清華，第三屆研究生中即有李遠哲先生日後榮獲諾貝爾化學獎，加上華人中最先獲得諾貝爾物理獎的李政道和楊振寧先生也出在梅校長任上，使得清華成為華人地區唯一擁有三位諾貝爾獎得主的大學；誠如名作家岳南先生所言：「這個人才輩出的局機，不是偶然」。

　　梅校長注重通識，他認為通識為「一般生活之準備也」，「治學貴謹嚴，思想忌偏蔽」，所以「通識為本，而專識為末」，今日觀之，均為至理名言，應為教育界人士多所省思。清華何其有幸，有曠世不朽教育家引領，當承先啟後，追求卓越，才不辜負梅校長以生命心血寫成的清華故事。

▲ 梅校長是兩岸清華永久共同校長

漫談清華故事
——偉大科學成就與人性光輝

2012年11月16日　星期五

　　清華大學於上週六頒授珍古德（Jane Goodall）女士名譽博士學位；她在約五十年前，嘗試在非洲荒野黑猩猩群中從事田野調查；黑猩猩是人類在所有物種中最近的親戚，從前對黑猩猩的有限了解，都來自對動物園或實驗室內單支或少數黑猩猩的研究；珍古德女士以無比的勇氣與耐心，終於得到黑猩猩群的接納，因而大大增進人類對黑猩猩的瞭解，並揭露其許多不為人知的行為，如會製造與利用工具；著名的人類學家評論說：「破除了只有人類才會利用工具的迷思，甚至影響到如何定義人類，」她的進一步研究更推翻了只有人才有個性和情感、有心智、會做理性思考、可以推理並解決問題的看法，因而「改變了人類對自己的認知」，改寫了對「人性」的定義，被譽為「最偉大科學成就的代表。」

　　珍古德女士近年來全力投身全球野生動物保育和環境教育與人道教育計畫，幾乎不斷旅行，除為各種計畫籌募基金，並盡可能與人分享對地球上一切生命體的未來所懷抱的希望的信息；基金資助世界上最大的一個類人猿研究基地，由「動物庇護所」收養政府沒收的被走私的幼年黑猩猩，成立「黑猩猩動物園」收留遭到非法捕獵的黑猩猩，並竭力推動改善動物待遇。一九九一年她啟動了「根與芽計畫」，是目前最具影響的青少年環境教育項目。

　　珍古德女士擁有高尚偉大的心靈，對一切生命都尊重與憐惜，為清華校訓「自強不息，厚德載物」最佳典範；清華很榮幸頒予其名譽哲學博士學位，並期盼所有的清華人學習並弘揚其長期獻身保育、教育精神與悲憫生命情懷。

▲ 改寫了對「人性」的定義

▲ 擁有高尚偉大的心靈，對一切生命都尊重與憐惜

漫談清華故事
——在世界盡頭遇見台灣或逐夢天涯

2012年11月30日　星期五

　　旅行可以增廣見聞，壯遊可以鍛鍊體魄心志，遠行則能賦予人莫大的勇氣和毅力；在地球村時代，年輕人有很多機會遠行或壯遊，而羅聿同學正是極少數能把握機會，創造無限可能的年輕人。

　　每一年出國交換的學生很多，但羅聿是第一位到了國外還去關心當地華僑，為思鄉的遊子寫故事的清華學生。他用行動表達了他對社會的關懷，也讓我們知道，原來在遙遠的瑞典，有一群和我們一樣的故鄉人。「他們的故事，是歷史的縮影，他們的無奈，是歷史的無奈」，「國籍再怎麼換，不變的是內在的中華文化，華人勤儉的精神」，感人至深。

　　清華大學的教育理念是藉由充實、豐富與多元的校園生活，培養未來能活出精彩人生的清華人；羅聿延續著他在二零一零年以單車挑戰青藏高原的意志，在瑞典交換學習之餘，單騎上路繞行大半個瑞典，親訪遠居異鄉的華僑，穿過廣大的森林、睡過陰森的墓地，走進了北極圈，他追逐的夢想鼓舞著我們，而他的實踐讓我們相信，一切都有可能，是清華校訓「自強不息，厚德載物」的具體實現。

　　清華大學一直以來以培養關懷社會的領導人才為教育目標，也鼓勵年輕人逐夢，因而有「逐夢獎學金」的設置，贊助懷抱著夢想，並且勇於實踐的學生們；多年來，協助許多清華在校生圓夢，其中有多梯次的國際志工團以及羅聿的壯遊；《在世界盡頭遇見台灣》是清華出版社第一次為學生出書，希望羅聿的故事可以感動更多的年輕人，讓我們的社會上，多一點這樣溫馨的故事，也祝福羅聿再接再厲，再創驚奇。

▲①壯遊可以鍛鍊體魄心志
　②能把握機會，創造無限可能的年輕人
　③用行動表達對社會的關懷
　④遠行賦予人莫大的勇氣和毅力

漫談清華故事──大學國際化

2012年12月28日　星期五

　　近年來政府積極推動須國際化；在全球化時代，大學很明顯的可透過國際合作達到提升的目的；同時外籍教師的延攬與僑外學生的招收，得以豐富校園生態、教育內容，另外學生境外經驗，可培養國際視野，增進學生外語能力、跨文化認知能力與開放心態，以為未來面對全球化經濟的準備；近年來歐美與東亞先進國家一流大學無不積極推動國際化，可見各大學都體認國際化對大學未來發展的重要性；另一方面，大學也是推動國際化的人才庫與基地，負有相當的社會責任，來積極進行國際交流。

　　放眼目前國內大學，國際化的程度還有許多成長的空間；台灣在一九九零年代以前，大批學子出國留學，留學生對不同文化的了解藉較長期的「身歷其境」，要比一般交流深刻的多，許多留學生學成歸國後，在大學任教，促使大學具備推動國際化基本條件；但近年來，留學風氣低落，須設法有效提高學子留學意願，才不致逐漸喪失大學國際化優勢；在招攬人才方面，非台灣出生教授比率低，國內薪資待遇逐漸喪失競爭力是一重要原因；僑外生的存在，對本國學生的國際化會很有幫助，但要有相關配套措施，才能吸引優秀僑外生。在學術交流方面，以往自發的學術交流多，近年來，政策鼓勵國內外團隊合作、參與國際性學會或協會行政工作以及國際期刊編務，推動各項跨國聯合研發計畫，已初見功效。

　　大學國際化不僅是提升水準的關鍵，而且是全球化時代大學的社會責任，但需要多方努力，才能在具有彈性以及必要配套措施下，發揮功能與特色。

▶①大學可透過國際合作達到
　提升的目的
　②大學是推動國際化的人才
　　庫與基地
　③僑外學生豐富校園生態、
　　教育內容

漫談清華故事
——清華大學的IT（印度—台灣）策略

2013年1月18日　星期五

　　印度為臺灣近期經略全球最重要的據點之一，其崛起之新興勢力須加正視；清華大學與印度有相當深厚的淵源，我國在印度獨立後駐印第一任也是唯一的正銜大使羅家倫先生曾任清華大學校長；抗戰期間率軍駐印名將孫立人將軍也是清華人；清華大學早在約三十年前即開始招收印度籍學生；101學年度印度籍學生共94名占我校國際學生人數之冠，另校內尚有印度籍博士後研究員26名；全臺四百餘印度籍學位生中，近四分之一選擇本校就讀。民國98年清華實施「印籍學生實習推動計畫」，提供與本校簽約印度姐妹校之大學部大三以上或研究所印度籍學生申請校內實習機會，與本校師生及其他國際學生交流。

　　Diwali（光明節）重要程度相當印度教徒之新年；本校自民國96年起由校方補助印度學生舉辦Diwali節慶活動，展現對其風俗文化之重視與關懷；清華主辦之Diwali活動規模逐年擴大，今年參加人數超過500人，盛況空前。

　　清華先後與多所印度頂尖大學簽署合作協議；由於我國和印度貿易量急速成長，華語成為不可或缺工具，自民國100年起，教育部支持本校於印度設立兩座「印度臺灣教育中心」，開設華語課程、教授正體中文及協助招收優秀印度籍學生來臺並配合推動臺印文教交流，目前計畫擴充至五座；本校於去年主辦「印度臺灣高等教育展」，推動華語文能力測驗。同時清大正積極規劃設置「印度研究中心」；除深化學術交流外，由於本校鄰近科學園區，與園區企業有良好產學合作經驗及關係，並充分掌握其脈動與需求，將有效推動引進與培育所需人才。

▶ ①印度代表是清華學生的
家長
②與吳清基部長訪問印度
③Diwali（光明節）重要程
度相當印度教徒之新年

漫談清華故事——華語講授課程線上學習

　　清大依循既有的「產學合作」模式，授權給具有網路技術與商業模式的產業界進行推廣，以新一代線上學習的方式，讓大學課程更能被世界各地使用華語的自學者所接觸與有效吸收，也使企業員工或個人都有機會選修清華優質課程，提升職場專業能力或是吸收新知。預計2月開始將有6門課程上線，9月份將再接續數門專業課程上線。

　　美國頂尖大學近年與科技業者合作，投入線上課程服務，已在美國激起一股學習方式的新風潮。但是目前所有的課程都是以英文講課，對使用華語的學習者受益較小。國立大學有能力提供優良教學媒材，清華與合作科技公司藉由「教學課程」網路授權合約，將產、學雙方視為類似出版社與作家間的關係，大學端提供優質的課程素材，而產業端就扮演專業出版商的角色。

　　清華大學製作的教學數位內容，透過「學聯網」的網路平台，提供自學者雙向學習及討論的平台。老師可以要求學生在上課前先看課程的影片，做指定的練習。平台會記錄學生的學習統計，老師可據以加強學生不懂的地方。這個模式減少了老師單向的授課，增進了老師上課時與學生的互動與討論。學生也經由這樣的互動與討論，上課變得更有趣，思考更靈活，激發學生的創新力。

　　「學聯網」可以使有心學習的人，不管是在學的學生，或是在職的人士，都可以在方便的時間、地點，經由網路來隨時學習，提升自己的能力，增加自己的職場競爭力。「學聯網」規劃未來將提供認證制度，給予學習者課程學習認證，作為求職證明。

漫談清華故事——沒竹演唱會

2013年3月15日　星期五

　　梅竹賽是清華、交通兩校每年初春時節共同的盛事，可惜有時會因有爭議而停辦，不幸今年就是暫停年；清華「梅竹工作會」的同學，在正式「梅竹賽」破局情況下，鍥而不捨，仍努力辦理各項相關活動；傳統上賽前辦的「梅竹演唱會」則改名為「清清紫荊」演唱會；有同學說今年的替代方案「清華台大友誼賽」沒有竹，所以還是可以叫「沒竹音樂會」，只是把梅花的梅改成沒有的沒。

　　清華與交大為緊鄰，幾乎在同時建校，兩校師生、校友間有深厚的情誼與密切的合作關係；根據去年十月的一份統計資料，最近五年間，清華與交大師生合作所出版的研究論文均比與其他機構合作的論文為多，同時兩校師生長年來共享教學、研究資源，校友在友校服務並「位居要津」，所在多有，兩校校友在外創業、事業與工作上互相扶持，不勝枚舉；行之有年的「梅竹賽」，在激烈競爭中，同時增進與深化兩校的情誼，是需要維護的光榮傳統。

　　「梅竹賽」的決策單位近年來演變為兩校各五位同學組成的「諮議委員會」，兩校校方則居於輔導協助地位，往年偶然由於出賽雙方各有堅持在最後一刻而破局，但本屆在去年十二月中即宣布停賽，實有可檢討之處。

　　大家都知道，清代表清華，紫是清華校色，所以「清清紫荊」演唱會很「清華」，取自《詩經・鄭風・子衿》篇「青青子衿」諧音；如果兩校主辦同學都體會子衿篇「縱我不往，子寧不嗣音？」、「縱我不往，子寧不來？」、「一日不見，如三月兮！」心境與友校同學協議，以後「梅竹賽」沒有辦不成的理由。

▲①梅竹賽是清華、交通兩校共同的盛事　④清華常勝軍
　②大清帝國　　　　　　　　　　　　　⑤「青青子衿」，縱我不往，子寧不來？
　③啦啦隊表演是重頭戲　　　　　　　　⑥多面金牌得主

漫談清華故事——見故人而思故人

2013年3月30日　星期六

　　1925年清華國學院成立時，延攬四大導師，震動學術界，並使清華從留美預備學校，一躍而為國內學術研究重鎮，而陳寅恪先生在四大導師中與清華淵源最深，是兩岸清華永久的驕傲。

　　去年校慶時，邀請北京清華名師後裔來訪，四大導師梁啟超與王國維等先生後裔都專程從大陸來台參加校慶活動，美中不足的是未能請到陳先生後裔共襄盛舉，最近陳先生三位女公子等七位家屬連袂來訪，是一個美麗的註腳。

　　陳先生學問博大精深，同時代人對陳先生的評價，遠高乎對其他人的評價，如胡適先生稱：「寅恪治史學，當然是今日最淵博、最有識見、最能用材料的人。」傅斯年先生說：「陳先生的學問近三百年來一人而已。」在「文人相輕」的文史學界，極為罕見。

　　從陳先生三位女公子同著的《也同歡樂也同愁——憶父親陳寅恪母親唐篔》書中，了解陳先生與唐篔女士的媒人，竟是我唸的「竹師附小」校長高梓女士；高校長是台灣第一位國小女校長，以「健康快樂」為願景，注重學生體育、健康與品德，讓「竹師附小」成為全台國小之典範，亦為台灣教育史上的一則傳奇。鑒於「竹師附小」的辦學成功，1955年教育部以「利一校不如利全體學校」概念，打動高校長出任「台灣省國民學校教師研習會」主任，達十四年之久，所以高校長有「老師的老師」之稱，與陳先生為「教授的教授」遙相呼應；高校長在1997年以96高齡辭世，令人懷念不已；今在書中看到故人年輕時的行誼，倍感親切；三位女公子在清華園長大，也是清華的故人，見故人而思故人，也是有緣。

▲ 三位女公子在清華園長大，也是清華的故人

漫談清華故事──數學落差

2013年4月26日　星期五

　　清華大學數學系於上月底歡慶成立五十周年;回首來時路,培育了三位中央研究院院士,許多重量級學者以及各界傑出人士,而在教師行列中,群星璀璨,中生代與年輕同仁有相當卓越的表現,可謂後勢強勁;慶祝會到有創系元老、第一屆碩士生及第一屆學士生等,隆重而溫馨。

　　數學是一門很美麗、很有威力、很神奇的學問,但也有「數學金童」協助釀成災難性的全球金融海嘯,「成佛成魔,繫於一心」;現今世界面臨許多複雜度很高的問題,需要多領域與跨領域協同合作,由於數學的基礎性,可以扮演關鍵角色。

　　台灣社會由於僵化的升學制度,導致中學教育過早分流,相當多數的高中畢業生的數學程度非常低落,連帶基本邏輯觀念很貧乏;如從較遠處看,在中國現代化運動中,如五四運動,提倡「民主」與「科學」,不幸在約一百年後來看都不十分成功。社會學三大奠基人之一的Max Weber曾說:「西方科學是一個以數學為基礎的科學,他是由理性思維方式與技術實驗結合而成的合成物」;數學不好,自然影響科學發展,民主不夠成熟,可能也與科學未能內化有關;如果作跳躍式思考,完全不合邏輯,則無理性討論餘地;同時科學精神是「驗偽不驗實」,科學的進展常代表以往學說的推翻或修正;在台灣民主化過程中,常見各種訴求,先假設己方意見代表公理正義,要求對方照單全收,否則抗爭到底,難怪衝突不斷;因此溯本清源,要能有基本的邏輯觀念,養成理性思維方式,這部分相信數學系的師生們可發揮很大的力量,影響將極為深遠。

漫談清華故事——學習資源中心啟用

2013年5月3日　星期五

　　清華大學於四月十一日舉行「學習資源中心旺宏館」啟用典禮；「旺宏館」包括總圖書館、國際會議廳、階梯講堂、遠距教室、視訊會議室等；新館除美奐美侖的建築外，館內多項創新設施包括：二十四小時不打烊的智慧型自助還書服務、全國大學首創的「手機亭」、專供夜間讀書的「夜讀區」，並透過建置UHF RFID智慧型圖書管理系統，配合多功能空間設計、新穎的多媒體互動與影音視聽設施，為讀者提供更貼心的服務；「旺宏館」承蒙旺宏電子公司以績優企業回饋學術卓越之熱誠，前後慨捐新台幣四億元，配合教育部補助以及清華校務基金，才得以完成。

　　兩千年前羅馬政治哲學家西賽羅曾說：「如果你有一座花園和一間圖書館，就有了你所需的一切」，強調圖書館對人的精神生活與發展的重要，「學習資源中心」的功能遠遠超過傳統圖書館；新啟用的國際會議廳預期會常有全球各界頂尖學者專家聚集交會，促發出靈動意念，綻放智慧花朵，遠距教室藉由現代科技，傳播知識；美國開國元勳富蘭克林說：「如果你僅告訴我，我會忘記，如果你教我，我會記得，而如果你讓我參與，我會學到」（Tell me and I forget. Teach me and I remember. Involve me and I learn）；現代教育不僅是教與學，而是要讓人學會自學，能夠終生學習，從書本、教材、教師、同儕學習，而在互動中成長，學習資源中心提供一個良好的園地，協助使用者學習，提升學習效能，多學習，多思索，這也是學習資源中心的目的，而期待充分落實，讓學習在「旺宏館」恢宏的建築加持下，倍加興旺。

▲ ①促發出靈動意念，綻放智慧花朵
　②接書手傳手，學資開步走
　③在「旺宏館」加持下，倍加興旺
　④提供更貼心的服務

「工學院產學研合作聯盟」研討會致詞

　　編錄原載「清華大學工學院產學研合作聯盟簡訊」文章六篇，從中窺見「工學院產學研合作聯盟」成立宗旨與服務資源，亦針對「有機光電材料與元件製程」、「產業電子化」、「系統創意設計」、「塑膠成型加工製造」、「奈米科技」及「分離式能源系統」等主題舉辦研討會，藉此促進資訊交流與創新發想，使學研合作密切互動，展現效能。

「有機光電材料與元件製程」研討會致詞

2001年9月12日　星期三

　　首先歡迎大家來參加今天的「有機光電材料與元件製程」研討會；這是「工學院產學研合作聯盟」首次以新形式來舉辦研討會。產學研合作聯盟在副院長（產學聯盟執行長）周更生教授的精心規劃下，為了呼應會員廠商的需求設計了問卷，徵詢會員廠商與研究單位的意見，對哪一樣的研究主題最有興趣，而有機光電與元件製程最獲得青睞，所以，就決定以此主題來舉辦研討會，也承蒙會員廠商的熱情參與，我們以後將就此方向繼續努力。

　　台灣有機半導體的技術與發展日益成熟，而今天舉辦「有機光電材料與元件製程」研討會就更具意義。清華大學在今年成立了光電研究中心，由工學院副院長周更生教授擔任主任，積極從事光電科技的研究發展，同時，教育部的重要科技補助計畫中，清華大學獲得9500萬元的補助經費，而學校更加碼提撥2000萬元，投資在光電科技的研究發展上，成為清華大學重點發展的項目。另一方面，電資院也將申請成立光電研究所，由這些發展可見，清華大學對光電科技光明前景的重視。

▲「工學院產學研合作聯盟」在2000年4月成立

　　「工學院產學研合作聯盟」在2000年4月成立的宗旨，就是希望開放「清華大學工學院」豐富的人力與設施的資源與產業界及研究界長期的合作，以提昇產業技術及學術水準；聯盟除廣發「英雄帖」，邀請產業廠商或研究單位為產研界會員並會同本校工程

▲ ①杜俊元董事長應邀演講　　　　④頒發院傑出校友紀念獎牌
　②北京清華榮詠霖董事長應邀演講　⑤頒發研究生論文發表優勝獎狀
　③頒發聯盟會員證書　　　　　　　⑥介紹主講人工材所劉仲明所長

應用相關領域參與本聯盟之教師與研究人員組成。提供迅速諮詢服務是本聯盟運作的重要工作。除了合作計畫與顧問諮詢這兩種傳統技術合作模式之外,將包括提供教師專長、研究項目資訊,定期出版通訊(Newsletter),提供教師研究成果如學術論文、專利、技術文件與碩博士論文等資訊,每年舉辦教師研究成果發表會(Workshop)等多種服務,以幫助產研界會員收集與吸收最新技術資訊、快速解決技術問題與員工新技術訓練工作。同時本校另訂有多項會員應享之資源互惠項目。

本聯盟英文名稱為Industrial Liaison Program,Liaison有緊密聯繫之意。以我國目前產業界亟待研發升級的情勢,結合「工學院」豐沛的知識資源,應是一互惠雙贏的局面。依聯盟規章,團體會員是以5年為基準,但是大部分的會員都是逐年續約。在百業蕭條的大環境之下,各企業的研發部門可能是最先暫停的單位,我們事實上對聯盟的運作是相當戒慎恐懼的;從今年的情況看,產學研合作聯盟的原始會員廠商大部分都繼續續約,給予聯盟運作的肯定與無比的鼓舞;今後「工學院」會秉持聯盟成立的宗旨繼續不斷的努力,並且與會員廠商進一步的互動與合作,以落實達成產學雙贏的目標。最後祝各會員與聯盟共存共榮,研討會圓滿成功。

原載「清華大學工學院產學研合作聯盟簡訊」第五期,1-4(2002)

清華大學工學院產學研合作聯盟
「產業電子化」研討會致詞

2003年4月18日　星期五

　　今天很高興參加「產業電子化」研討會，「產業電子化」目前在國內外都是產業努力的目標。

　　前一陣子有機會看到IBM前總裁Lou Gestner的自傳，相當有啟發性。書中提到他在1993年到IBM的時候，IBM正虧損連連（1992年及1993年各虧損87與81億美金），這些數字對任何一家企業都是致命的虧損。當時IBM公司因為沒有能夠有效地保護與經營主要技術，而讓競爭對手Intel、Microsoft佔據了主導地位，同時大型主機市場也被其他對手逐漸侵占。由於IBM公司的電腦與伺服器等週邊產品，單價比別家廠商高很多，許多人都不看好而且預測IBM公司會在幾年內因財務問題而解體。

　　Lou Gestner在如此艱困的環境中接下總裁職務，他是做了哪些努力使IBM公司起死回生呢？最主要的是他有一個「遠景」，他看到了「電子商務」的重要性。對於「電子商務」，有人認為只要使公司事務電子化，就會讓事務的運作很順暢，其實「電子商務」是一個整合性的服務，一般企業內部並沒有如此的專業能力。Lou Gestner很早就洞悉這個趨勢，所以他致力於開展電子商務不遺餘力。如果我們以時程來看，Netscape公司在1994年才成立，可以聯想Lou Gestner接

▲ 「產業電子化」目前是產業努力的目標

任總裁時，網際網路還沒有如此盛行，而他卻已深切瞭解「電子商務」是未來趨勢。

IBM公司在2001年的營收是300億美金，折合新台幣是1兆元，如果當初IBM公司沒能洞悉「電子商務」的問題，，今天會是什麼景象呢？另外一項Gestner讓IBM公司起死回生的重要舉措，是將產品價格大幅度的隆低（如大型主機等），他到IBM公司就任總裁兩個月內，就將公司的主要硬體產品降價40%，在電腦軟體部分，則在七年內調降價格至原來的1/20。

在IBM公司的經營策略中，比較少提及的是其「強大的技術研發能力」。1993年IBM公司在發展上面臨重大的抉擇，Gestner一接任總裁即當機立斷決定加強研發技術，也因為如此IBM公司的電腦及週邊產品，才能大幅降低售價，讓公司產品得以保有更多的競爭優勢。

「電子商務」的推展與網際網路的盛行，有非常密切的關係，近年來由於網際網路創新公司的快速泡沫化，對資訊產業造成很大的影響。最近紐約時報在報導該行業的近況時，提到一位布朗大學畢業生，在史丹佛大學拿到博士學位後，進入電腦公司擔任高級主管，另一位則是普林斯頓大學畢業並在哈佛大學讀MBA，至今兩人都已失業兩年。這些出身於金字招牌學府的精英，因為網際網路行業泡沫化的影響而有如此際遇，讓人感觸很深。

學經歷如此優秀的人才，在曾經如此熱門的行業工作，仍會碰到中年失業的問題，所以光是有亮麗學經歷背景是不夠的，「清華大學」畢業的學子，雖然一向就業都很順利，但我們要警惕，光靠招牌與學校的的工夫是不夠的，重要的是自己的本事與能力，如何不斷地學習與求進步，是每個人都應隨時省思的課題。

今天的討會主要在商討產業如何電子化，希望大家經由研討會使自己更加精進，由不斷追求新知來迅速適應與創造新的環境。在此預祝研討會順利成功，謝謝。

原載「清華大學工學院產學研合作聯盟簡訊」第十一期，3-5（2003）

▲ 由不斷追求新知來迅速適應與創造新的環境

▲ 「電子商務」是未來趨勢

清華大學工學院產學研合作聯盟「系統創意設計」研討會致詞：談創意設計

2003年9月27日　星期六

　　歡迎大家參加工學院產學研聯盟的研討會。工學院的產學研聯盟到現在成立已邁入第四年，有幸在各位支持之下，在穩定中求進步。

　　今天的研討會算是一個創舉，就是我們成立這麼久以來研討會第一次在禮拜六舉行，禮拜六大家犧牲休息時間來參加研討會，應該是體認到「創意設計」的重要性。值得一提的是政府頒行週休二日已好幾年，南部的部分傳統產業目前還未做到周休二日。平常分大禮拜、小禮拜。大禮拜才週休二日，小禮拜工作六天，不但辛苦，也沒有加班費。相對而言，我們在北部的高科技業員工就比較幸福了。這次舉辦創意設計研討會，最先是由蕭主任提議，蕭主任在這方面投注了非常多的心力，在學校裡也開設相關的課程，在這個領域不惜餘力的推動，特別值得感謝。

　　談到創意，據研究每一個人都有相當的創意。一個最明顯的例子就是我們平常講的話。根據研究，每一個人都講過一些世界上別人從來沒有講過的話。也許我是從小學習人云亦云，沒辦法發揮，可是事實上每個人都有創新的概念，只是看怎樣發揮；根據日本的野村研究所的研究，二十一世紀的社會發展將以創造力的多寡來衡量，社會在生產方面從製造業型態，轉型到資訊態的社會，

▲ 二十一世紀的社會發展將以創造力的多寡來衡量

下一步將是創意型態的社會。製造型態的社會，消耗世界上非常多的資源；資訊型態的社會，提供資訊內涵。創造型態的社會，主要是在提升創新。主要的結論是說我們逐漸步入以創造力、創新來決定競爭力的世代。

某財經雜誌曾引述分析，台灣在公元1995年GNP已達到一萬四千美金，今年GNP預估只有一萬三千多美金左右，大家好像白耗了八年。日本、新加坡、德國GNP在兩萬多美金附近，維持了許多年，似乎是碰到了瓶頸。美國則長年繼續上升中；檢討起來台灣人其實非常勤勞，多能夠在本位上盡自己的能力，但喜單打獨鬥，要提升生產力就有一定的限制；日本；德國、新加坡則較具有組織的能力，社會比較注重紀律，大家比較能夠同心協力，但還是停滯不前。美國一直在進步，在世界上先進國家中相當獨特。主要的原因是美國社會是一個世界種族的大熔爐，長期接受世界各地的精英，腦筋最聰明、最有衝勁的人，很多到美國去發展，很有創造力，很能創新。

近年來，德國、日本、新加坡體認到問題所在，檢討為什麼在世界的競爭力沒有繼續增加。我們曉得日本、德國一直都是非常排斥外來移民的地方，德國在近年來大幅度的外寬境外移民，就是為提升生產力、創造力，日本比較保守，還沒有看見有什麼特別的措施，從這觀點來看，長久的競爭力會受到損害。這項分析給我們一個啟示，就是說創造力常常是不同文化的人或是有不同背景的人聚集在一起交會產生的火花；同樣的我們在學校裡面會發現，在研究上面，真正比較能夠發揮創意的其實是在各個領域的交界地方，例如說工程與比較純粹科學領或如物理、化學、生物，或是物理跟生物，或化學跟物理這種邊界區域，常是比較重要、比較有意義的工作產生的地方。另外的一個例子就是我們大人跟小孩的互動。歐洲有些企業雇用一群小孩，讓他們去發揮創意，發現確實對他們的產品創新有幫助，主要是我們大人比較定型，不同的因素到了一定的程度變化比較小，小孩子常常有驚人之舉，其實他是在創新。還有男性、女性的想法也常有大的差別，也常常在不同背景情況下產生創新，我們應更加珍惜利用。

「清華大學」去年體認到創新設計的重要性，由「工學院」舉辦全校性創新計的競賽，因為本院有一位同仁是附近一個學校的家長會會長，提議鼓勵附近的高中生來參加，「工學院」從善如流，將競賽分為有兩組，即校內學生組與高中生組。我們把海報與通知分送到新竹縣市各高中，而且獎金不算太單

薄，第一名獎金有三萬元。到截止日期的時候竟沒有任何高中生報名，包括我們當家長會會長的同仁那所學校也沒有來報名。大家都曉得我們要鼓勵學子有創意，但卻無人報名參加競賽。推究原因就是高中老師現在因為教改而焦頭爛額沒有多餘的精力再來輔導學生參加競賽。雖然令我們相常失望，但這反應社會的現實。

　　創意設計對學生的教育是非常重要的一環，參加競賽互相觀摩應該是一個很好的途徑，我們不能說我們高中老師沒有愛心、沒有盡心的工作，實在是現在教育上有許許多多的問題。我們比較台灣的教育和美國的教育，台灣的教育較不鼓勵發展創意設計。根據研究世界上百分之五到百分之十的人是很有創意的，大部分是不那麼有創意。教育要針對這百分之五，還是百分之十的人，還是對大部分的人來發揮。我個人認為傳統的教育比較紮實，對百分之九十到九十五的學生是較適合的，但對百分之五到百分之十很有創意的人教育有所欠缺。不過現在社會多元化，家庭或是父母師長特別輔導的機會很多，也許不必要從學校正式的管道來實行，這是我們教育必須面對的問題。

　　再一次的歡迎各位來參加我們今天的研討會，預研討會圓滿成功，各位滿載而歸。

原載「清華大學工學院產學研合作聯盟簡訊」第十二期，3-7（2003）

▲ 步入以創造力、創新來決定競爭力的世代　　▲ 贈送諾貝爾化學獎得主「克羅托」教授禮品

「塑膠成型加工製造」研討會致詞

2003年12月13日　星期六

　　首先歡迎大家來參加今天的研習會。前幾天在本院舉辦的一個國際性的研討會，中間有一個受邀講員，英文名字叫做sunshine，也就是陽光。今天他不在這邊，外面也沒有陽光，但現場很熱鬧，溫暖地像有陽光一樣。

　　今天的研習會主題是「塑膠成型加工製造」，相關產業目前不是讓人眼睛一亮，耳目一新的行業，卻是個非常重要的產業。從我們這次報名的情況來看，有來自全省各地不同的公司、工廠從業人員。我們很感謝張榮語教授的規劃。張教授推動塑膠成型加工技術多年而且成果斐然。據張教授告知「鴻海精密工業」郭台銘董事長，曾是張教授主持的產業聯盟的忠實會員，「鴻海精密工業」營業額今年可能會在國內製造業排名第一，產值預估會超過3千億。順此預祝各位在座的嘉賓，以後能創辦第2、第3個鴻海。

　　因為今天參加研習會的貴賓很多不是我們「工學院產學研合作聯盟」的會員，所以藉這個機會向大家介紹本院產學研聯盟。產學研合作聯盟在約4年前成立。目的是希望能夠讓工學院跟產業界與研究界建立起更密切互相溝通了解的橋樑。尤其是把清華大學工學院的資源開放給社會，然後讓產業界研究界能夠充分的享用我們這邊豐富的資源。

　　「清大工學院」是清華大學裡最大的一個學院，現有4個系、1個研究所。在這4個

▲ 讓聯盟會員能夠充分了解工學院的情況

系裡面，有3個系，在國內各種評比排名都是第一，另一系為數一數二的。另一方面，微機電研究所，雖在去年成立，但在國內現有兩所中無疑的也排名第一。同時我們非常的有信心，將來全台有10個所或是20個所時，還能保持第1名。因為清華大學在微機電領域，有許多非常傑出的年輕學者。不論人數與密度都在國內居首位，而且分布在各學院不同系所。今年我們更請到了一個世界級的學者，就是在座的范龍生所長。他是世界上第一位成功製造微馬達（micro motor）的研究學者。十幾年以前在世界上轟動一時，許多雜誌爭相報導。他的主要工作在發表的論文中是第一作者，而加州理工學院的戴聿昌教授是第二作者，其次才是他的指導教授Richard Muller。所以他是這方面的pioneer，就是先驅者。雖然他很年輕也是先驅者，然而已在IBM工作多年，好幾次代表美國到世界參加微機電學的會議。今年我們非常幸運的請到他來擔任我們微機電所的所長。同時微機電所有很多合聘的老師目前陣容非常的堅強。

以整個工學院來看，我們有很好的基礎。目前有116位教授，在國內許多領域有非常傑出的表現。我們希望這些傑出的教師能夠跟產業界與研究界能夠有很密切的互動。聯盟成立之另面相是協助教師的成長。以塑膠加工成型為例，我們如果對產業界的動態，趨勢有充分的了解，對研究將會有很大的幫助。

「工學院產學研合作聯盟」每季以不同主題舉辦一次研習會，副院長周更生教授是化工界的前輩，現在為化工學會的理事長，也是聯盟執行長。產學研聯盟的創始之初，是以系為單位在舉辦研習會，主題較不集中，例如有老師在討論塑膠加工成型，另外有人討論鍍膜，講很不一樣的主題，反應不如我們預期的熱烈。後來副院長覺得我們應該徵詢各方意見，以主題式的方式來辦研習會，近兩年反應非常的好。所以聯盟在從事活動、提供服務的時候，不斷的接受大家的意見加以改進。

另外聯盟每3個月出一本簡訊，這簡訊最主要的是報導我們院裡面的各種研發活動、教師發表了什麼樣的論文、得到什麼樣的專利，最主要是要讓大家能夠充分了解我們院裡的情況。從去年開始，我們還辦理國防役的徵才活動。這項活動是應會員之建議舉辦的。學校每年也在辦類似的活動，可是有些會員覺得在一個大型的活動中，較難突顯微才的需求，希望我們產學院聯盟來辦理。我們到今年已辦了兩次。

另一方面，因為我們跟大陸的清華有特殊歷史淵源的關係。所以也希望能夠充分利用這樣的資源。去年在清大90週年慶的時候，聯盟辦了一個參訪團到大陸清華。北京清大也有類似產學研聯盟的機構，不過比較具體化。目前大陸的情況相當特殊，有些學校辦企業，辦的轟轟烈烈，營業額是天文數字。承蒙他們由董事長親自出馬用高規格接待。由這兩個例子可以看出聯盟希望能夠充分的與我們會員互動，看大家有什麼需要，隨時可以提出建議，我們會考量其功效與實行面的問題，盡量提供服務。今天有許多非會員來參加，我們衷心盼望你們也能早日成為我們的會員。

　　今天學校裏非常熱鬧，有很多活動同時舉行，包括工程一館外面的大學博覽會，園遊會，大家可以在中午休息的時候到處走走。清華的校園是在台灣的學校裡面，大概是最漂亮的。尤其是後山的自然景觀，有山水之勝，各位貴賓不妨抽空去看看。最後祝大家身體健康，一切順利，謝謝大家。

原載「清華大學工學院產學研合作聯盟簡訊」第十三期，1-5（2004）

▲ 郭台銘董事長曾是清華「塑膠成型加工技術　▲ 推動塑膠成型加工技術成果斐然
　產業聯盟」忠實會員

「奈米科技研討會」致詞：奈米材料研究

2004年3月27日　星期六

　　很歡迎各位來參加本次研討會。今天的研討會參與相當踴躍，有一個好的開始。當初戴主任跟我商量研討會的主題與形式時，雖然考量去年我們也舉辦了奈米科技研討會，由於奈米科技進展迅速且持續廣受注目，因此仍然決定以奈米科技為主題。而今天受邀演講者，都是這新興領域中最出色的學者專家。本人因是教育部追求卓越計畫的主持人，有義務辦一個研討會，向大家報告部分的成果，因此也忝列講員之一。

　　在近年奈米科技飛速發展中，在國內外都掀起一股熱潮，相信大家對「奈米」這個名詞都已耳熟能詳。事實上在1970年代就有日本學者Taniguchi即提出奈米科技的名詞，但直至近年來才受到大家重視，一般認為與美國柯林頓總統在2000年推出「國家奈米計畫」推波助瀾很有關係，其實主要還是由於時機成熟之故。目前觀測奈米結構與特性，已發展出許多適當的工具。而在理論了解上也有較厚實的基礎，同時也因為此領域進展到一定的地步，已可以看到應用的遠景。

　　本人以往對奈米科技可以說是旁觀者。由於很早就常利用原子分辨電子顯微鏡分析材料結構，並不覺得奈米結構本身有什麼特別新奇之處，因此本不打算趕流行、湊熱鬧。但近年來頗感受到這個領域的快速發展，體認到奈米科技重點是在奈米尺度的效應以及其特殊的影響。所以在一年多前也開始在此新領域做一些嘗試。因此今天也許可以在這裏以參與者的身分，與大家分享一下感想和心得。

一、新奇有趣

奈米科技進展極為迅速，在研究中時常會得到許多有趣新奇的結果。有趣新奇當然是做研究的動力。最具體的反映在參與奈米材料研究的同學比其他同學主動用功，也比他們本身未涉入這領域時努力。我們研究組中研究奈米領域的同學每個禮拜都要報告新的成果，大體而言每週都有不錯的進展，相當令人興奮。

二、競爭激烈

常有的經驗是正在做或是想要做的研究中，讓別人捷足先登。由於奈米科技是全世界很多優秀的研究者專注的目標，競爭空前的激烈。這與我聽到過的笑話，有人認為他的研究在世界排第三名，而他的老師是世界第二名，太老師則是第一名，事實上全世界只有三個人在做，情況很不一樣。

三、合作的重要性

在奈米材料研究上要領先不容易。要有競爭力，一個研究者或一個研究群，要在世界的舞台上競爭是很困難的，必須要多方合作。目前我本身作研究，合作對象包含物理、化學、化工，甚至生命科學領域的研究學者。生命科學這個領域將來最有突破的潛力，但要有與物理科學結合也不是很容易。需要很多努力。同時奈米材料也是材料系的同仁間，互相合作的契機。要追求卓越挑戰突破，這種合作趨勢是不可避免的。

四、科技整合

材料科學以往大體上是冶金學和固態物理的結合，如有固態物理的背景，是相當可以發揮的。但在奈米材料研究中，與化學及生命科學的領域常有交叉，尤其化學變得很重要。做研究時需要在化學方面補強，和有化學背景的學者合作非常重要。

五、課程調整

　　以往各學校材料系的趨勢是把化學課程逐漸刪減，如清大材料系學生本來必修物理化學，現在只剩下普通化學為唯一的化學必修課，而對奈米材料研究的趨勢，必須有些補正，奈米科技目前是萌芽期，大放異彩大概是10年後，在研究上要力求整合，共同努力。

　　　　原載「清華大學工學院產學研合作聯盟簡訊」第十四期，1-4（2004）

▲左　奈米科技進展迅速且持續廣受注目
　右　以參與者的身分，與大家分享一下感想和心得

「分離式能源系統研討會」致詞：
奈米碳管的聯想

2004年11月5日　星期五

　　美國幽默作家馬克吐溫（Mark Twain），對報導他已死亡的消息發表談話說：「報載我已死的謠言是太誇張了。」2002年科學界最著名雜誌之一的「自然」曾有專文報導提及「奈米碳管炙手可熱已達十年之久，但由於成長操控的困難，應用前景難明，未來恐將轉為其他一維半導體奈米結構（如奈米線、奈米管、奈米帶等）的天下。」似乎敲響了奈米碳管的喪鐘。但兩年多來，奈米碳管依舊是科學家注目的焦點，在生長、物性了解上有長足的進步，顯示此時預測奈米碳管好景難再是過早了些。

　　奈米碳管的發現有一段曲折的歷史。科學家一般將發現奈米碳管歸功於日人飯島辰男（Sumio Iijima）。但事實上在飯島於1991年在「自然」雜誌報導他所製備的奈米碳管之前，文獻上已有記載。飯島最大的貢獻是他以原子分辨電子顯微鏡明確的觀察與分析出奈米碳管的結構。由於奈米碳管的特殊結構、物性與驚人的應用潛力，飯島的經典論文迄2004年底，已被「科學引用指數」（SCI）論文引用4175次，而單單在2004年一年，被引用次數就超過了500次。（與此相較，中研院朱經武與吳茂昆院士在1987年在「物理評顧快訊」發表之高溫超導體經典論文迄2004年底，已被引用4285次。）

　　因此說飯島為物理科學開啟了一個新領域並不為過。許多科學家預測飯島極可能是下一個日籍「諾貝爾獎」得主。談到飯島發現奈米碳管的結構有一段公案。原來在1980年代初期正當原子分辨電子顯微鏡漸趨普及之時，科學家要自行操作此儀器常須考獲執照，而術科標準試題正是攝取間距3.4埃石墨環之照片。現在我們知道奈米碳管的管壁即為石墨結構。假設當時有人設法將試片轉90度，很有機會解出奈米碳管的結構。如果有一天飯島因奈米碳管獲得

「諾貝爾獎」，相信世界上有不少科學家會體會到與「諾貝爾獎」擦身而過的滋味。

很久以來學子們都知道鑽石與石墨都由碳原子組成，奈米碳管是人類發現純由碳原子組成的第四種穩定結構。第三種則是1985年發現的碳60巴克球，由60個碳原子結合成如足球之結構。巴克球是碳60英文名稱翻譯過來的簡稱，其大小亦為奈米尺寸，有很多希奇古怪的性質。和奈米碳管一起驅動大家對奈米結構相關的特性甚至它的應用探討的熱潮。

巴克球的發明人之一，克羅托（Harry Kroto）曾多次訪台講學。他原從事太空中星雲物質發射光譜的研究，在光譜中發現地球上前所未見的光譜線，後來與人合作嘗試在地球上合成時，意外發現碳60，並解出如足球之結構，榮獲1996年「諾貝爾化學獎。」克羅托在一次演講中提到，研究太空中星雲物質是一個冷門領域，「諾貝爾獎」對他來說，像是從天上掉下來的禮物（他的用語是足球，為雙關語），因此得獎與否與運氣（serendipity）有很大的關係。

據說在瑞典皇家學院宣佈他得獎前的當天早上，克羅托接到所申請研究計畫沒有獲得補助的壞消息，心情甚為鬱悶，待得獎訊息一宣佈，主管單位官員馬上趕來道賀，並決定補助他的研究計畫，讓人想起蘇東坡的觀潮詩「盧山煙雨浙江潮，未到千般恨不消，及至到來無一事，盧山煙雨浙江潮。」克羅托仍

▲ 不宜預測奈米碳管好景難再

是克羅托，但榮獲「諾貝爾獎」後，得到不同的對待。看來科學家們應力爭上游，弄個「諾貝爾獎」榮譽，可從此不必擔心研究計畫未能獲得補助。

在奈米碳管應用方面，有人統計，僅僅在2001—2003三年間，聲稱在奈米碳管技術方面有所突破的正式新聞宣告至少有二十次之多，但迄今由於成長操控金屬及半導性奈米碳管的困難，真正達到產業化的產品則極為有限，主要應用仍是已有十年歷史，將奈米碳管理置於結構材料中，以複合方式改進其機械強度以及電與熱的傳導。另一方面較有希望的是場發射平面顯示器應用，如能克

服成本與量產問題，將有非常龐大的市場。

美國前總統尼克森（Richard Nixon）在1971年立法並撥款16億美元對癌症宣戰，希望在七年內消滅癌症。在三十多年後的今天來看，當時尼克森是太樂觀了些。人類對癌症宣戰雖然離贏得最後勝利尚遠，但在醫療方面已有相當可觀的進展。對奈米碳管的應用也許亦不應操之過急，基礎科學的突破往往沒有達到廣泛產業化應用的捷徑，但沒有今日的基礎研究，何來他日的殺手級應用？適切的檢討資源的有效運用可能是世界各國積極發展奈米科技（包括奈米碳管科技）之際必須共同面對的挑戰。

原載「清華大學工學院產學研合作聯盟簡訊」第十五期，1-4（2005）

▲ 有不少科學家體會到與「諾貝爾獎」擦身而過　▲ 沒有今日的基礎研究，何來他日的殺手級應
　的滋味　　　　　　　　　　　　　　　　　　用？

兩岸清華

　　紀錄2019年至北京交流所感，並回顧與北京清華校長顧秉林因公交流的互動因緣。兩岸清華亦因透過溝通分享，對彼此專業發展有更深認識，進而有學生交換、教師研習、體育競賽、學研論壇等兩校合作契機。另載對李恆德院士之追思，展現清華學人的風範與紀念。

兩岸清華校長交流
——兩岸清華一家親之一例

2019年6月14日　星期五

　　6月13-18日有北京一行。主要是應邀參加「第四屆國際納米能源及系統會議」，在大會以「應用於再生能源之納米材料與器件」為題發表演講。但因有六年多未來北京，所以在會議前後各多安排了一天，看看老朋友以及重遊舊地。

　　14日與「北京清華」顧秉林前校長晤面並共進午餐，老友久別重逢，相見倍感親切。顧校長為我到訪，特準備一張2010年3月16日訪問「新竹清華」合影相片相贈，兩人持框合影，彌足珍貴。我則以最近出版的兩本演講集「一個校長的思考（二）、（三）」奉贈並合影留念，笑稱可為未來打書用。

　　顧秉林前校長是於2003年4月至2012年2月擔任「北京清華」校長，我則於2010年2月至2014年1月擔任「新竹清華」校長；有約兩年時間同時擔任校長，而兩人歷年來因公務交流至少達十四次。

　　細數這十四次交流，包括：

　　2010年3月16-17日顧校長訪問「新竹清華」，

　　2010年7月24-28日在港澳參加「兩岸四地大學校長會議」，

　　2010年9月29日本人率團赴「北京清華」，簽署「共同建立兩岸清華大學聯合實驗室」、「聯合培養雙碩士學位」協議，

　　2010年10月23、24日在香港舉辦「兩岸清華慶祝百周年」活動，

　　2010年10月27-29日在「北京清華」參加「東亞研究型大學協會年會」，

　　2010年12月23日在海南三亞參加「清華三亞數學論壇」，

　　2011年7月24-28日在成都參加「兩岸四地大學校長會議」，

　　2011年在北京參加「李恆德院士九十歲生日研討會」，

　　2011年12月23、24日在「北京清華」舉辦「新竹清華日」，

2012年7月日在南京參加「兩岸四地大學校長會議」，

2012年10月26、27日在「新竹清華」舉辦「梅貽琦校長逝世五十周年紀念會」，

2013年7月21-26日在台灣參加「兩岸四地大學校長會議」，

2013年12月19日在「新竹清華」舉辦「新竹清華名人堂啟用典禮」，

2014年7月在貴州參加「兩岸四地大學校長會議」。

2010年3月16-17日顧校長在本人接任校長兩個月內，即率團訪問「新竹清華」，除與本人深度晤談外，並與「新竹清華」一級主管舉行座談會，共商協力籌備百年校慶及教學、研究合作事宜。本人致歡迎詞時談到，兩校同根同源，多年來兩岸清華各自發展，並迅速建立高等教育不凡地位，尤其前不久，遠見雜誌調查家長心目中最優質的大學，兩岸清華都是第一；之前我曾在教育部頂尖大學計畫簡報時，特別強調以目前「新竹清華」的表現，將是台灣高等教育邁向國際頂尖的唯一契機，而之間的秘密武器，就是「兩岸清華共同合作」。而顧秉林校長則呼應，來到新竹清華有一種歸屬感、回家的感受，二校不僅同一校名，包括辦學理念、育人方法及文化氛圍，也都是息息相通，他很感動「新竹清華」的熱情接待，並期待未來有更密切合作；未久將來，二校將共同迎接百週年生日，總結百年來的發展成就，並協力因應全球變化，迎接各種挑戰。

當時兩校所預定的慶祝活動，包括出版系列專書、籌劃百場慶祝活動、百場學術活動、中外校長論壇、新建大樓啟用典禮（「新竹清華」台達館、旺宏館）、具歷史性建築整修維護（北京清華校史館、音樂廳）⋯⋯等。至於雙邊實質交流合作，近期將積極協力推動「共同培養—雙聯學位」計畫，未來配合台灣的教育政策開放，有希望於明年春即啟動招生，初期將以碩士階段為主。此外，「聯合研究」亦是雙方討論重點，當前除落實執行2009年已啟動的聯合研究經費（「北京清華」每年出資400萬人民幣，「新竹清華」出資2,000萬台幣），雙方規劃設立「兩岸清華實驗室」，相信未來在兩岸清華的優勢研發基礎下，定可共創國際頂尖成就。聞知顧校長拜訪「新竹清華」消息，校內「北京清華」交換生齊聚，歡喜迎接他們的大家長。

2010年9月29日本人率團赴北京清華，簽署「共同建立兩岸清華大學聯合實驗室」、「聯合培養雙碩士學位」協議，後者是臺灣第一所大學與中國大

陸學校簽訂校級雙聯學位協議。陸生三法雖已於2010年8月19日經立法院三讀通過，兩岸大學在教育部大學招收大陸學生配套措施未公布前，可先採取雙聯學位方式合作。兩岸清華大學，在國際上都有很好的學術聲譽，透過雙聯學位合作將可以大大的嘉惠二校學子。兩岸清華的教授充分把握這個難能可貴的機會，進行多領域的交流。彼此透過溝通及分享，對雙方專業研究有了深度的了解，也為未來兩岸清華進一步的合作開啟另一道契機。

　　2011年12月23、24日在北京清華舉辦「新竹清華日」，開「北京清華」舉辦台灣高校日活動的首例。此行也進行「新竹清華大學說明會」、安排交換生座談，以及舉辦乒乓球友誼賽，受到北京清華師生熱烈迴響，讓兩岸清華血濃於水的兄弟之誼更上一層樓。本人致詞時表示，世界上沒有兩所大學有這麼密切的關係。二十年的交流，兩校建立起的關係，展現的善意、誠意，以及情意，是沒有其它學校可以比擬的。兩岸清華不僅都擁有美麗校園，而且辦學的精神、教育的理念一脈相承。

　　推動「新竹清華日」的原委，乃由於2011年7月本人在成都參加「兩岸四地大學校長會議」與顧校長見面時提出的構想，顧校長立即欣然同意全力推動。本人表示，希望不久「北京清華」也能於「新竹清華」舉辦北京清華日，更期待「新竹清華」能攜手到全世界的名校舉辦兩岸清華日，這對兩校的國際聲響都會有非常大的幫助。同時介紹「新竹清華」為本次學術盛宴所邀請來的12位鑽石級名師，這些教授都是在領域上學有專精，並善於將知識學問清楚轉譯成學生認知所能了解的形式。顧秉林校長特別引用「新竹清華」劉兆玄前校長在北京清華所講的名句「一筆寫不出兩個清華」來形容兩校深厚的關係。從上世紀90年代以來，兩岸清華開創了兩岸高校交流之先河。二十年的交流或是合作，不論是學生競賽、教師專業領域的研討、學術合作及學生交換學習，交流層面遍及學校層級的組織推動，乃至院系和教師個人的自發互動助。他指出，兩校的交流事項，從清華盃圍棋橋牌賽，到能源、奈米領域的學術研討會；從早年的學生交流協議，一直發展到兩校的全面合作協議；從剛開始的學生暑期項目，到今日北京清華規模最大的校際交流生的交換，無不生動的體現了兩岸清華交流日見頻繁、合作日益深入的發展態勢。他進一步說，在今年百年校慶之日，兩校有建立兩岸清華大學的聯合實驗室的共識，規劃設立兩校共同研發的項目，並已簽署碩士研究生聯合培養協議，更共同舉辦校慶的系列活

動，也互派代表致賀觀禮，分享慶典的喜悅。衷心期望兩校能夠以「北京清華」大學日為新的起點，進一步拓展深入合作的模式和渠道，而能在新的百年當中攜手邁向世界頂尖大學的行列，共同譜寫清華更加美好的未來篇章。本次「新竹清華日」雖然行程緊湊，又逢北京氣候酷寒，但是四處受到暖暖的熱情接待，收穫滿滿。

2012年10月26、27日「新竹清華」舉辦「梅貽琦校長逝世50週年紀念研討會」，顧校長專程前來參加。本人指出，這場紀念會不僅緬懷梅貽琦校長的行誼，也就與其辦學理念契合的主軸，包括通識教育、體育教育、全球化、學術自由與校園民主、大學的學術基礎與發展、人文教育與大學精神進行研討，冀使一代學人風範長存人間。梅校長是一位傳奇人物，他三十七歲即由大師如林的清華教授群票選為教務長，四十二歲時也在眾望所歸下擔任校長，一直到七十三歲時在「新竹清華」大學校長任內去世。以終身服務清華實踐；一生盡瘁清華大學，未曾一日間斷。清華事業就是他的事業，是古今極為少見。顧秉林校長則說，當年梅貽琦校長回國任教半年曾表示自己對教書沒興趣，他就讀清華時期的老師張伯苓教授語重心長地說，「你才教了半年就不願幹了，怎麼知道沒有興趣？青年人要忍耐，回去教書」梅校長晚年向夫人韓詠華女士回憶起此事說：「這可倒好，這一忍耐，幾十年、一輩子下來了。」清華得以成為第一流大學，除有庚子賠款可以動用的優勢，梅貽琦校長的知人與禮遇，而能延攬第一流教授，也是主要因素。

2013年12月19日「清華名人堂」歷經一年多的興建工程，盛大揭幕，顧校長率團出席與會，現場熱鬧非凡。本人提到，「清華名人堂」的設立是希望突顯清華立校以來，為清華、社會、國家、世界「立德、立功、立言」的清華人；一方面感謝他們的重大貢獻，永誌紀念，一方面也由彰顯清華人的事蹟，在人格、事業、著作方面有永遠存在的價值。激勵莘莘學子，引為典範，「觀賢人之光耀，聞一言以自壯」。值得慶幸的是，當日除顧校長代表「北京清華」，包括劉炯朗及徐遐生兩位前校長及諾貝爾物理獎得主楊振寧先生、諾貝爾化學獎得主李遠哲先生等清華人，以及雲南師範大學葉燎原書記等昔日西南聯大的代表，當天都出席與會，顯示清華人對「尋清華源流，留世間絕響」的重視。

2010年3月16-17日顧校長訪台時，曾與我在台北共同接受「聯合報」記者

薛荷玉、陳宛茜專訪，大幅報導的標題是「兩岸清華內外神似，校長一見如故」。報導重點包括：1956年，北京清華校長梅貽琦自美來到新竹主持清華建校。新竹清華並無一物自北平搬來——除了梅校長本人以及校訓、校歌，還有那筆一百年還沒用完的「庚子賠款」。兩校發展路線也鬼使神差般相似，都先發展理工、再補足人文養分。不僅內在精神神似，就連「外表」也同樣傾國傾城，都是兩岸票選「最美大學」。

同時報導兩岸分離近六十年後，為了共商建校百年校慶，北京清大校長顧秉林與新竹清大校長陳力俊首度聚首台灣，並接受邀請，暢談兩校的同與不同，內容大要如下；

陳：我到北京清華，發現學生都在念書，圖書館、教室裡都是滿滿的學生、都在念書。台灣早期是這樣，現在不再是這樣。

顧：大陸學生確實特別用功。這跟經濟發展有關，我們百分之七十的人無法讀大學。但台灣學生有禮貌、給人謙虛、好學印象，思想上比較活躍。

陳：大陸的學生，很像四十年前我念書時的台灣大學生。但現在台灣邁入多元化社會，注重多元價值，不會只偏重智育。多元化的社會，就是有各種多元價值。大陸學生專業非常好、企圖心很高。大陸的少子化、小皇帝現象，都沒有在北京清華學生身上看到。

曾有到北京清華交換的學生告訴我，大陸生很用功、比較蠻幹；台灣學生則有團隊精神、會動腦筋。現在台灣學生有點像是卅年前我在美國念書時的美國學生，但台灣學生比較尊師重道。

顧：台灣學生比大陸學生謙遜。台灣保留中華文化傳統，是全亞洲最好的地方。

陳：企圖心是台灣學生較缺乏的，沒有「我想成為大師」的氣魄。我覺得台灣學生的表達能力要加強，不論是文字、口語上。

兩校老師風格也不一樣。台灣老師個個都是意見領袖、每個人都有他的理論基礎，北京的老師比較踏實。

問：台灣即將開放陸生來台及採認大陸學歷，兩位校長有何建言？

顧：愈開放愈好，我希望學生在成長時期，能有許多選擇。比起到香港留學，大陸學生更喜歡到台灣。因為從深層來看，台灣文化跟大陸比香港更接近。

陳：台灣腳步太慢，很多的顧慮是多餘的。開放不光是雙贏，還是互利多贏。

對兩邊的科技和社會，都有正面的發展。現在來台灣的大陸學生，少有不喜歡台灣的人事物，這些人未來如果成為大陸的領袖人物，將是台灣的親善大使，成為兩岸的橋梁。

台灣極力推展國際化，但要打造英語環境不容易。兩岸思考方式異中有同，開放陸生來台，等於是國際化的第一步。我們接待歐美學生的環境還不成熟，但接待大陸學生已經很成熟了，為什麼不放手？

九年後看來，答案大致不變，大陸頂尖大學正飛速進步，台灣的邁頂大學似仍在原地踏步，時不我予，能不警惕？知否！知否！

顧校長在卸任後還訪問「新竹清華」三次，情誼非常；上一次相見，則是於2014年7月在貴州參加「兩岸四地大學校長會議」，當時我與顧校長皆已卸任，以特邀貴賓身分參加。

在「北京清華」除與顧校長午餐外，並到「工字廳」巡禮，在當年校長辦公室史宗愷主任引導下，在2001年簽訂合作協議的「工字廳」會議室合影留念，其後則參觀「校史館」，由范寶龍館長與副館長接待，導覽全館，建築面積達5000平方米，於2011年6月「清華大學校史館」名稱正式啟用。共二層。一層和二層的展區面積約3000平方米，分為序廳、主展區、副展區、人物展區，有六位專業工作人員。規模驚人且頗能充分顯示「北京清華」躋身世界一流的歷程與成果，值得「新竹清華」觀摩學習。

晚應知名紀實作家岳南先生在「無名居」設宴招待；岳南先生新書《大學與大師：清華校長梅貽琦傳（全二冊）》繁體字版甫在台出版，晚宴到有《一個時代的斯文》作者鐘秀斌，籌拍《梅貽琦傳》編劇楊珺及兩位清華校友，難得的是得與在大陸致力於弘揚梅校長教育理念的文化界人士聚於一堂，相談甚歡，也是此次北京清華行之一得。

在兩岸清華百年校慶時，北京「中央電視台」、「新華社」與「中新社」記者曾連袂到「新竹清華大學」採訪。他們報導說：走進校園，馬上感受著同一個名字下兩所學校的親緣。兩岸清華同根同源，兩岸清華不僅有同樣的校名、校歌和校訓，觸目可見的紫色，「『新竹清華』的最先五任校長都出自『北京清華』，他們把治學理念、育人精神和校風都帶到了『新竹清華』。兩岸清華人在一起，總有著別樣的親切。」兩岸清華一家親，正歷久彌新。

◀①共持九年前同框照片合
　影，彌足珍貴
　②以拙作演講集「一個校長
　　的思考（二）、（三）」
　　相贈
　③2010年3月16日顧校長訪
　　問「新竹清華」

▶①2010年9月29日在「北京
　清華」簽署協議
②2010年10月23日在香港
　參加「兩岸清華慶祝百周
　年」晚宴
③2010年12月23日在海南
　三亞參加「清華三亞數學
　論壇」

①2011年12月23日在「北京清華」舉辦「新竹清華日」

②2012年10月26日在「新竹清華」參加「梅校長逝世五十周年紀念會」

③2013年12月19日在「新竹清華」參加「新竹清華名人堂啓用典禮」

追思李恆德院士
——兩岸清華一家親又一例

2019年6月18日　星期二

　　6月14日到北京清華探望顧秉林前校長，驚聞李恆德院士已於5月28日以九十八歲高齡辭世，不禁回想與李院士多年交誼。

　　李院士與我頗有淵源，早在1980年我在美國康乃爾大學（Cornell University）材料系擔任訪問學者時，李院士即率領大陸訪問團到材料系參訪，有相當多接觸的機會；當時兩岸關係仍極為緊張，大陸也改革開放不久，在美國陸籍學生或訪問學者還很少見；李院士發言操一口流利英語，不疾不徐，用字遣詞都很恰當，對人親切有禮，並表達希望兩岸能多交流。幾年以後，兩岸材料界開始透過「國際材料研究學會聯合會」（International Union of Materials Research Society，IUMRS）交流，這也是我和李院士在各種場合常提起的機遇。

　　李院士於1979-1997年任「北京清華大學」材料研究所所長。1988年籌建「清華大學材料科學與工程系」。1994年被遴選為中國工程院的首批院士，2009年當選「美國材料研究學會」會士。由於我先後擔任新竹清華大學材料系系主任兼所長、工學院院長與校長、也是中央研究院院士、「美國材料研究學會」會士；IUMRS於990-91年成立：大陸「中國材料研究學會」（C-MRS）與台灣「材料科學學會」（MRS-T）都是創始會員，也正逢台灣於1987年開放民眾到大陸探親，兩岸民間經貿活動迅速升溫之時，C-MRS與MRS-T交流甚為頻繁。使得我們得以在兩岸材料界交流上扮演重要腳色。

　　李院士是C-MRS創始理事長，我則擔任多年MRS-T常務理事並在1995-1999年任理事長，都長期參加IUMRS活動。期間印象最深刻的是1993年在長江郵輪上舉行的第一屆「IUMRS亞洲區會議」（IUMRS-International Conference in Asia，IUMRS-ICA）會議，自武漢溯長江而上，在長江上發表論文，由於船

行顛簸，投影片跳躍不已，研討效果自然大打折扣，但仍其樂融融。在船上我曾應邀致詞，用「百年修得同船渡」形容大家的緣分，據不止一位大陸同胞說「特別有感」。

IUMRS-ICA是李院士在IUMRS倡議成立的會議系列，主要當時在亞洲仍少見大型的綜合性材料國際會議，而亞洲各國材料研發能量正飛速增加，所以建議在原有會議系列「電子材料國際會議」（International Conference of Electronic Materials，ICEM）、「先進材料國際會議」（International Conference of Advanced Materials，ICAM）外，每兩年再增辦ICA，由亞洲會員，即中國、台灣、日本、韓國、印度、新加坡輪流主辦；由於反應良好，後來改為每年舉行。我個人有自第一屆連續參加八屆的空前且唯一的紀錄，要破紀錄，尚待來者。

在當年4/30至5/1於新竹舉行的MRS-T年會中，李院士應邀作特邀報告，講述分析洞庭湖石的工作，同時引用李白詩句：「兩岸猿聲啼不住，輕舟已過萬重山」，暗喻兩岸關係，贏得一片掌聲。

在北京與李院士相會，細數至少有五次，其一是1999年6/14-6/18日，IUMRS在北京舉辦「國際先進材料會議」（ICAM），李院士當時正擔任IUMRS會長，並為大會主辦人，盛況空前；讓人最難忘的是會眾共乘巴士外出活動時，有警車開道；同時大會宴設於「人民大會堂」餐廳。「人民大會堂」能容萬人同時開會，內有「台灣廳」等會客室，氣派十足。我有幸以初當選IUMRS第二副會長（2nd Vice President）身份在會堂可容數千人餐廳聚餐時應邀致詞，

其二是2000年7月我在昆明參加「中國電鏡年會成立二十周年慶研討會」後，到北京清華參訪其產學合作機構，並面邀其負責人到新竹清華工學院產學研聯盟會議演講，也承蒙李院士邀約在清華甲所午宴，並安排參訪清大幾位院士研究室。

其三是2001年兩岸清華「材料科學研討會」，在北京清華材料系大廳舉行，雙方約各發表二十篇論文，增進對彼此的了解。

另一次是另有其他電子元件方面的會議。李院士得知後，安排C-MRS領導班子在北京由甫於今年5月16日逝世的名建築師貝聿銘設計的「香山飯店」設宴歡聚，熱誠感人。

最後一次與李院士會面，是於2010年9月28日在北京參加慶賀「IUMRS-ICA2010國際材料教育論壇暨李恒德先生九十華誕慶典」。在論壇中除做學術報告外，各國友人多提及與李院士交往舊事，場面甚為溫馨。由於李院士創建北京清華材料系，也為世界知名材料學者，清華顧秉林校長也出席祝賀，據知顧校長不便擔任主辦人，乃因考慮到清華資深退休而年長教授很多，顧此失彼，易生誤會。

據悉李院士於1946年以教育部「英美獎學金」支助到美國留學，1953年在賓州大學拿到博士學位後，美國正限制理工專業的中國留學生回國，幾經抗爭才於1954年回到北京清華大學任教，從此成為「清華人」。李院士約於兩年前失智。而於今年5月28日以九十八歲高齡辭世，長者風範將長存友人與後進心中。

①在長江郵輪上
②在北京「香山飯店」設宴
　歡聚
③在美國波士頓餐敘

清華百人會紀錄

溯源「清華百人會」的緣起與重點發展，回顧清華校友對百人會募款過程的熱情響應，為學校興建各項建築設施，見證清華校友對母校的熱愛情誼。同時推行電子報與「清華永續基金」，進而成立「雙百會」，為清華永續經營奠基。

眾志成城──「清華百人會」序言

2013年4月28日　星期日

　　「清華百人會」的緣起，大致可回溯到2010年初，我將接任清華校長前，還在國科會副主委任內，有一次與吳子倩、陳健邦等校友，以及劉炯朗校長在台北聚餐，討論到將來有什麼活動，可以促進校友互動，加強與校友間的聯繫，以進一步凝聚向心力。不只如此，校友們也討論學校還需要哪些協助？可以幫學校做什麼事？希望有些活動，可以讓校友熱烈參與。

　　這時已經看出我們需要一個新的體育館，但是該用何種方式募款，其一是找到一、二位校友捐出一大筆錢，其二是找很多校友捐款，以眾志成「館」的方式來募集？我覺得後者比較可行。於是，在就職時，我就提出了這個百人會想法。一百萬元對一些在職場三十至四十年的清華校友而言，算多？說少？其實都不一定，但重點是如果對母校沒有那一份心意，甚至五萬、十萬元也不會拿出來。很感謝校友會曾子章理事長在我就職典禮當場宣布捐贈五單位，後又鼓勵欣興集團擔任總經理職務的五位校友加入，讓百人會快樂起航。

　　當初的想法，是找到一百位校友捐一百萬，如果募集一億元的話，學校出七千萬元，建體育館的經費一億七千萬就可以達成了。沒想到募款活動出奇的順利，募集到一億七千兩百萬，這其中有許多人是捐不止一百萬元，且捐款者有一百四十多位，相當成功。募款計畫成功以後，也有些別的學校在

▲ 「百人會」連結出去的善緣，遠超過捐款數字的累積加總

嘗試發起類似活動，但直到最近還是沒有其他學校成功，代表清華校友回饋母校的能量，非常強大。

　　募款過程中有很多印象深刻的事。一開始推廣百人會時，很多校友活動我都會親自參加，例如校友高爾夫球賽、聚餐等活動，邀我參加，在致辭時我一定會介紹百人會活動，每一次在現場一定有人響應，從來沒有空手而回過。在發動不久後，適逢校友會理監事會開會，當天下午蔡進步校友即將捐款匯入學校帳戶，隨後對學校捐助「無役不與」的李義發校友也迅速的加入，最後幾乎所有理監事都成了百人會會員，而次屆，也就是本屆，校友會理監事會開會，則同時成為百人會會員歡聚的時刻；有一次在校友高爾夫球敘後聚餐，我到場介紹了百人會活動後，范傳銘校友就來問我，「我還有沒有機會」，我告訴他「當然還有機會」。那次高爾夫球賽就有好幾位參加球敘校友捐款，後來我在學校裡請一些校友來用餐，他們也多半立即就答應捐款。有一次到正文科技拜訪陳鴻文與楊正任校友，他們當場一口氣合捐六個單位；又例如在北加州的校友聚會，除了已提早表達捐款意願的校友，光是在當場就有五位加入。李偉德校友在之前剛捐贈一億五千萬元蓋「綠能館」，謝宏亮校友甫捐贈羅丹大型銅雕「沉思者」給學校，都堅持另外捐款參加百人會。

　　我每天都到體育場附近快走運動，一天走路時遇到已退休的化學系沙晉康教授，一路上與他聊了二十分鐘，也向他介紹百人會的狀況，第二天他就拿張一百萬支票到行政大樓來捐款。或是像材料系張一熙教授，也是材料系1978級校友，我在他退休茶會上致詞，以往常聽聞張教授對於產業許多想法與計畫，我說「祝福張一熙退休後之後，規劃的事業成功，將來記得得加入百人會」，沒想到當場他就決定捐出一百萬，也帶動葉均蔚與簡朝和校友加入。還有一位聯發科的95級畢業林世宏校友，年紀青青卻很早就主動表達捐款意願。材料系校友羅冠騰每年都會捐給清華材料系十萬、二十萬元，我告訴他，「你不如一次捐給百人會，更有意義」，他長期有心回饋清華，那麼加入百人會，也是一種方式，他也馬上爽快答應。

　　當百人會勒石開始製作後，我還遇到一些校友，他們問「還有沒有參加百人會的機會？」我告訴他們體育館募款已經結束了，他們也提醒我，「這個活動辦得很有意義，以後有類似的活動，我們一定會支持」。

　　在此我也要特別表達對已故財務規劃室副主任周立人教授的感謝與懷念，

他與財務規劃室許明德主任與易昀小姐三人同心，合作無間，在推動百人會過程中不遺餘力，策劃了「校長宿舍茶會」、「材料系系友餐會」，又陪我出席「北加州校友餐會」，一起拜訪他大學寢室室友碩禾科技董事長陳繼仁校友，繼仁除慷慨捐贈四單位外，並策動國碩集團多位擔任高階主管的清華校友共襄盛舉；立人並經常陪同好友如蘇峰正、俎永熙校友來校長室一敘，都有很好成果。在他病情較嚴重後，好幾次由其好友呂勝宗校友代替他引介校友參與百人會，也有很好成績。2012年11月15日「校友體育館」的啟用典禮，立人身體狀況已無法親身與會，是我很大的遺憾，想來亦是他的遺憾。

回顧百人會募款過程，令我難忘的人與事太多，無法一一回顧。但這段經歷，是我在清華30餘年時光中，深具意義的活動，構成極為美麗溫馨的回憶，並讓熱愛學校的校友彼此間變得更熟悉，另外讓這些校友互相連結並增進情誼，未來在事業上也可互相扶持，由此連結出去的善緣，就不只是捐款數字的累積加總而已了。

「清華百人會」榮譽會長的話

2016年4月13日　星期三

　　「清華百人會」（百人會）之成立，起因於本人於2010年將接任校長前，了解清華亟需擴增體育館，但以學校本身經費無力全額支應，乃於就職典禮中，提出成立「清華百人會」之構想，由會員集資協助母校興建「多功能體育館」。當初期待能有百位熱心「清華人」各捐助一百萬元，再配合學校經費，共襄盛舉。令人振奮的是立獲我「清華人」熱烈響應，不僅從一開始就氣勢如虹，迅速達陣，而且最後共募集一億七千兩百萬元，得以全額支應新體育館的興建。校方為感念（廣義的）校友們熱愛母校之情，決定將體育館命名為「校友體育館」，同時美奐美侖的「校友體育館」已於2012年11月15日完工啟用，普遍為師生校友稱便愛用，為清華近年之盛事。

　　原為針對「校友體育館」籌募經費成立的「百人會」，是對清華最具向心力的菁英聚集體，因此，在其後因應清華需求，如「清華實驗室」、「永續基金」、「亞洲政策中心」等募款活動，慷慨捐助但原非「百人會」會員的「清華人」，也自然獲邀約成為新會員，近年更進一步盤點歷年來對母校有實質財務貢獻人士，納入「百人會」，喜見陣容日益壯盛。

　　以往每年「百人會」聚會之時，本人均深感與熱愛清華菁英相聚之樂、溫馨之情，如今校方主動助成「百人會」以社團形式運作，未來聯繫必然更加頻繁，屆時樂見「百人會」活動頻頻、好戲連台，同時加強會員間聯誼、擴大協助母校發展之功可期，也預祝「百人會」與清華同時「欣欣向榮」。

陳力俊　謹識

2016年4月　於清華園

「清華百人會」重要里程碑

2017年10月22日　星期日

　　近日參加「清華百人會」新舊會長交接典禮，一方面喜見「百人會」往永續經營發展，另一方面，也預見會務在新任會長領導下欣欣向榮。

　　新舊任會長都是「清華百人會」最早期加入的會員。讓我印象很深刻的是，當年我在校友會理監事的午餐會說明「百人會」的構想，下午蔡進步會長即匯入學校帳戶一百五十萬元成為會員，讓人覺得沒有辦法比他更「進步」了。但使人驚喜的是，蔡會長在對學校挹助方面，一直節節進步，包括慨然擔任「清華百人會」首任會長；新任的陳立白會長，對清華的熱心愛護，在校友中，也絕對名列前茅。尤其在清華百年校慶前，得知學校正準備盛大慶祝建校百年，「立刻」主動「明白」表示捐贈六百萬元，提供學校慶祝活動所需，讓學校能夠在經費比較寬裕的情況下舉辦百年校慶活動，發揮了相當效果；具體來說，清華人都看得到的，是在校慶前，將學校近百棟大樓，全部洗刷一新，同時少為人知的，則是曾有審計部或是教育部的主計人員，覺得清華所編有關校慶預算太多，經學校說明，部分經費來自校友捐助後，才得解套。所以陳立白會長的適時捐助，可謂減少學校無謂的困擾；同時陳會長在百年校慶時，指示企業集團中傳播公司，精心拍攝一套五集的百年清華光碟影片，再者在學校舉辦「清華學堂」研習會以及在兩岸交流活動中，分別在南京大學與浙江大學，舉辦「新竹清華日」時，陳董事長與威剛的王總經理也分別與會，以校友身分，現身說法，大大實質的增進活動宣導的效果。

　　去年學校發想將「清華百人會」組織化，一方面意在加強會員間聯誼，一方面自然也希望發揮更大功能；本人忝為榮譽會長，也參與諮詢規劃。當時認為有兩件事可以率先推行，一是發行電子報，這部分在同仁的努力下，大家正在閱讀的，已達第四期；另一則是推動以系所為單位的永續基金；基於長

遠計，清華必須成立自給自足且長期穩定之種子基金，孕育儲存教育資源，以克服經費不足之困境，因而有「清華永續基金」構想。在校友與熱心社會人士的支持下，加上校內講座和獎學金捐款，組成清華永續基金之初期資金來源。於103年11月5日正式啟動進入投資市場，目前在財務規劃室林哲群副主任為投資代表人以「保守穩健」為原則擬定，並透過專業評估及嚴謹程序，健全投資項目與審核機制，將資金投資於獲利穩定之股票或指數型基金（ETF）等金融商品，使永續基金發揮最大效益，104年與105年投資報酬率各達4.08%與9.48%，績效甚為良好。由於考量部分校友希望永續基金收益由指定系所運用，所以諮詢會建議學校修訂辦法。學校也從善如流，於去年底通過「各教學單位參與永續基金運作方案」，並函請各教學單位協助積極發起募款，加入永續基金。本人與材料系系友會陳超乾會長、工學院賴志煌院長以及材料系嚴大任主任，共同發起以成立材料系「雙百會」方式，籌募永續基金，以百人會會員為發起人，每人再捐贈一百萬元，合成「雙百」，將本金存入學校永續基金，委由學校進行財務操作，而每年的收益用於材料系招募傑出人才以及優秀學生等工作的經費來源。從暑期開始，目前已很接近階段（年底本年度節稅期限）目標1500萬元，相信在明年百人會大會前，將能達到籌措超過2000萬元的目標。我以為這項活動很值得推廣，首先讓其他有潛力的幾個系都能相繼成立系級「雙百會」，將很切合學校當前的需要，並為永續經營奠基。這裡要特別一提的是，當年在我卸任校長前幾個月，開始推動籌募永續基金，時程相當倉卒，而兩位會長以及參加交接典禮的校友會謝理事長以及本人，都迅速共襄盛舉，共募得約五千萬元，做為開端。每次經過校友體育館前，看到相關清華人同列勒石捐款人榜上（如附圖），都備感溫馨。

清華很幸運有許多傑出而愛護學校的校友，因而得以順利成立百人會，此次交接的兩位會長更同為會員表率，適才適所，相信會務能更「進步」，會員能在學校各種活動中，更能「立刻」、「明白」表達支持的熱情。

▲ 對清華的熱心愛護，在校友中，絕對名列前茅

校長的話

　　含有2010年至2012年，以清華校長身分，為美國加州灣區的「梅竹賽」、清大外語系畢業英文戲劇公演及中文系畢業公演的演講致詞。同時收錄為「大學夢工場」、紫荊季手冊、EMBA校友會刊物等撰寫之專文。強調清華致力打造人文薈萃學術殿堂，培育博雅與專業人才，創新科技研發重鎮，以及推動多元進步社會的目標。

2010年美國加州灣區梅竹賽賀詞

2010年10月12日　星期日

　　欣聞美國加州灣區的「梅竹賽」又即將熱烈展開，個人非常欣慰見到清交兩校在新竹舉辦的梅竹賽事能由國內延伸至海外的美國加州灣區。

　　母校清華明年將邁入建校一百週年、在台建校五十五週年，這是母校長期以來經營教育、學術研究、社會關懷的紀錄。母校目前正積極籌畫各項慶祝活動，我個人也藉此機會誠摯邀請海外校友一同參與母校的這項盛事。在母校歡欣迎接這歷史性的一刻之際，我們同時接獲了許多讓人振奮的好消息。向來執世界大學排名牛耳的英國泰晤士報高等教育專刊（THE），於9月16日公布2010年世界大學排名，本校排名再度報捷，名列世界第107名，為臺灣各大學排名之首。這是繼9月8日QS公布2010年世界大學排名，本校首度進入世界前二百大（排名第196名）後，再傳出令全校師生雀躍的佳績。

　　母校在追求學術卓越的同時，仍不忘積極創造一個發展「全人化教育」的教學環境。母校在校生除了學科的優良專業表現外，也在運動活動中嶄露頭角。除了每年定期舉辦的在校生「梅竹賽」、校友「老梅竹賽」以外，近年來，母校在大專運動會上也曾創佳績，在全國162所大專校院中，總排名第8名（是非體育科系學校的第3名）。為了使母校運動場的規模能隨著學生人數成長而相對成長，母校多功能體育館已於今年動工，並作為清華創校一百周年、新竹建校五十五周年之賀禮。我個人上任後即針對多功能體育館的建設成立「百人會」，捐款一百萬元以上的校友即為百人會會員，母校即授予「百人會」會員證書、致謝獎牌，並於多功能體育館竣工時勒石紀念，表彰「百人會」會員對母校的奉獻。此募款活動已獲得諸多熱情校友的響應；目前「百人會」成員人數已將近70位，募款金額已近新台幣九千萬元。

　　展望未來，期許清華能更躋身世界百大、孕育更多全人的專業領導人才。

在這過程中，還需仰賴校友們對母校持續的支持與惕勵。藉此機會，本人也對於海外校友長期對母校的向心力致上最大謝忱。由衷企盼此次灣區梅竹賽成功圓滿，並祈祝清交兩校校友與眷屬闔府平安、事業發展順利！

▲ 欣見梅竹賽事能延伸至海外的美國加州灣區

「2010年清華大學外語系 畢業英文戲劇公演」勸募函

2010年5月10日　星期日

敬啟者：

　　清華大學外語系畢業英文戲劇公演為本校的優良傳統，歷屆學生在教授們的協助之下投注極大的心力；每年歲末時期的盛大演出已成為新竹地區的文化盛事。不僅吸引清華及交通兩校師生、新竹市民，更招徠各地各級學校師生，甚至外國友人的觀賞。

　　清華大學的教育目標為「秉持『自強不息，厚德載物』校訓，致力培育德、智、體、群、美五育兼優，具備科學與人文素養的清華人。」外語系畢業公演籌備小組工作包括總籌、總務、舞台總監、導演、舞台設計、燈光、音效、服裝、化妝、公關、美宣再加上演出，眾多參與同學有長達半年以上協同「致力呈現精緻演出」工作，是絕佳的德、智、體、群、美五育學習鍛鍊與成長的機會，校方自然樂於鼓勵支持。

　　畢業英文戲劇公演的社會意義為提升民眾對藝文活動的關注和重視，促進社會大眾心靈的成長，值得熱心的機關團體與個人共襄盛舉。同學們發揮創意與投注心力推動這個有意義的活動，在籌募經費與宣導上，如能得到您的指導與支援，將對他們產生莫大的鼓舞作用，敬請您惠予協助，本人謹代表學校在此先致最誠摯的謝意。

國清華大學校長
陳力俊上
九十九年五月十日

▲ 清華大學外語系畢業英文戲劇公演為本校的優良傳統

▲ 同學們發揮創意與投注心力推動有意義的活動

「2011大學夢工場」專文

2011年3月13日　星期日

高標準打造高水準　先天優勢締造後天成就

　　歷史悠久的清華大學，是許多學子夢寐以求進入的學習殿堂，更是長久以來，培育許多優秀人才、為台灣締造不朽紀錄的大專院校標竿。強調學術及實務兼備，人文與科學並重，正是清華大學屢創國際口碑佳績的主要原因。

　　秉持「自強不息，厚德載物」校訓，以期盼培育出德、智、體、群、美五育均優，兼具科學與人文素養的全才學子。全力打造清華校園為人文薈萃學術殿堂，博雅與專業人才培育場域，創新科技研發重鎮，以及多元進步社會推動基地。

以優質師資引領學子邁向康莊大道

　　清華前校長梅貽琦先生有一句名言：「大學者，非謂有大樓之謂也，有大師之謂也」，學術卓越最重要的是：要有「大師」傳承立論、主持學術研究，如此一來，學子才能循著前人的腳印，邁向更卓越的境地。清華大學最引以為傲的資產即在於擁有高水準研發能量的教師，不僅學術聲望卓著，更是盡心盡力輔導學生。任職教師中，20%教師曾獲得國科會傑出研究獎、傑出人才講座、教育部學術獎、國家講座、與中央研究院院士等榮譽，比率居全國之冠。清華大學現有各學院，在學術研究方面均衡發展，各具特色。執世界大學排名牛耳的英國泰晤士報高等教育專刊（THE）公布2010年世界大學排名，清大為世界第107名，位居臺灣各大學排名之首。有志於學術研究的你，在清大絕對

能找到自己的研究方向。

創新的教育制度，開闊的學術交流

　　清大在教育制度上更勇於創新，不論是教學上之學程、不分系、成績等級制，或是招生制度上之繁星、大一不分系雙專業……等，均是開全國風氣之先。開放自由的校風，讓你可以盡情發展自己的長才，開拓自我眼界。在國際學術交流上，與對岸的北京清華大學、北京大學…以及全世界知名大學建立合作關係，經常舉辦研討會、學生活動，並提供優渥的獎學金鼓勵學生赴北京清華進行短期研究。以企望清華學子能懷抱宏觀的胸襟，秉持國際視角，開展自我更為寬闊的人生大道。

坐擁優勢環境，研究佐以實務

　　清華校園座落佳地，坐擁工業技術研究院、新竹科學園區、國家實驗研究院之國家奈米元件實驗室、國家晶片系統設計中心；與國家高速網路與計算中心、國家太空中心、國家同步輻射研究中心、國家衛生院、新竹生物醫學園區為鄰。清華學子可就近與其他學術研究單位、我國主要產業研發機構及主要產業園區，做緊密的產學研究合作。也因清華優異的學術地位口碑，高科技之產業均極力招攬、提攜清大所培育的學生。

　　此外，清華大學得天獨厚、美麗典雅的校園，是其他大學所無可比擬之處。因為清華大學在卓越的研究成果，爭取到國內比例最高之學術研究經費，同時也因頂尖大學計畫之資助，使得清華大學得以在學術儀器設備等硬體上保持國內之領先。

完善的學習殿堂，豐厚的獎學金制度

　　清華大學費心營造最好的學習環境。近年來教育部推動頂尖大學計畫，清華每位學生平均獲得全國各大學學生中最高額補助。清大積極推動學生自主學習，鼓勵成立學生讀書會，涉獵專業科目外的知識，成效斐然。另外，清華大

學宿舍有臺灣版「霍格華茲學院」之稱，安排新生宿舍輔導學長姐，舉辦各類活動；「清華住宿學院」更融合課程教育與生活教育，致力社會關懷，跨領域學習，以先成為人，再成為公民，以至專案人才為目標。在社團活動上，亦大力推動國際與國內志工，鼓勵同學參與社會服務及關心公眾議題，以讓同學可以立足清華，關懷世界。豐厚的各類獎學金鼓勵同學在各方面的表現，其中非常具有清華特色的「還願獎學金」與「逐夢獎學金」，更是照顧且激勵了許多清華人力學爭取。

懷抱憧憬、踏實築夢、成就未來

面對即將到來的大學生活，期勉所有學子們，請帶著開放的心胸進入清大。希冀能對知識懷抱好奇心，把握所有的學習機會，多方累積自己的學術涵養與人脈資本。接受且主動投入多元活動，勇敢接受不同事物的挑戰，以開發自己無窮的潛能。更重要的是，應該學習關心周遭環境與社會議題，提昇自己的敏銳度和實踐力。清華大學本著崇高的教育目標、最優良的師資，也期望對自我要求高的同學加入，相信經過四年的淬煉，多采多姿的校園生活，將因你的全心投入而益加美好、燦爛。

▲ 清華強調學術及實務兼備，人文與科學並重

「2011年紫荊季」手冊校長的話

　　清華大學有輝煌的歷史與光榮的傳統，建校可溯至民國前一年（西元一九一一年）的「清華學堂」，乃由清廷將美國退還尚未付足之「庚子賠款」設立，經多年努力經營，人才輩出，包括兩位諾貝爾獎得主李政道、楊振寧以及有數學諾貝爾獎之譽的沃爾夫獎得主陳省身等校友。民國四十五年在台灣新竹復校，復校初期重點為原子科學，其後擴展至理工方面，近二十幾年來更積極發展人文社會、生命科學、電機資訊與科技管理領域科系；如今清華已成為一理、工、原科、人文社會、生科、電資、管理均衡發展的學府。在台已造就英才超過五萬人，在國內外各行業均有優異表現，校友包括諾貝爾獎得主李遠哲、中央研究院院士十三人，產學研界領袖不可勝數。

　　清華大學的教育目標為：秉持「自強不息，厚德載物」校訓，致力培育德、智、體、群、美五育兼優，具備科學與人文素養的清華人。學校除正規專業與通識課程外，亦提供智、體、美育學習鍛鍊的機會，更藉由導師輔導與課外活動提升道德感、價值觀念與群我互動關係，全力打造清華校園為人文薈萃學術殿堂，博雅與專業人才培育場域，創新科技研發重鎮，以及多元進步社會推動基地。自復校以來，本校即積極延攬優秀人才，以增強師資陣容，提升研究、教學、服務品質，培育優秀學生，同時提供豐富校園生活以及激發學生成長機會，改善基礎設施，營造卓越研究環境，加強產學合作研究，推廣人性關懷科技，把握區域優勢，整合資源。近年來面對地球暖化、能源短缺的挑戰，清華全面啟動「新能源綠色校園」計畫，有效整合現有優勢與資源，使清華成為台灣能源科技以及維護人類社會永續發展的重鎮。

　　在許多學術指標上，清華教師的表現均為兩岸三地大學第一。近年來教育部推動頂尖大學計畫，清華每位學生平均獲得全國各大學學生中最高額補助。

「台灣能有大學進入世界前百大」是近年重要的教育政策之一，但觀諸全球大學，根據2010年英國泰晤士報調查，清華排名第107名，在台灣居冠，教師規模在1,000名以下的大學，本校排名第30名；而如以教師規模700名以下的大學來評比，本校更排名第9；因此如果台灣希望有大學能夠進入全球前十大，「清華」絕對是唯一的選擇。現階段努力方向是打造清華成為華人地區首屈一指的學府。

清華過去已有許多開創性的教育規劃，如多元跨領域的學程，領先全國的優質通識課程規劃，最近則有繁星計畫、雙專長院學士班、住宿學院——「清華學院」的設立、以大一不分系方式招收音樂、體育及美術特殊專長學生，乃至學生擔任國際志工、從事國際交流學習等計畫，協助同學創發並實踐自己的夢想與對社會的理想與期望，期望培育出具獨立思考、團隊合作能力，且胸懷社會理想與全球視野的清華人。

為改進本校大學部教育環境，參考世界著名學府措施後，本校「大學部教育改進工作小組」針對教育目標以及校園生活、共同必修課、通識教育作全面性檢討，已提出整體性改進方案，正陸續施行中。於此過程中，老師是潛能的激發者與引導者，學校致力於結合校內、外與校友資源，期許學生們在清華學習環境中，經由輔導，擴大生活體驗，思索及討論重要議題，參與社會關懷活動，培養獨立思考能力，增長計畫規劃能力與執行力，強化挫折復原力以及人際互動與合作精神。

民國一百年同時為清華歡慶創校百歲生日，本校科系博覽會配合清華百歲慶活動，擴大辦理為「清華紫荊季」，歡迎同學們親臨本校瞭解各學院、學系（班），更歡迎同學們能在完成高中學業後，選擇「清華園」作為進一步追求知識、尋求真理的殿堂，清華的優質學習環境，將陪伴你體驗豐富的校園生活，並以「仰觀宇宙之大，俯察品類之盛」，充實自己，以「究天人之際」，得以在未來的人生舞台上「通古今之變，成一家之言」進而「己立立人，己達達人。」以此為基，在人生的歷程中盡情的揮灑。

▶ ①在許多學術指標上，清華
　教師的表現均為兩岸三地
　大學第一。
　②打造清華成為華人地區首
　屈一指的學府
　③清華的優質學習環境，陪
　伴優秀學子體驗豐富的校
　園生活

2011年「清華大學中文系畢業公演」 校長的話

2011年11月24日　星期四

　　清華大學中文系畢業公演自民國七十四年首次舉辦至今，已有近三十年的悠久歷史，更已成為每年歲末時期，新竹地區的文化盛事。

　　中文系學生經過四年的文學陶冶，對於古今的人文精神有其特別的關心角度與詮釋，劇本由大四學生親自原創，及至演員、燈光、主題曲……等皆是學生一手包辦，並特別邀請中文系專任教授予以指導，藉由這次親身參與舞台劇的製作，將四年所學，充分鎔鑄發揮在戲劇之上。

　　期待能透過本次演出，給予中文系全體師生與清華大學一份充實的畢業記憶，並在清華大學注入一股嶄新的人文精神。希望觀眾與學生能在欣賞表演之餘，引發對於人文議題更深刻的省思，同時接觸更為多元的文學領域，盡載中國文學的芬芳而歸。

▲ 每年歲末時期，新竹地區的文化盛事

▲ 將四年所學，充分鎔鑄發揮在戲劇之上

「EMBA校友會eNEWS年度會訊首刊號」序言

2012年7月18日　星期一

　　本人很欣慰，也很榮幸地為EMBA校友會eNEWS年度會訊首刊號撰文。

　　相信閱讀這本會訊的清華校友，可以從中感受到當年來母校清華大學上課學習的同學師生情誼，回想起許多美好的回憶。對於還在清華求學的同學，可以從師長專訪的故事中，感受清華大學的人文價值；同時能從歷屆校友專訪的故事中，領略清華企業家精神的正面意義，對事業及生活的規劃更有助益。

　　在此我願以一則寓意深遠的小故事作為分享：曾經有位賢明的人說過一段饒富意味的話：人生最困難的事有兩件，其一是把鈔票從別人的口袋放入自己的口袋，其二是把想法從自己的腦袋裝進別人的腦袋。

　　迎華校友把最困難的事「把想法從自己的腦袋裝進別人的腦袋」完成了。一年以來，自「窩心、向心、發心」展開的各項校內外活動及校友關懷，帶動

▶ 2012年，可以說是清華 EMBA的大好年

起各屆校友的反應及迴響。這是一種良性的互動，也證明了清華人擁有濃厚的人文氣息，各屆EMBA校友也願意呼應支持自己的校友會長的會務願景，這在長久以來以理工及製造見長的園區生活圈來說，是一個值得關注及長期培養的人文氛圍。對此，我對迎華校友的領導能力及校友們的高度向心力有著一定的肯定及嘉勉。

2012年，可以說是清華EMBA的大好年，不僅會務蒸蒸日上，迎華校友伉儷也成為了母校「百人會」的年度新成員，除此之外，迎華校友也成為今年度母校表彰的傑出校友，三喜臨門，可喜可賀。這不僅是迎華校友個人的成就及榮耀，也是EMBA校友們的成就及榮耀。

我常強調：EMBA跟MBA專班同學們比較成熟，事業上也有成就，如果組織起來對學校的助力肯定很大，母校非常歡迎。這次適逢EMBA校友會發行eNEWS年度會訊，本人期勉本刊之出版能鼓勵更多EMBA校友向心發心，做個新世代全方位高階經理人。

清華材料系系刊與專刊

紀錄清華材料系成立經過與目標，與八零年代師資延攬、招生情形、儀器設備、研究成果等發展概況。以「天下無難事，只怕有心人」及「天行健，君子以自強不息」勉勵所系師生同仁，期許清華材料系成為國內翹楚，臻於世界一流的水準。

天下無難事只怕有心人

1983年3月10日　星期四

材料所系到今年已步入第十一個年頭，如果以人生二十年為一代，本所系已經過半代的經營，目前應是一適當時機來報告本所系發展概況：

一、成立經過與目標

本所系大學部與研究所碩士班成立於民國六十一年八月。研究所博士班於民國七十八年八月設立，成立目標為：

（1）為國家培育從事工業材料生產與研究發展的專業人員。

（2）材料科技研究發展。

（3）協助工業界解決有關材料問題，研究改進工業界所需要的材料。

二、師資

本所系現聘有專任教授、副教授十三人，分在美、德、日各國著名大學獲有博士學位。另有講師四人，均持有材料所碩士學位。

三、學生

材料科學工程學系每年大專聯考招收學生四十五人，加上僑生與轉學生，目前大學部共有學生一百九十七人。材料科學工程研究所現有碩士班研究生四十五人，博士班研究生七人，均須通過競爭性極高之嚴格入學考試。

四、教學方針

　　本所系在今年配合教育部修訂課程，規劃「課程改進方案」，全面實施後，將能達到由淺入深，由涉獵而專精，一貫系統化教學目標，主要特色為：
　　（1）加強實驗課程，將大學部材料實驗自兩學期擴展到三至四學期。
　　（2）自三年級起將專修課程分為金屬材料、電子材料及陶瓷材料三個學
　　　　　程。學生可依性向選定主修學程。
　　（3）在選修課程中強調材料工程課程，以配合國內材料工業發展。
　　（4）鼓勵學生選修工學院其他科系輔系課程。
　　（5）輔導學生暑期工廠實習，並經常舉辦工廠參觀活動。

五、主要設備

　　本所系歷年來承清華基金、國科會、教育部及國防基金等撥款，購置價值約臺幣壹億元之材料研究試驗設備，主要研究室及設備有：
　　（1）電子顯微鏡研究室（SEM，TEM，STEM及EPMA）。
　　（2）X光研究室（X光繞射及螢光分析儀）。
　　（3）原子光譜分析研究室（不子光譜儀）。
　　（4）表面分析研究室（Auger-ESCA顯微鏡）。
　　（5）光學金相研究室（光學顯微鏡）。
　　（6）機械性質研究室（Instron，衝擊，硬度及疲勞試驗機）。
　　（7）粉末冶金研究（真空熱壓機）。
　　（8）腐蝕研究室（Power supply，電位計，恒定電位儀，PH Meter, O2
　　　　　meter，自動記錄器）。
　　（9）電子材料研究室（電子槍蒸鍍器、真空及擴散爐、橢圓測厚儀）。
　　（10）熱處理研究室（滲碳、滲氮、高、中、低溫爐）。
　　（11）材料加工研究室（1/4噸煅打機，50匹馬力滾壓機）。
　　（12）熔解與鑄造研究室（100公斤真空冶煉爐）。
　　（13）大學實驗室。

六、研究

本所系教師研究方向分為材料鑑定、金屬材料、電子材料及陶瓷材料四主要領域。七十一年在國外期刊上發表學術論文約四十篇，在國內期刊、彙刊上發表論文約三十篇。歷年來完成專案研究計畫約五十項。其中百分之五十由國科會支持，餘為國防科技單位及建教合作計畫。七十二年元月份正在進行中之研究計畫及提供經費單位為：

（1）SKD-11模具工具鋼回收（工材所）。

（2）鎂鋁氧粉末（工材所）。

（3）鑄造鋁合金A 356分析（電子所）。

（4）雙相鋼成型性（中鋼）。

（5）氧化鐵品管及應用（中鋼）。

（6）高強度鋁合金鑄造（台鋁）。

（7）加熱器管材腐蝕防制（台電）。

（8）鋁錳不銹鋼（國科會）。

（9）高成形性高強度低合金鋼（國科會）。

（10）鋁鎂合金熱加工（國科會）。

（11）鐵氧磁鐵（國科會）。

（12）矽烷應用（國科會）。

（13）金屬矽化物氧化（國科會）。

（14）高溫金屬矽化物（國科會）。

七、延伸教育與訓練

本所系歷年來主辦或協辦多項材料科技研討會。主編「材料科學」期刊。舉辦各種訓練班，如電子顯微鏡訓練班，熱處理訓練班，並與經濟部專業人員訓練中心合作舉辦金屬材料、耐蝕材料及腐蝕與防腐訓練班。七十二年暑期擬擴大舉辦單元密集式材料分析及技術研習會，包括：

（1）X光繞射與螢光研習會。

（2）電子顯微鏡研習會。

（3）原子光譜成份分析研習會。

（4）表面分析研習會。

（5）光學金相與機械性質研習會。

（6）熱處理研習會。

每項研習會以一至二週為期，均包括實習課程。

八、中心目標及長程大型計畫

成立「材料研究中心」，整體推動本校材料教學研究發展工作，長程大型計畫包括：

（1）材料分析中心之建立。

（2）電子材料中心之建立。

（3）塑性加工模具試製及分析。

（4）工具及模具鋼回收。

（5）零件精密鑄造。

（6）超合金鑄造加工。

（7）高成形性高強度低合金鋼開發。

（8）高強度鋁合金開會。

（9）核能材料輻射損傷及腐蝕防制。

另外本所於七十二年暑期，將有喬遷之喜。工程四館第一期工程，為二進五層樓建築，佔地約一千六百坪，預定於七十二年六月完工，主要將由材料所系使用。屆時目前本所系教學研究空間之限制，將可大為紓解。

材料所系十年多來，在師生同仁共同努力之下，可謂小有規模，但值得努力的地方仍然很多。正如本校最新五年發展計畫所示，我們的目標是從國內翹楚的地位，臻於世界一流的水準，培育有志氣、有抱負的材料界尖兵。謹以「天下無難事，只怕有心人」與我所系師生同仁共勉之。

原載：《清華材工》第八期，頁10-11

（清華大學材工學會，民國七十二年三月十日）。

自強不息

1984年3月31日　星期六

在同學們辛勤耕耘之下，「清華材工」又屆出刊之期，謹藉此向諸君報告幾件過去一年有關材工所系發展的大事：

一、延攬師資

本學年度新聘教師三人，專長分別為腐蝕防制與表面處理，差排理論應力計算與半導體元件特性模擬；金屬間化合物及機械性質。下學年度為配合所系在陶瓷及電子材料方面師資的需要，擬另新聘教師三人，屆時材料所系專任師資將包括教授、副教授十九人，講師四人。

二、招收新生

研究所招生方面，今年博士班十人報考，錄取五名；碩士班一百二十三人報考，錄取二十五名，報考人數均較往年有顯著增加。下學年度配合師資之增強及儀器設備之增加，擬將碩士班招收新生人數增加為三十人。

大學部今年招收五十人，在大學聯考甲組居第十四名，在本校甲組九學系中居第三名，均較去年略有進步。新生中並包括本校甲組榜首。

三、課程

本年度配合教育部修訂大學部課程，減少大學部必修課，而以「建議學程」方式使同學的選修課程除較富彈性之外，不失其方向與目標。在選修課程

方面，增開陶瓷材料及材料工程方面課程。另外在四年級增開兩學分的材料實驗三選修課，以單元重點式教學，下學年度並計畫增開材料實驗四課程。

四、儀器設備

材料所系近年來購置不少貴重儀器，因所系經費未相對增加，儀器使用維護造成很大的困擾。本年度除由國科會支持購置掃描式表面分析儀（SAM/ESCA）外，並獲准將掃描穿透式顯微鏡（STEM），電子微採儀（EPMA），原子光譜成份分析儀（AES），及X光螢光分析儀（XRF）納入國科會貴重儀器中心。由國科會聘請STEM/EPMA,AES/XRF操作員各一人，補助維護使用經費，而以部分時間對外服務。今年經過積極的爭取，已蒙國科會同意將X光繞射儀（XRD）亦納入貴重儀器中心，並得增聘SAM/ESCA操作員一人，總計國科會每年補助所系儀器維護使用經費，已與教育部所撥所系經費總額相等，對本所系研究教學之幫助甚鉅。

五、遷入新館

工程四館第一期工程已於去年九月中旬大致完工。材料所系因貴重儀器設備較多，搬遷頗費周章，經同仁數週之努力，並蒙校方惠撥搬遷及添購家具設備專款近兩百萬元，於十月間完成遷移工作。目前規劃大致為工字形建築前部甲區為教授研究室，後半部乙區一樓為材料鑑定分析中心；二樓為所系辦公室、會議室、會客室及電子材料研究室；三樓為金屬材料及腐蝕防制研究室；四樓為閱覽室及陶瓷材料研究室；五樓為梯形及一般教室，大學部實驗則暫留置於工程一館。四館二期工程經費目前已有著落，本年七月即可發包興工。

六、研習班

本所系經多年經營，無論在材料鑑定分析人才或在設備方面，在國內均屬首屈一指。鑒於材料鑑定分析在材料科技發展上的重要性，經教育部核定補助與全體同仁的協力策劃，於七月上旬至八月中旬的暑假期間，舉辦了一系列材

料鑑定分析研習班，計包括：

（1）電子顯微鏡研習班

（2）X光繞射及螢光分析研習班

　　各分兩週研習，第一週課堂講習，第二週實習。

（3）原子光譜成份分析研習班，講習三天，實習兩天。

（4）表面分析研習班，講習一週。

結果盛況空前，正式報名學員達一百七十三人，其中電子顯微鏡及X光繞射與螢光分析研習班，均因報名人數過多，各分三期研習。另學員中包括博士教授二人，碩士程度學員逾百人，來自國內公民營研究發展單位及大專院校。不僅達到原定目標，並增強本所與公民營企業研究單位的聯繫。由各班問卷調查中，絕大多數學員均表示對研習成果甚為滿意，認為值得向友朋推薦前來參加研習。

由於上年度舉辦熱處理訓練班甚獲好評，本年度蒙教育部、內政部職技司、國科會工程處支援，由本所在暑假期間續辦熱處理訓練班一期，為時六週，招訓學員三十餘人，亦於八月中旬圓滿結束。

七、研討會

為配合我國加強與南非共和國科技合作之政策，本校接受國科會委託在九月上旬主辦第一屆中斐合金、陶瓷及矽烷研討會，與會人士有國內及南非共和國學者專家近百人，交換各項材料研究及技術心得，並達成合作研究協議多項。

八、籌設材料研究中心

為提高我國材料科學水準，行政院科技顧問組計畫設立材料重點研究所，在校方積極爭取下，已指定由工技院工業材料研究所支援，在本校設立材料研究中心，至要目標為提高研究水準，加強培育人才，協助解決長程性材料問題，動員海外高級科技人才以為國用，並負有支援國內其他大學及研究機構之責。目前籌設計畫已經科技顧問組通過，正式呈報教育部核定，可望於下一年度正式成立。

材料所系在過去一年中有相當大的變易。成為一流的材料教育研究重鎮，相信是大家所共同期許的。「天行健，君子以自強不息」，願與諸君共勉之。

　　　　　　　　　　　　　　原載：《清華材工》第九集，頁6-7

匆匆十五年

1992年4月24日　星期五

到材料所任教，不覺已近十五年。初到清華之時尚屬青年才俊，如今已步入中年，歲月催人，誠不虛也。

對一箇上初、高中時，幾乎每天上學都要經過清華園的遊子而言，來到清華有回到家的感覺，初到清華之時，聽說材料系在短短數年之間曾「脫胎換骨」一次。幸好教師流動率大的問題迅速獲得改善。近幾年來更靜如止水而待「新秀」來「揚波」。今年新聘教授，申請的各方碩彥達一百三十人，學經歷讓人激賞者不少，可謂有長足進步。

到清華教到的第一屆碩士班一年級的同學二十人中，特色是有百分之八十是物理系畢業生。研究所上課一般都是「小班制」。在學期當中跟同學多多少少有機會「箇別」談談課業，研究及其他問題，到期末都相當熟稔。如今研究所上課動輒五、六十人，雖可以大量「作育英才」自嘲，不免懷念往日上課的親切感。

在清華多年，生活中的趣事回憶起來還是以與同學相處的時光發生的較多。記憶中特別鮮活的一是約十年前某日午後在十八尖山與許多同學共同為本校每年舉行的越野賽跑「暖身」，一聲令下後，只見眾學子如箭一般衝出，不久但見各路英雄「後繼無力」，為老將後來居上。另一件趣事則是七十年代末期及八十年代初期幾年中常與研究室的同學一起到新竹城中咖啡廳聽歌。某屆某同學對某民歌手甚為欽慕，苦無勇氣表白。一日在眾人慫恿之下，毅然起身點歌，雙手奉上點歌單，但雙目不敢仰視，靦覥之情，至今仍歷歷在目。

國人近年來經濟愈趨繁榮，教育，研究經費大幅度增加，理工科各學門研究成果質與量方面均有顯著提升，材料科技的發展在此大環境下仍顯得相當突出。這可由工業技術研究院電子、電通、機械、化工、材料、能礦、光電諸

研究所中，材料所博士級人才一支獨秀，有近百人之多，可見此領域較高層次研究工作之蓬勃發展。我想這與材料科技在整體科技發展中「科際整合性」，「基礎及應用兼顧性」，「關鍵性」應有密切的關係。

　　常有同學問起，清華材料系與世界各國材料系比到底算第幾流？我個人以為第二流的所為，是指該所系中有一、兩個領域有頂尖的學者坐鎮，一流的所系則需要所有重要的領域都要有「大師」級的學者擔綱。據我這十五年的觀察，清華材料系雖一直介於「不入流」及「第一流」之間，所幸節節向上，有潛力向世界一流水準邁進，尚待我師生同仁共同努力，願與諸君共勉之。

　　　　　《國立清華大學材料科學工程系所創立二十周年紀念特刊》p.4

國科會與新竹科學園區專刊

　　見證「國科會」、新竹科學園區與科學工業同業公會等單位三十周年的輝煌歷史。回顧作者與之難忘的互動記憶，詳記國科會對學術研究各項獎勵與補助制度的改革、竹科轉型升級之再造，與竹科工業同業公會在產業轉型升級的挹注等進展，體現日益蓬勃的朝氣。另有對科技研發工作與創造力之申述，期盼清華學子創造無限可能。

惠我良多三十年

　　我在民國66年自美返國之後，除於97年5月起借調至「國科會」服務外，一直在清華任教，教學研究生涯堪稱平順。回想起來，「國科會」還真「惠我良多」。思前瞻後，在此以30年的歲月為經，「國科會」所推動的主要業務為緯，回顧我與「國科會」互動過程中的難忘記憶，同時也為歷史做見證。

　　一般學術機構的研究人員與「國科會」的互動包括研究計畫、研究獎勵及參與國際會議的申請與補助、各類計畫的審查以及貴重儀器中心的儀器使用等。我因擔任國際學術期刊《材料化學與物理》（Materials Chemistry and Physics）主編長達11年，也經歷了很多次申請與補助「優良期刊」的過程。隨著台灣社會的發展、環境的變遷，以及國家科技政策的演進，「國科會」的各項獎勵與補助制度也有所調整，而我的研究也在「國科會」持續的鼓勵與資助下日益精進。

比氣長

　　30年前國內研究人員較少，國立大學理工科教授申請「國科會」研究計畫時，不需面臨激烈的競爭，經常是「人人有獎」，但「不患均而患寡」，研究人員個個苦哈哈。我的經驗是每到四、五月，也就是計畫結束前三、四個月，實驗室即開始為籌措柴米油鹽發愁。所幸憑著平日在耗材供應商間建立「有借有還，再借不難」的信譽，勉強靠著信用度日。

　　大約在民國80年左右，曾有機會與當時的夏滿民主委員座談，慨嘆「年年難過年年過！」猶憶夏主委笑咪咪地回應說正在設法改善。不久，「國科會」推出「重點研究群」方案，我所提的計畫經審查通過後，研究從此步入「小

康」時代，大抵告別賒帳窘境。除驗證「船到橋頭自然直」外，也對「國科會」彈性與切合需要的做法印象深刻。

另一方面台灣科研由於起步較遲，資源有限，要在激烈的國際競爭中占一席之地，「比氣長」可能是有效策略之一。「國科會」對我長期與持續的支持，深受歐美日等先進國家同儕豔羨，這也是個人特別感念的。

老將收手，新兵出頭

30年前新進副教授月薪約新台幣1萬元，而幾乎「眾樂樂」的「國科會」甲種獎助為每個月4千元。歷經演變，如今每位月薪約8到10萬元的計畫主持人，在一般的狀況下每月至多可領1萬元的主持費，相形之下，縮水很多。

「國科會」於75年修訂「傑出研究獎助費處理要點」特別獎勵有傑出研究表現的學者，獎金1年新台幣24萬元，每年遴選1次，每次受獎人數以前一學年度獲得「國科會」研究獎助費副教授級以上人數的5%為原則。

10年後，為增加較資淺研究人員的得獎機會，修改辦法，已累獲3次以上「傑出研究獎」者即不再參與該獎項的角逐，改以特約研究人員的身分執行2次3年期的「特約研究計畫」，計畫執行期間每月可領2萬5千元的主持費，而計畫執行期滿後，即成為「傑出特約研究員」。近年「傑出研究獎」辦法又迭有變更，似尚未達到「穩定態」。

審查費，長期「凍漲」

「國科會」審查計畫的態度一向嚴謹，極具公信力，各種計畫通常須經初審複審等階段的審查，才能決定是否補助。

國內審查計畫審查委員通常可領審查費，有時又微薄得可笑。例如，早期（約在民國67年左右）參加「中央標準局」的標準制定會議，與會專家學者的出席、審查及交通費合計為1百元。但印象中所支付的一般計畫審查費就似乎較為合理。74年8月開始，「國科會」將專題研究計畫申請案的審查費由8百元調為1千元，自79年7月1日起，更一舉調整為每件2千元。這數額維持至今，也許可與研究人員待遇多年來調幅不大相互寫照吧！（經查最高薪級教授79年月

薪約68,000元，87年月薪約99,000元，如今約105,000元）。

經費受限，自掏腰包

　　早期研究人員參加在國外舉行的國際學術會議，每年可向「國科會」與教育部申請補助。在補助機票費方面，「國科會」原由簽約合作的6家旅行社代為處理票務，但因尤其安排的機票費頗高，使得補助費有時甚至等同商務艙票價。因此，學界屢屢反映，希望改變補助方式，讓更多人有機會出國交流。「國科會」也從善如流，自82年9月開始，改以定額補助機票費的方式，由研究人員自行處理購票事宜。

　　此項變革確實發揮成效，每年所節省的經費足以支應一百多人的出國機票費。但是偶到旺季時，仍有部分地區的機票補助費低於實際票價的情形，於是「國科會」自96年7月2日起，又修訂辦法，改採總額補助的方式，讓研究人員可以報支國內至會議地點最直接航程的本國籍班機往返經濟艙機票款。

　　我在79年一次赴英開會返國途中，於經濟艙內剛好坐在兩位歐美「大塊頭」人士中間，煎熬近二十小時，苦不堪言。從此開始，我若獲得補助出國開會，便自行補貼較高艙等與經濟艙的差額，長年累積下來，荷包失血不少。

讓貴儀的使用更有效率

　　民國60年代，各學術研究機構普遍缺少貴重儀器，或缺乏保養維護的經費與人力，難以進一步提升研究水準。「國科會」自69年起，陸續配合各地區研究人力與特色，在各相關大學成立貴重儀器使用中心，藉由貴重儀器的集中使用，發揮儀器的最高使用效率。由於集中有限資源，非常切合當時時空環境的研究需求，甚受歡迎。

　　早期使用貴重儀器中心的儀器，乃完全採用「綠卡」制，即在申請計畫時一併提出貴重儀器使用費，並在核定的額度內，利用「綠卡」付

▲ 「國科會」五十周年慶專刊

費，即所謂紙上交易。近年來，為了讓儀器的使用更具效益，使用費的收取方式有些改變，其中90%由核定的核度內扣款，10%則須採現金交易。

十連霸的佳績

78年9月，「國科會」特別訂定了「獎助國內學術研究優良期刊處理要點」，希望透過獎助的方式，提升國內學術研究期刊的水準，促進國際學術交流。

我自民國81年起即擔任國際學術期刊《材料化學與物理》的主編，至92年才交棒。在這長達11年的時間中，自83年起，這本刊物連續10次獲得「傑出期刊獎」。當時申請與核定都由「國科會」科學技術資料中心辦理，每年都舉辦頒獎典禮，由主委親自頒贈獎牌及獎助款，並合影留念。因此，我存有與郭南宏、劉兆玄、黃鎮台、翁政義與魏哲和等5任主委的合影照片，頗為珍貴。

人才濟濟、朝氣蓬勃

過去三十多年來，受惠於「國科會」之處頗多。去年5月起，有機會到會內服務，許多過去的老朋友成為今日的同事，實屬有緣。半年多來，發現會內不僅潛藏許多能人異士，而且處處展助蓬勃的朝氣，施政也相當有彈性。未來，我希望在有限的時間內，能承先啟後，有所「正向回饋」。

▲ 1990年國科會微電子訪問團於南非開普頓市

▲ 1999年代表接受傑出期刊獎

◀ ①2002年代表接受傑出期
　　刊獎
　②2002年赴美國費城參加
　　ECS學術會議
　③2002年年赴南非德班參
　　加國際電子顯微鏡學會議

▶ ①於美國德州阿拉莫市
　②2005年赴美國費城參加
　　ECS學術會議
　③2007年美國華盛頓ECS
　　會議

◀ ①2008年化學會年會
②2008年率團於華盛頓參加
　台美科學會議
③2010年於香港參加國際奈
　米電子會議

科技研發工作與創造力

2010年4月5日　星期一

　　夏祖焯教授撰「建中人與創造力」一文，囑為文迴響。身為清華大學校長，對建中人與創造力均有高度興趣，一方面希望優秀的建中人以清華為第一志願，另一方面期盼培育清華學生都有豐富的創造力。由於夏教授對創造力已多所闡析，本文主要針對筆者較熟悉的科技研發工作與創造力有關的部分略作申述，並以清華住宿學院與創造力為結。

一、原創

　　根據教育部重編國語辭典，動詞「創」有開始、開啟、製造、做之意，如：「開創」、「首創」、「草創」。形容詞「創」表示獨特的，如：「創見」、「創意」、「創舉」。

　　在辭典中與創有關的詞語包括創新、創造、創意、創見、創議、創作、創建、創設、創辦、創立、創業、創刊、創舉、創制、創舉等都與原創有關。

二、創造與創新

　　根據辭典創造為發明或製造前所未有的事物，可謂「無中生有」，創新為「推陳出新」，發揮創造力以新方式實現或實務上成功應用新觀念製成新事物，可逐漸改進，亦可澈底改變，有正面明顯改善涵義。創造則不一定有價值，例如一個人自牙牙學語起，一定講過別人沒有講過的話，屬一種創造，造謠與塗鴉也是創造。兩者之間有時界線也很模糊，甚至交互為用。

　　語言文字原是創造，西歐語系源自希臘與拉丁語，因此西歐各國人較東方

人容易學習西歐他國語言，秦始皇統一六國，強推「書同文」，導致中國雖有多種方言，但閱讀無礙，創造與創新交互為用。

有價值的文學藝術作品常屬創造，司馬遷「成一家之言」，王羲之「書聖」，杜甫「詩聖」，李白「詩仙」，蘇東坡為文如行雲流水，米開蘭基羅、梵谷、畢卡索、巴哈、貝多芬、史特文思基多有創作（創造的作品），最先用「意識流」寫作是創作，喬艾思用多種筆法寫的「尤利西斯」，有創造也有創新。

自然科學研究理論工作成果有創造也有創新，牛頓、愛因斯坦雖被譽稱開天闢地，牛頓自己說過是站在巨人的肩膀上得以成就，愛因斯坦相對論時空關係奠基於十九世紀即已發展的勞倫斯轉換。達爾文物種原始是經過長期觀察與思索，歸納出的結果，發人之未想，作跳躍式連結，創造新學說，為一種創造也為創新之舉。

在產業界，有人定義有價值的創造為創新。創新也可以指營運模式，台積電為積體電路設計公司製作積體電路的營運模式（晶圓代工）切合設計公司的需要而成為師法對象，亞馬遜首創網路書店，都是鮮明的創新之舉。蘋果電腦推出ipod，技術上無出奇之處，但創造了新產品，營運模式則為創新。

三、發現與發明

科技研發工作主要從事的就是創新與創造，體現於發現與發明。發現與發明都屬有創意與創見的活動，提出理論或新觀念為發展或創見，經過實驗證實方為發現或發明，故一般謂發展純數學，而不說發現或發明純數學。發現是實現或呈現已存在的事物，如哥倫布發現新大陸，華生—克里克發現DNA結構，發明針對「前所未有」的事物與技術，如蔡倫發明紙張，瓦特發明蒸氣機，愛迪生發明電燈，但發明與發現也常交互為用。

科學發現，技術發明，科技研發工作者依行業不同，所做工作主要是發明或發現，如發明新物質，合成化學家發明新化合物，材料學者發明新材料，藥學家發明新藥，材料學者利用成分、結構、製程改變材料特性而有新應用亦屬發明，但地質學者鑑定新岩石，生物學者鑑定新物種，分析化學家分析化合物，則為發現。奈米尺寸材料特性常與塊材不同，如導致新應用，是發明與發現交互為用。

發現比較可能是一次了斷式的，發明常是衍發式的，現代重要科技研發工作除發明新物質或物質組合外，比較容易確認發現人（或團隊），如某人（或團隊）發現某種物質的結構與缺陷，合成機制，另一方面很難確認發明人，愛迪生發明白熾燈、但節能的固態照明光源則是由許多人長年研發發光二極體而來，幾乎指不出發明人，蔡倫發明紙張，電子紙則由液晶顯示技術發展而來，同樣指不出發明人，雖然很多人被稱為發光二極體之父、電子紙之父，他們的貢獻不可忽視，但常沒有共識。

　　2000年諾貝爾化學獎得主白川英樹等以發明導電高分子材料得獎，起因是研究團隊成員配方有誤而發現某些新合成高分子材料可導電，既是發明也是發現。

　　1996年諾貝爾化學獎得主克羅托等以發現巴克球結構得獎，克羅托原從事星際物質研究，在探測星際物質光譜線中，發現有碳六十譜線，而在當時並不知在地球上有碳六十存在，直到與其合作之科學家在實驗室致力成功生成碳六十，並鑑定結構，屬先發現再發明，其後碳六十則在自然界物質，包括黑墨，中一再被發現。

　　2009年諾貝爾物理獎得主高錕以發明光纖得獎，是因為他推算高品質玻璃纖維可有效傳遞光波，但此假說須等待數年後由康寧公司合作製造成功高品質玻璃纖維，才能得到驗證，但諾貝爾物理獎委員會認定高錕為發明人。

四、專利與發明

　　專利分發明、新型與新式樣三類，根據經濟部智慧財產局現行專利審查基準彙編說明，申請專利之發明必須是利用自然界中固有之規律所產生之技術思想的創作。由該定義之意旨，專利法所指之發明必須具有技術性，即發明解決問題的手段必須是涉及技術領域的技術手段。發明專利分為物之發明及方法發明兩種，以「應用」、「使用」或「用途」為申請標的之用途發明視同方法發明。

　　申請專利之新型必須是利用自然法則之技術思想，佔據一定空間的物品實體，且具體表現於物品上之形狀、構造或裝置的創作。亦即新型專利係指基於形狀、構造或裝置之創作，所製造出具有使用價值和實際用途之物品。新型專

利之標的僅限於有形物品之形狀、構造或裝置的創作。申請專利之新式樣標的限於施予物品外觀之形狀、花紋、色彩或其二者或三者之結合，此外，申請專利之新式樣尚必須具備物品性及視覺性。

據統計僅有約百分之三的專利為人嘗試利用，而被嘗試利用的專利中也僅有約百分之三最後產生利潤，也就是說，不到千分之一的專利能有產業效益。

五、經濟競爭力與原創力

近年全球化愈趨明顯，知識普及與擴散已為不可擋的趨勢，生產技術常伴隨開機式（turn-key）設備而來，此可由中國大陸以二十年的時間從一窮二白到成為世界第二經濟體看出，目前金磚四國同具高經濟成長率，可預期其他第三世界國家逐漸跟進，在知識經濟時代，未來國家的經濟競爭力在創新與創造。

台灣由於升學主義盛行，注重辛苦演練，以便考場得意，對大多數學子而言，反覆演練綱本所限題材，對創新與創造能力養成如果沒有扼殺抑止之弊，幫助一定不大，國人創新與創造能力不高是普遍的認知。

科技研發工作主要從事的就是創新與創造，最新數據顯示我國在論文發表總篇數上居世界第十五名，在美國專利獲得總數上居世界第五名，但受重視與對產業幫助程度上遠遠不及，創新與創造數量已足，品質則有待提升，也就是說，我們並非沒有創新與創造，欠缺的是重要的發現與重大的發明。

跨院系、跨領域合作對科研工作更上層樓常很有幫助，在傳統領域邊界是人跡少至之處，與不同領域學者合作，重要創新的機會大增。

如何培養創新與創造能力仍是教育學者探討的問題，誠如夏教授所說對創造力研究屬社會科學範圍，仍無定論。

本年四月一日DNA之父華生博士在清華大學演講時提到多讀好書，在好大學受到良好教育，多與有智慧的人來往與學習，不受傳統束縛，旺盛的企圖心都是這位在近六十年前即已發現生命祕密的大師成功之道，《中庸》所謂「博學、審問、慎思、明辨、篤行」亦堪足玩味借鏡，也呼應夏教授對培養創造力的看法。

六、清華住宿學院與創造力

　　清華大學的教育目標為「秉持『自強不息，厚德載物』校訓，致力培育德、智、體、群、美五育兼優，具備科學與人文素養的清華人」，要達成此目標，學校除在正規專業與通識課程，提供智、體、美育學習鍛鍊的機會，更藉由導師輔導與課外活動提升道德感、價值觀念與群我互動關係。「清華住宿學院」則是進一步有系統的讓住宿在一起的學生，在學校正規課程以外，經由輔導，擴大生活體驗，思索討論重要議題，參與社會關懷活動，培養獨立思考能力，計畫執行力與挫折復原力以及人際互動與合作精神。相當程度的取法英國劍橋大學與牛津大學，美國哈佛大學與耶魯大學等名校住宿學院（residential college）的作法，提供學生一般大學稀有的學習經驗。使學生發展成為具有自主力、實踐能力的學習者；於此過程中，老師是潛能的激發者與引導者，學校致力於結合校內、外與校友資源，提供學生有效的學習與培養創造力的環境。

　　「清華住宿學院」在九十七學年度起，每年招收約百分之十的新生為學院學生，經一年多時間，在師生共同的努力下，其所揭示的核心理念與豐富的實踐經驗，已廣受各界肯定，打開住宿學院在台灣實現的可能性，這是台灣高等教育一個重要的里程碑。目前更決定於今年起擴大招生，將原「清華學院」改稱「厚德書院」，強調社會關懷導向，另外設立「載物書院」，採跨領域學習導向，總共招收約達百分之十八的新生為學院學生，未來亦計畫逐步擴增，讓有意願的學生都能有機會參與。期望「清華住宿學院」將來不但要繼續在校內發揮影響力，帶動清大校園的蓬勃活力；同時可以將核心理念與實踐經驗，多與社會對話，甚至與全球各地大學連結，成為廿一世紀大學教育的一道曙光。

▲ 創造是「無中生有」，創新為「推陳出新」

▲ 有價值的創造為創新

竹科三十而立

2010年5月11日　星期二

　　九十七年五月二十日本人有機緣開始到國科會服務，當天一早接到的第一通電話就是友達光電李焜耀董事長有關中科四期開發的來電，在國科會期間第一次公出則是當天下午到竹科主持新舊局長交接典禮，兩個第一天的第一次加起來正可作為本人在國科會主要工作—督導科學工業園區—的寫照。

　　我從小就住在新竹，約五十年前搬到緊鄰清華大學的光明新村，近三十年則在清華大學任教。竹科又正座落在清華大學之旁，竹科的設立與成長與清華大學有密不可分的關係，包括科學工業園區是在清大徐賢修前校長擔任國科會主委任內設立，清人教授李卓顯、瞿寧若先後擔任管理局局長、副局長，本人主要研究領域更屬竹科賴以揚名立萬的半導體科技領域，學生畢業後多在竹科各公司工作，同時我的兩個小孩也都自竹科實驗中學畢業，結緣可謂深厚。

　　在國科會期間，適逢金融海嘯，九十八年一、二月整個科學工業園區月產值自九十七年一、二月的一千七、八百億，直直落到七百億，放無薪假員工達十三多萬人。在拜訪竹科廠商時，有董事長直言，以往景氣循環低潮期，員工或對是否裁員惴惴不安，這一次許多產業面對訂單蒸發，老闆們都憂心忡忡，可謂一片愁雲慘霧。國科會擔負發展科學工業園區任務，在景氣急凍初期，秉持「速度要快，力道要夠」原則，在有限資源下，擬定管理費減半、規劃「固本精進」計畫，一方面協助廠商度過難關，搶救園區高科技廠商核心技術工程師免於無薪假或裁員，另一方面，激勵園區高科技廠商持續研發投入，固守既有的研發能量，並結合學研界之研發能量合作研究，以精進園區產業技術。「固本精進」計畫後更獲得行政院肯定，納入「振興經濟方案」中，擴大施行，頗獲好評。同時當初如自由落體的月產值自九十八年三月起，逐月上升，到九月達到黃金交叉，十一、二月又回到一千七百億月產值水準，欣欣向榮景

象又再臨竹科。

　　經過金融海嘯的洗禮，科學工業園區在約一年期間，經歷「怵目驚心」、「春江水暖」、「黃金交叉」到「欣欣向榮」各種情況，可謂三十年未有之變局。一方面可看到科學工業園區廠商旺盛的活力，另一方面，也曝露出我國高科技廠商營運脆弱的一面。科學工業園區是我國的高科技搖籃，擔負引領轉型升級之責，淵源深厚的本人與清華大學自當積極參與科學工業園區再造，攜手共創光明的未來。

◀ ①2008年主持新竹科學園區
　　局長交接
　②2009年視察中部科學園區
　　工程

▶ ①2009年中科四期調度農業
用水簽約儀式
②2009年新竹科學園區生技
標準廠房開工典禮
③2009年南部科學園區集團
結婚典禮

① 2010年竹科創新研討會
② 2012年科技創新與園區轉
　型公共論壇
③ 2013年竹科首任局長何宜
　慈先生紀念會

「科學工業同業公會三十周年」專刊序言

2013年7月15日　星期一

今年欣逢科學園區科學工業同業公會成立三十周年，本人於九十七年五月起擔任國科會副主委，負責督導科學工業園區，承蒙謝其嘉理事長邀請為專刊作序，謹就本人與公會互動印象最深刻部分，略作發抒。

九十七年接近年底時，世界性的金融海嘯席捲而來，園區產業受到重大衝擊；次年一、二月整個園區月產值自九十七年一、二月的一千七、八百億，直直落到七百億，放無薪假員工達十三多萬人。國科會擔負發展科學工業園區任務，在景氣急凍初期，秉持「速度要快，力道要夠」原則，在有限資源下，擬定管理費減半、規劃「固本精進」計畫，一方面協助廠商度過難關，搶救園區高科技廠商核心技術工程師免於無薪假或裁員，另一方面，激勵園區高科技廠商持續研發投入，固守既有的研發能量，並結合學研界之研發能量合作研究，以精進園區產業技術。「固本精進」計畫後更獲得行政院肯定，納入「振興經濟方案」中，擴大施行，頗獲好評。同時當初如自由落體的月產值自九十八年三月起，逐月上升，到九月達到黃金交叉，十一、二月又回到一千七百億月產值水準，欣欣向榮景象又再臨竹科。值得一提的是，科學工業園區管理費歷年來自營業額千分之二點五降低到千分之二以至千分之一點九，金融海嘯期間，一般呼聲是希望降至千分之一；國科會認為如減半調至千分之零點九五是明顯表示為暫行紓困措施，而非反應經營成本的調降，事後也順利調回原來的費率，是與科學工業同業公會良性互動之一頁。

▲ 科學園區推手三十年

另外有一次代表國科會參加園區就業博覽會活動時，有機會聆聽時任經濟部長的尹啟銘先生一席話，他特別強調在政府工作「人在公門好修行」，也道出公部門掌握許多資源與公權力，職位越高影響越大；以台灣現況，政務官往往為立法院頻繁不著邊際的質詢羈絆與粗魯對待所苦，未來將無法吸引一流人才，再加上政府財政情況窘迫，公會會員將不能仰望政府勵精圖治，除「自求多福」外，可能也需要思考本身何以自處，才有可能期待光明未來。

　　俗語說：「種瓜得瓜，種豆得豆」，如果我們一方面享受接近舉世開發國家最低的稅負，一方面期待有大有為政府，無異「緣木求魚」，台灣財稅政策很明顯向富人傾斜，到接近年輕人一年薪資還買不到工作地點附近一坪房子時，社會的公平正義就蕩然無存了，公會會員不見得都是富人，但亟應發揮影響力督促政府迅速導正。

　　「人才、人才、人才」是企業蓬勃發展、永續經營所繫，現今常聽企業主談「學用落差」，找不到適用人才，但就台灣頂尖大學現況來看，一方面與世界名校資源相比，以每位學生計不到其十分之一，而八年來學雜費受教育部所限制不得調漲，超低學雜費收入總額不到大學經營成本的十分之一，艱困可知；公會會員如能在培育人才方面多所挹注，就不只是利人利己，對整個社會競爭力都會有很大助益。

　　科學工業園區多年來是台灣的驕傲，公會會員在產業轉型升級方面扮演領頭羊角色，但晚近也遭遇強大的挑戰，淵源深厚的本人與清華大學自當積極參與科學工業園區再造，攜手共創充滿希望的未來。

▶ ①2008年竹科廠商開幕典禮
　②2009年竹科生醫園區動土
　　典禮
　③2013年社會企業研討會

傳記及文藝創作書籍序言

收錄為梅貽琦、侯貞雄等傳記；及《精英的十三堂課》、《店長公神奇經營寶典》、《半導體製造技術與管理》等藝文、專業知識書籍所撰序言。並有作者自身出版「一個校長的思考」系列自序。扼要敘寫成書緣由、書籍內容、價值貢獻。望讀者受到影響和啟發，且保存珍貴的時代風貌與知識印記。

岳南先生「《大學與大師》
——清華校長梅貽琦和他的時代」序

2017年9月22日　星期五

　　岳南先生是知名寫實作家，2011年本人在新竹清華大學校長任內，有幸拜讀岳南先生大作《南渡北歸》，該書以民初到內戰時期知識份子遭遇為主題，是「一部二十世紀學術大師們的情感命運之書」；從一個清華人的觀點來看本書，感覺處處皆見清華人，時時皆聞清華事，劇力萬鈞，內心震撼不已，是一個難得的閱讀經驗。後來有機緣也順利邀請到岳南先生擔任新竹清華大學駐校作家；岳南先生於2011年十月初到校，除講學外，並積極主導及參與各項活動，包括2012年四月份邀請清華名師後裔來訪、並在同年十月二十六、七日舉行的「梅貽琦校長逝世五十周年紀念會」演講等。

　　新竹清華大學邀請岳南先生擔任駐校作家，部分構想是希望借重岳南先生的才華與見識，完成一部以「兩岸清華永久校長」梅貽琦為中心的大書，承蒙岳南先生首肯，於約五年前開始撰寫《大學與大師》（原名《梅貽琦大傳》），本人有幸於今年九月底閱讀初稿。

　　本書全名是《大學與大師——清華校長梅貽琦傳》[1]，除詳細刻記梅校長之生平外，並將清華大學從建校到梅校長逝世歷史沿革做了一番精要的爬梳。全書除序章外，共分二十章，第一至第九章，從梅校長家事到求學過程開展，包括與與清華結緣，成為清華第一屆直接留美生（1909年），留美返國後擔任清華大學物理教員、教授（1915年），教務長（1926年），代理校務（1928年），留美學生監督（1928-31年）各階段行宜與作為。由各章標題「第一章：亂世遊夢」、「第二章：往事何堪哀」、「第三章：走近清華園」、「第四章：風乍起，吹皺一池春水」、「第五章：新舊交替的時代」、「第六章：南開系清華園沉浮」（包括梅貽琦繼起擔任教務長）、「第七章：大角逐」

（包括梅貽琦與曹校長決裂）、「第八章：羅家倫清華浮沉」（包括梅貽琦被迫辭職）、「第九章：驅逐校長風潮」，重點在清華梅校長治校以前的「史前史」。從第十至第二十章，則是梅貽琦治校以後到逝世的清華史，包括「第十章：梅貽琦時代的開啟」、「第十一章：黃金時代」、「第十二章：清華的體育」、「第十三章：學生運動」、「第十四章：北平風雲急」、「第十五章：南渡應知思往事」、「第十六章：烽火中的西南聯大」、「第十七章：『一二一』慘案」、「第十八章：大時代的抉擇」、「第十九章：大事因緣」、「第二十章：常留嘉蔭詠清華」。據岳南先生來函：「儘管經歷時間漫長，總算初步完成，心中不免長噓一口氣。至於稿件的品質，不敢說上乘，但還算是盡力而為之，非糊弄應景之作也。就好的方面言之，此為梅貽琦校長傳記之第一部，是這一題材和人物傳記文學的開先河者，使用的材料來自海峽兩岸，而對新竹清華大學的材料特別注意並加以引用，力爭實事求事，探尋歷史真相，避免意識形態氣味過重的文章或校友回憶錄的干擾，對所涉人物與事件，儘量達到『持平之論』，這樣有利於還原歷史真相，讓讀者對梅貽琦以及他那個時代的清華大學，以及相關人事有一個清晰、明瞭的認識，以達到陳寅恪先生所言『在史中求史識』、『尋找歷史的教訓』的日的。」又云：「就該著的形式與創作內容而言，目前所能見到、查到的材料，幾乎一網打盡。以後或許有新的材料出現，並有超過該著作者，但可以相信的是，近期不會有了。這是作者值得欣慰的地方，也是當代讀者視為幸運的地方。（以上是我自己的評價，或有不當之詞語，但大體是這麼一個事實和意思。）」是相當中肯平允之語。

　　梅校長一生奉獻給清華，在兩岸清華擔任校長二十四年期間，以全副心血發揮才智，奠定了北京清華與新竹清華在兩岸分別成為數一數二名校的基礎和聲譽。梅校長就任時提出的「所謂大學者，非謂有大樓之謂也，有大師之謂也」，已成高等教育名言，深為世人推崇。他在一次致校友函中說：「生斯長斯，吾愛吾廬」，而以終身服務清華實踐；一生盡瘁清華大學，未曾一日間斷。清華事業就是他的事業，是古今極為少見的遇合。

　　梅貽琦校長是一位傳奇人物，他三十七歲即由大師如林的清華教授群票選為教務長，四十二歲時也在眾望所歸下擔任校長，一直到七十三歲時在新竹清華大學校長任內去世。梅先生在擔任教務長期間，正是清華成立國學院，震動學術界之際；他於1931年起擔任校長，首先竭力平撫屢有驅趕前校長之舉的紛

亂氛圍，落實校園民主，繼而積極延攬大師級學者使清華迅速成為頂尖名校，抗日戰爭爆發後，梅校長以校務委員會常務委員身分主持西南聯合大學校務，維持弦歌不輟，居功最偉；到1941年，清華已有「中邦三十載，西土一千年」之譽。而在抗戰前後國共內戰時期，由左傾學生，甚至是中共地下工作人員，不斷策動學潮，校園動盪，梅校長均能站在維護學生立場，加以平息；1949-55年滯美擔任清華基金監督，1956年自美轉到台灣創建新竹清華，從尋覓勘查校地到籌措經費，披荊斬棘，蓽路藍縷，圓滿完成招收第一屆研究生十五人開始，第三屆研究生中即有李遠哲先生日後榮獲諾貝爾化學獎，加上華人中最先獲得諾貝爾物理獎的李政道和楊振寧先生出自西南聯大，使得清華成為華人地區唯一擁有三位諾貝爾獎得主的大學，而都出在梅校長任上。誠如岳南先生所言：「這個人才輩出，碩果延綿不絕的局機，不是偶然」。

梅校長逝世十周年紀念會中清大校友，曾任台灣大學校長及中央研究院院長的錢思亮先生代表各界所致紀念詞，大意為：「梅先生對國家的貢獻很多很大，每一件對別的人說都可稱為不朽。梅先生民國二十年接任清華大學校長。那一時期清華的校長連年更迭，學校很不穩定，校長很少作得長久的；自從梅先生接掌以後，就一直安定下來；清華自梅校長執掌不久，就已在世界有名大學中奠立學術地位，這貢獻對任何人說都是很大的功績；抗戰時搬到長沙、昆明，與北大、南開合組西南聯大，三大學合作無間，並把學校辦得很好，梅先生事實上對學校行政負責最多；戰後復員到北平，梅校長重整清華園，兩年多的時間，清華的規模與素質比以前更擴大提高了。大陸淪陷後在新竹重建清華，極節省的、一點一滴的親自打下好的基礎，這件工作給任何人；建立了中國第一座原子爐，以最少的人、最少的錢、最短的時間，一次就成功了。我們今天在這裏紀念梅先生，我們就想到梅先生撒播的種子；梅先生在清華四五十年，教導出這麼多學生，都各守崗位工作；作教育部長時改革風氣；倡辦長期科學發展，影響既深且遠。將來再過十年再過二十年，再來紀念梅先生，我們就更覺得梅先生的偉大，認識梅先生比現在更為深刻」。在梅校長逝世五十多年後回顧，錢先生一席話可謂神準；清華何其有幸，有曠世不朽教育家引領，奠定今天的基礎與歷史地位。

梅校長的知友、清華校友胡適先生在晚年常引李恕谷先生語：「交友以自大其身，求士以求此身之不朽」，有人說是收徒弟哲學，岳南先生雖不能算是

梅校長徒弟，但發揚光大一代教育家精神的功績則一，是值得我們深深感謝予與讚揚的。

陳力俊　謹識
於清華園
二〇一六年十月

[1] 岳南：《大學與大師──清華校長梅貽琦傳》，北京：中國文史出版社，2017年。

▲ 發揚光大一代教育家精神

◀ 達到「在史中求史識」、「尋找歷史的教訓」的目的

《一個時代的斯文》修訂版序

2019年5月17日　星期五

　　與鐘秀斌先生相識，還是緣於2011年接到他與黃延復先生大作《一個時代的斯文》贈書。當時兩岸清華正共同歡慶一百周年，對於「兩岸清華共同校長」、「兩岸清華第一人」梅貽琦先生的行誼，是所有慶祝活動中，話題的焦點。《一個時代的斯文》的適時出版，為「梅貽琦校長學」（「梅學」）增添了一個華美的篇章。

　　黃延復先生是我久仰的前輩，多年來專志研究、著述關於梅校長行誼文獻，長期致力於發揚光大一代教育家精神，曾多次說過：「此生最大的願望是弘揚梅校長教育思想與道德文章」，著有《梅貽琦教育思想研究》、《梅貽琦與清華大學》、《梅貽琦先生紀念文集》、《梅貽琦教育論著選》等。鐘秀斌先生基於對於梅校長行誼的敬慕，協助黃教授整理已成、待成文稿，並撰寫部分章節，通力了完成極有份量的傳記大作。

　　由於《一個時代的斯文》的結緣，秀斌也兩次來台，並多次參與兩岸清華紀念梅校長的活動；一是在2012年10月，於新竹清華「梅貽琦校長逝世五十周年紀念會」以《一個時代的斯文》為題演講；另一則是同年次月參加在北京舉行的「國立西南聯合大學建校七十五周年紀念大會」；會後我有緣與秀斌同訪黃延復先生以及為《一個時代的斯文》作序的何兆武、許淵沖兩位前輩；黃延復先生除以《梅貽琦先生紀念文集》相贈外，並感慨的道及：「當年著述梅校長事蹟備極艱辛，其中包括編著完畢的書不得不自費出版。」同時半開玩笑但感性的說：「得到清華校長的肯定，『於願足矣，可以安心的走了』。」

　　在次年黃教授賀年書中，有一篇〈窮在深山有遠知──新竹清華陳力俊校長垂訪留影〉文章，略為「……據悉，陳校長3日凌晨抵京，5日晨返台；行旅匆匆，行前特意給我的青年伙伴鐘秀斌君、又給清華校方通電告知他的意向

——抵達後上午開會，下午即安排垂訪我及其他兩位清華（聯大）老校友，其意可嘉復可敬也！這次新竹開梅校長的紀念會及學術論壇，我事前已知，秀斌君並也應約參加。他回來提到，陳校長在致開會詞時曾提到了我。但我沒料到他此行匆匆，竟會有此安排。知道了這一通知，立刻萌發出『人生得一知己足矣』的喟嘆。」黃教授於次年二月，以高齡辭世，而我也在2013年8月出版的《梅貽琦校長逝世五十周年紀念會文集》中以〈紀念黃延復教授兼為序〉一文表達我對這位前輩的崇敬與悼念。

本書著重在梅校長辦學經驗（北京清華與西南聯大、新竹清華）、教育思想和人格精神（三不朽的現代聖人），以及取得成就，所展現風華的研究；涵蓋梅校長出身、求學、家事、初登教壇之良師益友，在清華嶄露頭角歷程，促成的清華盛世榮景，成為經營西南聯大的中流砥柱，重回北平的亂世磨難，再建台灣功業，以迄餘韻哀榮；真實寫照梅校長一生「本乎中國文化之淵源，造乎西洋文化之巔峰」，「躬行身教，對國家之貢獻獨多且要」，正如秀斌所言：「時間越久，越能感受到梅先生思想之偉大，精神之不朽。」

梅校長的知友、清華校友胡適先生在晚年常引李恕谷先生語：「交友以自大其身，求士以求此身之不朽」，有人說是收徒弟哲學；黃教授、秀斌雖不能算是梅校長徒弟，但發揚光大一代教育家精神、功績則是志同道合者。秀斌觀察「目前梅先生思想的傳播與弘揚，仍是少數『梅迷』在努力的功課。自從跟隨黃先生研究梅校長後，這些年無論我做什麼事，都沒有放鬆對『梅學』的思考與研究，」發願「在梅先生的誕辰130周年之際，騰出大部分時間和精力，來做與傳播梅校長相關的事情，期待大家共同努力，讓梅校長的精神恩澤更多人，」令人敬佩。欣聞秀斌擬修訂增添出版《一個時代的斯文》，力求詳盡充實，繼續弘揚一代偉人風範的重要工作，故樂為之序。

新竹清華前校長

陳力俊　謹序

2019年5月於新竹清華園

▲ ①為「梅貽琦校長學」（「梅學」）增添了一個華美
　　的篇章
　　②本乎中國文化之淵源，造乎西洋文化之巔峰

真情豪氣的不凡企業家

2017年9月19日　星期二

　　一個產業界的巨擘與一個長居象牙塔中的學者，交集通常不會很多，而我與貞雄兄卻有相當多與深刻的互動。特別的是，我們都曾從對方手中接過兩張證書。

　　從貞雄兄手中，我接過的是1993年【侯金堆傑出榮譽獎】「材料科學類」獎項證書以及【侯金堆先生文教基金會】董事證書。

　　貞雄兄從我手中，接過的則是1997年【中國材料科學學會】「傑出貢獻獎」證書，以及2010年【國立清華大學】「名譽博士」證書。

▶ 「律己、愛智、樂觀」的達人

1995-1999年，本人擔任【中國材料科學學會】理事長，注意到學會歷年來各項活動，【東和鋼鐵】始終是是最積極贊助的私人企業，同時進一步瞭解【東和鋼鐵】是國內最大上市民營鋼鐵公司，在貞雄兄擘畫執行下，以前瞻創新斐聲業界，所以學會獎章委員會決議將1997年傑出貢獻獎頒贈給【東和鋼鐵】董事長貞雄兄。

　　清華大學自1996年起，即已建立名譽博士制度，以表揚學術或專業領域上有特殊成就或貢獻，有益人類福祉傑出人士。2010-2014年，本人接任清華大學校長，在思索可能人選時，很自然地想到貞雄兄，多年來秉持東和鋼鐵「律己、愛智、樂觀」之經營理念，建立國內具有良好社會形象之鋼鐵企業。東和企業積極推動經濟外交，回饋鄉里社稷，對國家發展貢獻良多。成立【侯金堆先生文教基金會】，獎勵獻身基礎科學、材料科學、金屬冶煉、環境保護及綠色建築五大領域之教育研究工作貢獻卓著人士，對提升我國科學研發能量，以及產業技術之升級影響甚鉅。貞雄兄秉持遠見，領導【工業總會】，並深具人文素養，推動國內藝術發展，扶濟災黎，傾注教育，經審查委員會一致通過，授予名譽工學博士學位，確為實至名歸。

　　國內高教發展，因為種種因素，普遍受到經費拮据的限制。所以大學校長的主要任務之一，往往是校長們不熟悉與擅長的為學校籌措經費，這時經歷與人脈就倍顯重要。當我懇請貞雄兄對【清華大學】有所挹注時，他唯一的問題是「甚麼對學校幫助最大？」並且很快決定捐贈兩億元，在【清華大學】設立【侯金堆講座】，協助清華大學禮聘國際知名學者，長期到清華任教。而清華大學也因此在2010年能一舉延攬當時在美國一流的【伊利諾大學】電機系兩位正教授同時到校任教，並分別擔任「電資學院」院長與「奈微與材料科學中心」主任，此後也陸續得以聘請了多位院士級的教師，發揮了很大功效。

　　2013年末一次【侯金堆先生文教基金會】董事會中，貞雄兄罕見的缺席，瞭解到他不久前不幸中風，而行動不便；後來欣見在復健方面漸有進展，先是能到董事會與【侯金堆傑出榮譽獎】頒獎典禮向大家打招呼，再而能於今年二月【侯金堆傑出榮譽獎】頒獎典禮親自頒獎，並合影留念，活動力逐漸增強。

　　【清華大學】恰巧得以在貞雄兄復健過程中略盡綿薄，緣因清大楊梵字教授是知名治療中風失語症專家，侯夫人得知後與我聯繫，促成了貞雄兄每週

到清華「上課」。猶憶一次與貞雄兄一起上課，看到貞雄兄已能順著幾首他最喜愛的樂曲節拍哼唱，臉部表情也逐漸豐富，治療效果，有顯著進展，令人欣喜。

貞雄兄在應邀對清華大學2010年畢業生致詞時，曾引美國大學籃賽傳奇教練John Wooden名言：「Talent is God—given, be thankful. Fame is man—given, be humble. Conceit is self—given, be careful.」勉勵畢業生。東和鋼鐵「律己、愛智、樂觀」之經營理念，已成企業文化，觀諸貞雄兄為人行事，不啻為其恪守的座右銘。讓人看到一位成功的企業家，不僅發揚父業，打造世界一流鋼廠，不恃才傲物，有情有義，誠心奉獻，以促進社會進步為天職。這反應在他在中美斷交時，為促成「臺灣關係法」竭盡心力，在興建高鐵面臨破局時，協助適時獲得援手，成為「台灣的驕傲」，擔任【工業總會】理事長，為產業進步效命，諸多事功，讓人感佩不已。

【東和鋼鐵】內部刊物定名為「平凡」，取平凡的累積就是不平凡之意。但貞雄兄在十歲時，即展現不讓么妹出養的情意和風範，在高中時，研讀佛經，探索人生哲理，他台大畢業時的感言是：「我想製造一顆炸彈，把自己引爆，像火柴般燃燒，僅是一縷輕煙。」在「嘉中1958畢業50周年紀念冊」中，以清華國學院四人導帥之一的王國維先生「人生三境界」演繹他的人生寫照，引美國詩人Robert Frost的詩作「未擇之路」（The Road not Taken）抒發他的人生體悟。大學時即選定被侯母視為「高雅而珍貴的菊花」的侯夫人為終生伴侶；他初到美就學打工的經驗，頓悟「金錢固然重要，但是時間更為珍貴」，在踏入商業社會之初，即能當機立斷租小飛機從空中俯瞰確定廢鐵料源，迅速學會貿易實務工作；其後主導東鋼大轉型，從軋鋼到煉鋼，獨具慧眼，掌握連續鑄造新技術，成功說服中鋼執行產業分工，區隔市場策略，挽救台灣電爐業者；以誠信為經營企業之本，打造並落實「律己、愛智、樂觀」企業文化，要求做好基本功，堅持品質第一。65歲學游泳、66歲學聲樂，活到老，學到老，處處可見其過人之處。

美國紐約時報專欄作家David Brooks在2015年出版《品格》（The Road to Character）一書。認為大多數人都在追求職場成就，卻不十分明瞭如何健全自己的人格。貞雄兄在高中時即有「假如你現在會去世，你對世上最懷念的是甚麼？」讓人無言以對的大哉問。本身也能很早即脫離追求「人爵」，也就是俗

世的財富與事業，而注重「天爵」，體悟人生，講求誠信、關愛與慈善，有原則，有堅持，可為後人垂範。

　　芸芸眾生，紅塵滾滾，古往今來，多少英雄豪傑，往事如煙，不曾留痕，實為憾事。清華直接留美生胡適先生經常勸人立傳，以為歷史見證，並傳承典範。喜見這本貞雄兄傳記，即將付梓。本書文筆流暢，內容充實，除備載貞雄兄與台灣鋼鐵業發展史與國內重大事件的交集，也極為珍貴的揭露傳主萬丈豪情的另一面，詩書棋奕，動靜皆宜，富而好禮並兼顧家庭和樂，描述細膩，動人的刻畫出一位善盡社會責任的傑出企業家多彩多姿的豐富人生，是一本很值得推介的傳記。

▲ 頒發「侯金堆講座」

「一個校長的思考」演講集自序

2017年10月24日　星期二

　　本人於2010－2014年擔任清華大學校長，期間將在各種場合致詞或演講（後通稱致詞）全文，載於清華官網，凡370餘篇。卸任後，逐步將其轉載於部落格中；本欲以一年期陸續上傳，意外發現拜現代科技飛快進步之賜，上傳文章可同時編錄，計畫提前完成。其後在許多場合致詞也一併轉載於部落格，以與同儕友朋共享。因致詞內容多以一個校長的立場出發，故部落格名稱維持原名「一個校長的思考」不變，也延用為本書的書名。

　　出版本書的發想，大約始於五、六年前，先是有一位大陸籍作家在清華官網上看到　些致詞稿全文，主動來函建議出版，並表達負責編輯意願，當時認為出書應是卸任以後的事，暫時擱置，最後輾轉作罷；卸任後，也屢有朋友關心出版事宜，並也曾與可能的編者晤談，遲遲未能進行，似總缺動力與急迫感；很大一部分因素，還是對是否值得出版有所疑慮；最後想到本人在學術界浸淫超過四十年，堪稱長年好學深思，擔任過中央部會政務官，又有幸擔任一流大學校長，歷程思維或有為他人參考之處。另一方面，也可將出書視為不過是對過往行述，留個紀念，與親朋好友分享，不須顧慮太多。決心一下，拜現代文書處理與印刷科技之賜，在黃鈴棋小姐編輯協助下，約花半年時間編輯，即將面世，也算完成久繫心頭的一項心願。

　　擔任大學校長，在校內外致詞機會很

▲ 擔任校長期間成長的一個見證

多。本人初任校長時，認為某些致詞，攸關治校理念與施政的宣導，宜將整理過的文稿公布於官網上；最先是想借重學校相關單位在重要場合的全程錄影，請工讀生逐字錄稿，再加校正，後來發現曠日廢時，口語與書文差異又大，校正一點也不輕鬆；於是改為自行於事後依致詞大綱撰寫全文，一段時期後發現，如果能於事前將草稿寫就，不僅事後僅需做小幅修正，演講時，不須看稿，通常也都能將重點清晰表達，最後，則只要時間允許，盡量於事前寫就文稿，可以蒐集資料，參考文獻，從容整理思緒，考慮較為周全，立論較為精準，效果最好；而且事後只須補足臨場發揮的部分，不需再多花很多時間，慢慢養成習慣。這些演變，也可對照本人在校長任內致詞稿篇數，從第一年到第四年，由21、56、130到164篇，逐年增加，而後兩年又遠比前兩年多可看出，反映後期才比較完全的整理並收錄致詞稿。

致詞稿由收錄到出版，可以說完全由於擔任校長的機緣。在擔任校長之前，以不同身分，在校內外也有許多機會致詞或演講，除極少數場合，都沒有寫出文稿並發布收存，所以原來並沒有寫致詞稿的需要與想法。倒是致詞時尚能把握受惠於高中時期一位師長的所叮嚀的原則，就是事前想好內容大綱，演講時較有條理，並減少疏漏；另外自我期許的是盡量不講重複的話，有意義，以免流於陳腔濫調；再者希望能為聽眾提供新知，具啟發性，以免浪費大家的時間；在致詞技巧方面，也漸會考慮聽眾的興趣，並加上一些橋段，如名言佳句、趣味新聞、抽樣問答，帶動氣氛，吸引注意力。這些不僅是由經驗累積，也由閱讀他人演講心得，而逐漸改進，進而樂在其中。也算是擔任校長期間成長的一個見證。

在擔任校長期間，一次與新加坡大學交流之時，得知其校長室設有專任寫稿祕書，俗稱文膽，兩名，頗能對照台灣的大學苦於缺乏資源，難有合適專人代為撰稿。但若從另一角度觀察，有專人寫稿，只需稍加潤飾，臨場照本宣科，固然省不少時間，但也比較容易流於形式，而常不能真實表達當時的想法，同時也剝奪省思相關議題的機會。這本書的成形，可謂受惠於資源短缺的環境，再加上自己有意善用致詞機會，整理思緒，有所宣示，並不浪費聽眾時間，「賽翁失馬，焉知非福」，此之謂也。

本書能順利出版，承蒙多位同仁協助。首先是原載清華官網所有致詞稿件均經彭琇姬秘書細心校對，同時書中所附照片，多勞清華各處室同仁費心蒐

集，在此一併致謝。最後我要深切感謝現為清大中文系博士生的黃鈴棋小姐，名為業餘，但實際相當專業的精心編輯，讓本書得以問世。

▲ 贈書馬英九前總統

「一個校長的思考」第二冊與第三冊自序

2019年4月15日　星期一

　　「一個校長的思考」系列「第一冊」於2018年九月底出版，原來出書動機主要是對個人過往行述，留個紀念，並與親朋好友分享，因此以贈送為主，少部分則經由網路書店銷售。出版後得到不少迴響，也有校友以團購方式分贈友朋，銷售情況遠遠超過預期；另一方面，從整理講稿到出書的經驗，對一位藝文界的朋友名言：「沒有紀錄，就等於沒有發生」，有了更深刻的體會；出書記錄的功能，可能更甚於紀念。

▲左　出書記錄的功能，可能更甚於紀念
　右　希望各單位在記錄活動方面，多付一分心力

系列「第一冊」的副標題是「教育的職業與志業──清華文史與校務」，「第二冊」則是「教育的職業與志業──清華校務與教育成果」，主要涵蓋在清華舉辦的活動包括頒贈名譽博士、特聘講座、各院系週年慶與活動、建物捐贈動土、上樑、啟用與落成、單位成立設施啟用、各項文物與捐贈、各項合作協議、記者會與成果發表會、原住民專班與國外招生、與國際、大陸各項交流、各項高中活動、企業招商與學生就業活動、紀念會與告別式以及本人曾擔任會長的「東亞研究型大學協會」與「斐陶斐榮譽學會」、曾擔任董事長的「同步輻射研究中心」以及個人專業之家「中國材料科學學會」活動。

　　「第三冊」「科學技術與人文藝術」則包含校內外各種活動，如文藝活動與演出、校內演唱會、文藝展覽、新書發表、諾貝爾獎得主演講、名人演講與通識講堂、各項座談、跨領域研討會、人文領域研討會、理工領域研討會、各項論壇、各項會議與協會、各項里程活動致詞、科學科技講座與其他校外活動。

　　由於近年來智慧手機攝影機的精進，在社會大眾「人手一機」的今日，人人都成了業餘攝影師。晚近出外旅遊時攝取照片常以千計，隔了一段時候在電

▲ 贈書探險家、旅遊達人眭澔平博士

腦中檢視，仍覺旅程「歷歷如繪」，威力著實驚人。在前書出版後，很多朋友都表示對其中所附照片特別有感，所以在編輯「第二、三冊」時也刻意注重配置活動照片。由於「第一冊」多收錄在全校性事務場合致詞稿，所以在「清華首頁」以及「影音分享網」中可以找到不少照片。「第二冊」重點在校內各單位活動，「第三冊」更多涉及在校外舉辦之活動，由於當時未刻意收集相關照片，事過境遷後就困難得多，因而展開「收尋之旅」，也頗有一得；這裡要特別感謝「人文社會學院」蔡英俊前院長，提供本人所有參與「人文社會學院」活動的精華照片，當接獲所贈收錄相關照片光碟片時，以「如獲至寶」形容，毫不為過。

其他收尋到的照片主要來源還是來自各相關單位及主辦機構網站。在過程中，發現有些單位與機構是道道地地的圖示紀錄事件「模範生」，有些則較疏於經營，同時收錄是否完整，又似與主管更迭及重視程度有別息息相關；像片有迅速勾起回憶的作用，在記錄與紀念的功能上，常能發揮「勝於千言萬語」的效果。在現今資料存儲日益簡易與廉宜時代，基於保存「紀憶」以及宣導的強大威力，應值得各單位在記錄活動方面，多付一分心力。

本系列書籍出版，主旨在記錄個人在清華擔任校長後相關活動行述，由於長年受惠於清華同仁盡心盡力的貢獻以及友朋的鼓勵，所以「第一冊」以贈送為主。但出書之際，自然也很關心贈書對象是否有興趣。另一方面，書籍單位印製成本在基本數目外，大幅遞減，以「書贈有緣人」為理想，但不希望被「束諸高閣」，而陷入目前手頭與通路存書均瀕臨告罄的窘境，以廣流通，所以「第二、三冊」出版本有意以預購方式測水溫，來決定印製本數，但發覺過程甚為繁複而作罷，因此「第二、三冊」改以主要藉助出版商電子通路行銷，希望出版的書籍能真正為「愛書人」所持有，另一方面也可協助活絡一下面臨寒冬的台灣出版業經濟。

本系列「第二、三冊」能順利出版，要感謝多位清華同仁協助，包括細心校對在本人擔任校長期間所有致詞稿件的彭琇姬秘書，多位清華同仁費心錄存及提供活動照片。黃鈴棋小姐全程精心編輯與校對，讓本書得以順利問世，更是功不可沒。

岳南先生「《大學與大師》
——清華校長梅貽琦傳」繁體字版序

2018年11月5日　星期一

　　知名寫實作家岳南先生大作《大學與大師——清華校長梅貽琦傳》於2017年9月在北京出版。在眾多台灣岳粉（岳南先生粉絲）期盼下，繁體字版終於在「時報出版公司」與「清華出版社」通力合作下即將問世，為台灣寫實文學再添華章。

　　岳南先生在台灣出版的作品包括《風雪定陵》、《復活的軍團》、《陳寅恪與傅斯年》、《南渡北歸（三部曲）》以及《那時的先生～1941-1946大師們在李莊沉默而光榮的歷程》等，無不膾炙人口，一時洛陽紙貴。尤其《南渡北歸》，以民初到內戰時期知識份子遭遇為主題，是「一部二十世紀學術大師們的情感命運之書」；從一個「清華人」的觀點來看本書，感覺處處皆見清華人，時時皆聞清華事，劇力萬鈞，內心震撼不已，是一個難得的閱讀經驗。後來在本人擔任「新竹清華大學校長」任內，有機緣也順利邀請到岳南先生擔任為期一年的駐校作家；岳南先生於2011年10月初到校，除講學外，並積極主導及參與各項兩岸清華活動。

　　新竹清華大學邀請岳南先生擔任駐校作家，部分構想是希望借重岳南先生的才華與見識，完成一部以「兩岸清華永久校長」梅貽琦為中心的大書，承蒙岳南先生首肯，以約五年時間完成本書。除詳細刻記梅校長之生平外，並將清華大學從建校到梅校長逝世歷史沿革做了一番精要的爬梳。全書除序章外，共分二十三章，第一至第十章，從梅校長家事到求學過程開展。第十一至第二十三章，則是梅貽琦治校以後到逝世的清華史。

　　寫實文學貴在寫實，而非「演義」，要能允執厥中，第一手資料最為重要。今年七月中旬梅校長親侄梅祖麟院士乘回台參加中研院院士會議之便，應

邀到新竹清華大學訪問；據告其伯母，即梅校長夫人韓咏華，當年乃因其長公子梅祖彥在之前自美返回中國大陸，如返台可能有諸多不便，所以始終未隨梅校長回台建校以至擔任教育部長來台，甚在情理之中，也對大家多年疑惑作了一個合理的解答，可謂「一語定音」；同時梅院士也談及其在1948年12月中，梅校長搭乘國民政府專機自圍城北京飛赴南京前幾天由親身經歷對梅校長行止的了解，深感歷史紀錄要把握時機，有些事蹟要「當事人」才可能釐清。岳南先生在撰寫《南渡北歸（三部曲）》時即曾走訪多位與梅校長相識的「當事人」，「使用的材料來自海峽兩岸，而對新竹清華大學的材料特別注意並加以引用，力爭實事求事，探尋歷史真相」，「讓讀者對梅貽琦以及他那個時代的清華大學，以及相關人事有一個清晰、明瞭的認識」。「就該著的形式與創作內容而言，目前所能見到、查到的材料，幾乎一網打盡。以後或許有新的材料

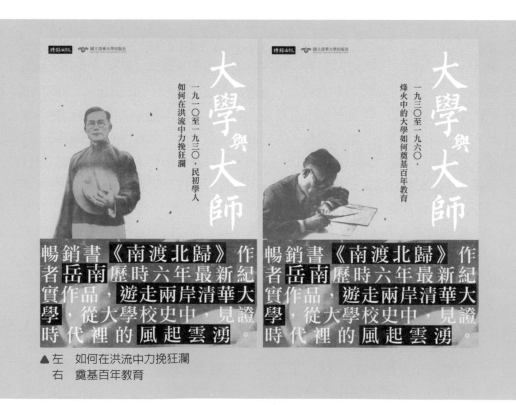

▲左　如何在洪流中力挽狂瀾
　右　奠基百年教育

出現，並有超過該著作者，但可以相信的是，近期不會有了。」不僅是力作，也堪稱巨作。

梅校長一生奉獻給清華，成績斐然。正如與其共治「西南聯大」的前北大校長蔣夢麟執椽祭文中所說：「人才之盛，堪稱獨步全國，貢獻之多，尤彰明而昭著，斯非幸致，實耕耘者心血之所傾注」。岳南先生以如椽之筆，費時五年，精心完成巨著，發揚光大一代教育家精神的功績，是對華人教育與清華大學最珍貴的獻禮，是值得我們深深感謝予與讚揚的。

陳力俊　謹識
於新竹清華園
二〇一八年十一月

▲ 不僅是力作，也堪稱巨作

「各界精英的十三堂課」序

2019年4月7日　星期日

　　黃肇瑞教授與其夫人張夢旭女士均為1976年「清華大學材料系」第一屆畢業生。因本人於次年才到清華任教，失之交臂；所幸肇瑞與夢旭自美學成歸國後，同在材料界工作，並與母校保持聯繫，有相當多的接觸機會。多年來喜見肇瑞伉儷在事業與家庭經營上都非常順遂，尤其肇瑞在學術上成就輝煌，屢獲各項大獎肯定。

　　2017年肇瑞自「高雄大學」校長職務卸任，歸建成功大學後，亟思為高等教育及下一世代的傳承，多盡一份心力。經過縝密規劃，在學校通識教育中心開設一門與「生涯規劃」相關的精英論壇課程。本人有幸受邀得以忝居「菁英」、「名人」之列，在約半年期間，從邀請、後續聯繫、接待、上課、閱讀

◀ 努力「功不唐捐」，成效非凡，
　值得推廣師法

學生心得報告、檢校逐字稿以及審視課堂錄影等互動中，處處可見肇瑞與工作人員的用心與敬業，令人欽佩不已。肇瑞期望講員以過來人的身分傳承過去的智慧和經驗，告訴同學們人生是否可以預作規劃？如何做好生涯規劃？當面臨人生轉折點的時候是如何做決定？如何做好機會來臨之前的準備？

也許正因為當年在大學時，沒有機會選一門「生涯規劃」的課程，同時在民國四、五十年代，由於社會閉塞、資訊缺乏，也少師長提點，因而回首來時路，個人幾無「生涯規劃」可言。但隨著「去去去，去美國」留學風潮到美國深造後，漸有領悟，同時多年來，秉持由家庭與各級學校教育養成的價值觀，接受各項挑戰，把握機會，奮力而行，事業生活大體順利美滿，或有可取；因此在接到肇瑞邀請後，將過往行述，可堪學子參考部分，作一整理[https://lihjchen1001.blogspot.com/2017/11/blog-post_14.html]；當然上課時仍不免擔心「言者諄諄，聽者藐藐」，幸到臨場以及閱讀所有選課學生心得報告後，反為學生的專注以及熱情所感動；這也表示肇瑞的努力「功不唐捐」，成效非凡，值得推廣師法。

肇瑞在看到學生的學習心得與評價後，為了讓沒有機會修習到這門課的同學也可以由講員的演講內容中獲益，費心將授課內容彙整成冊，以期嘉惠更多的年輕人，是相當值得稱許的舉措。另一方面，前賢有言：「沒有記載，就等於沒有發生」，試想如果沒有本書的問世，十年、二十年後，又有多少人知道成功大學有一位熱心的教授，精心設計了一門「生涯規劃」課程，邀請多位當代產、官、學、研、醫藥、文化、藝術、廣播媒體等各界名人精英，講授內容涵蓋理工科技，人文藝術，民生社會科學等多元化領域，傳承過往的智慧和經驗？

本書的出版，不僅將使廣大莘莘學子受益，得以跨域學習，拓展視野，加強國際觀，而使讀者受到無形而深遠的影響和啟發，而且在時代風貌的記錄保存上的意義也彌足珍貴。本人有幸參與這項深具意義活動，並且樂在其中，特為此序。

陳力俊　謹序

民國一〇八年四月於清華園

清華小吃部，7-11的店長徐靖普先生新書序

2016年11月17日　星期四

　　十一月初很意外的收到清華小吃部，7-11的店長徐靖普先生的電子郵件如下：

> 敬愛的陳校長您好：
>
> 　　我是清華小吃部，7-11的店長徐靖普，首先要感謝校長引進7-11進清華校園，讓靖普有機會為學校師生提供服務，更加感謝校長在小七開幕時，又親臨現場鼓勵指導，成為靖普進步成長的最大動力。
>
> 　　今年靖普將清華、交通十幾年來的經營經驗，運用了50篇小故事的方式編輯成書，預計於12月初出版上架，在此再次大膽冒昧請求敬愛的陳校長，可否能為靖普的新書寫推薦序，相信在校長的加持下，必定深受讀者喜愛。
>
> 　　先附上文稿懇請校長不吝指導，若校長時間允許，我再送紙本資料到辦公室。
>
> 　　打擾之處尚請見諒！

　　由於清華7-11的服務素有口碑，本人當即回函應允，敲定了為新書寫序機緣。

　　在台灣，大街小巷都可以看到便利商店，通常便利商店「麻雀雖小，五臟俱全」，同時提供各種服務，堪稱「便利」，而7-11尤為業者龍頭，便利商店門市成為街頭風景線一部分。大眾習以為常，而不會想到，背後可能衍生許多動人與多有啟發的故事，在制式店面、商品與服務表象下，平凡中見其不平凡。徐店長這本新書正足以讓人感受到一位有心、用心、熱心、真心、貼心並

充滿愛心、善心經營店長的心聲和故事。

本書行文流暢，經營者之用心與熱誠洋溢其中。徐店長在自序中，提到「想透過本書，將發生在生活周邊的小故事，用淺顯易懂的文字，來傳達多年來的經營理念與技巧，希望讓大家能得到一些啟發與幫助，成為服務業的好手。」本人在閱讀全書後，深為各個故事吸引；徐店長提出「經營重特點、服務貴真誠」理念，並確實施行。他「期望每個走進門市的顧客，都能夠帶著滿足與喜樂離開門市」，不以「以客為尊，顧客至上」為口號，而是「從心底出發，以真誠的心為起點，推行到實務中」，讓人深為感佩。另

▲ 全書發揚正向思考與理念，開卷有益

一方面也可見在多方面發揮創意，例如創造地景焦點，吸引顧客，並認為「顧客服務一定要到位，一定要超乎期待，才能感動人心」，「服務只要出乎一片真誠的心，就能感動別人，感動自己」，「每當在門市完成一次感動人心的服務，就是為門市成就一分正向磁場」；如清華謝小芩學務長在序言中所提到，他在清華經營對學生社團活動贊助不遺餘力，對顧客提供「額外」貼心服務，種種事蹟，可見徐店長充滿熱情、真心實踐，讓人感動。

清華7-11五年多來服務到位，與學校師生互動良好，徐店長歷練豐富，現今專心經營校園便利商店，以其人生智慧，親身體驗，將周邊故事與心得見諸文字，彙集成書，與大眾分享；全書發揚正向思考與理念，並讓人對已經相當熟悉的「小七」更多了一分親切感，料將吸引廣大讀者，開卷有益，故樂為之推薦。

陳力俊　謹序於清華園

一〇五年十一月

「半導體製造技術與管理」序

2004年7月1日　星期四

　　台灣半導體產業在近三十年間，從無到有，歷經六十年代工研院團隊赴美國RCA公司取經，七十年代新竹科學園區設立，聯華、台積電公司成立，工研院深次微米計畫衍生為世界先進公司，以及其他積體電路公司之興衰起落，由起步、萌芽、茁壯，到現在被公認為世界級產業，創造經濟奇蹟；也建立國人在高新科技領域於國際舞台上競爭的信心，影響極為深遠。近年來我國平面顯示器產業迅速崛起，產值近兆，市佔率即將超越韓國而成為世界第一，亦與半導體產業奠定的良好基礎息息相關。因此半導體產業在我國高新科技發展上，無疑地佔據了制高點，仍將扮演龍頭主導角色。

　　剖析台灣半導體產業優勢，個人認為半導體製造技術與生產管理最為突出。有人認為，半導體製造先進設備，均附有操作條件與步驟指示（recipe），只要肯投資，「轉動鑰匙」（turn key）依樣畫葫蘆即可。但實際上，先進積體電路製程，步驟動輒數以百計，由於高精密度的要求，往往「牽一髮而動全身」，而由於產業進步迅速，及時引進新製程為持續不斷的挑戰，可謂與時間賽跑，在產業毛利率逐漸下滑之際，製程整合與生產管理至為重要。

　　簡禎富教授為本院「工業工程與工程管理學系」傑出教師，主要研究領域為決策分析、半導體製造模式與分析、資料挖礦等，不僅學有專精獲獎無數，並與產業界互動良好。例如，其研究成果「最佳化晶圓曝光樣型最佳化」，已獲得發

▲ 半導體製程整合與生產管理
　 至為重要

明專利等具體成果，並於半導體公司上線使用，因而榮獲八十九年度教育部產學合作研究獎。如今擬以與產業界合作成果部份內容，整合產業相關知識，出版《導體製造技術與管理》一書，當為台灣半導體產業持續發展重要參考。本人從事半導體製程相關教學研究多年，身處台灣半導體產業發展洪流中，友朋學生亦多為從業人員，見證產業整體蓬勃發展，個別興替，感受特別深刻，自樂為之序。

陳力俊
清華大學工學院院長

研討會論文集序言

收錄「第五屆破壞科學（Fracture Science）研討會」、
「漢學與物質文化——從臺北「金萱會」到「新漢學」論
壇」、「人工智慧對科技經濟社會政治產業領域的挑戰與影
響研討會」、「人工智慧時代社科文教之變革與創新思維研
討會」等四篇論文集序言；以及2013兩岸四地工程教育圓桌
論壇專文「台灣的工程教育」一篇。從中概述研討會和論文
集內容重點，並指出學術發展新趨與挑戰。

「第五屆破壞科學（Fracture Science）研討會」論文集序言

1998年9月13日　星期日

　　破壞科學為材料科學學門的一個重要領域。自現象瞭解著手，謀求防範對策。從基礎到應用研究，涵蓋傳統與高新產業各種材料結構及功能，結合宏觀及微觀現象，一方面有助於材料科技水準的提昇，一方面確保經建成果，增進工業安全，免除意外災害。

　　「中國材料科學學會破壞科學委員會」多年來積極推動破壞科學研究發展，成功的舉辦一系列「破壞科學研討會」，聚集有關學者專家，共同研商破壞科學重要課題。本年擴大舉辦第四屆「破壞科學研討會」，活動除專題演講、論文發表外，更包括技術討論。論文發表針對破裂力學、破損分析、非破壞檢驗、壽命評估加以研討，技術討論則分別舉行「建立軌道車輛工業國家標準」、「鍋爐與壓力容器標準規範與安全認證」、「本土化環境與建築材料標準化」、「壓鑄模具壽命改善與可靠度提昇」四場座談會，兼顧優良傳統與創新特色，精彩成功可期。

　　我國近年來破壞科學研究發展有長足進步，漸受重視，本會「破壞科學委員會」的持續推動整合，功不可沒。本人謹代表學會感謝「破壞科學委員會」主任委員兼研討會籌備委員會主任委員陳弘毅博士及各工作人員盡心盡力，精心籌畫、執行，荷承諸先進熱烈參與，各單位共同主辦或協辦研討會，特在此一併致謝，並祝研討會順利成功。

中國材料科學學會理事長
陳力俊

「漢學與物質文化——從臺北「金萱會」到「新漢學」論壇」序言

2013年4月15日　星期一

　　百年清華，有源遠流長的「漢學」傳統。呈現在讀者面前的這本《漢學與物質文化——從臺北「金萱會」到「新漢學」論壇》，是兩年前出版的《漢學與物質文化——國立清華大學百年校慶的芹獻》的續集，記錄了2011年和2012年兩年間，本校的幾個大型研究計畫，在漢學和物質文化研究領域，所取得的國際化學術成果。本書的前集《漢學與物質文化——國立清華大學百年校慶的芹獻》的序言作者李亦園院士，是漢學領域內的專家，擔任過本校人文社會學院的創院院長和蔣經國基金會的理事長。作為清華校長，我始終關心清華學術傳統中各個強項的發展，當然也包括漢學研究在內，所以現在本書的編者，送來出版社排出的樣稿，希望我為之寫序，便欣然同意。

　　本書的重點，如其副標題所言，在臺北「金萱會」和「新漢學」論壇。在談臺北「金萱會」和「新漢學」論壇之前，我先要回顧一下清華的百年「漢學」傳統。在二十世紀上半葉，清華師生中，對國際「漢學」的發展，作出過顯著貢獻者，為數不少。例如，歷史學家蔣廷黻和張蔭麟，翻譯家梁實秋和羅念生，哲學家馮友蘭和湯用彤，文學家林語堂和錢鍾書，語言學家李方桂和王力，考古學家李濟和夏鼐，比較文學家吳宓和柳無忌等等，實在不勝枚舉。本校在台建校後，多年來繼承恢復了以上的傳統。外界有這樣的印象，清華大學在北京時以文史馳名，在新竹則以理工見長。事實上，新竹清華大學早在1984年成立人文社會學院，1990年成立國內第一個通識教育中心，2000年則成立國內第一個科技管理學院，人文社會領域教師約占全校教師之百分之三十二，歷年來，在教學研究上有相當優異的表現。在「漢學」領域，也是如此。本校人文社會學院的創院院長李亦園院士，便是一位「漢學」界的中流砥柱人物，歷

任蔣經國基金會執行長和理事長。緣於此，本校人文社會學院從創辦起，便十分注重和國際「漢學」界的一流學者展開互動，知名的華洋「漢學」家如李約瑟（Joseph Needham）、侯思孟（Donald Holzman）、余英時等先生的身影，在二十多年前，就出現在本校的校園中。近年來，本校人文社會學院在文學、歷史學、語言學、人類學、社會學的各門類中，與國際「漢學」界有了更密切的合作與交流。

臺北「金萱會」和「新漢學」論壇，從一個側面展示了上述的清華漢學傳統在今天的發展。臺北「金萱會」是國立清華大學推動創辦的「漢學與物質文化」國際學術系列沙龍，追隨哈佛「紅粥會」和京都「蟠桃會」的腳步，著眼「請進來」，立足台灣，面向全球，希望成為國際國內文史學者以文會友的一個高端的交流場域。眾所周知，清華大學在上世紀二十年代設立國學院，禮聘梁啟超、王國維、陳寅恪、趙元任四大導師，震動學術界，在文史領域，迅速提升為一方重鎮。其中梁啟超和王國維，深受東洋漢學界的景仰，而陳寅恪與趙元任，更是與西洋漢學「你中有我」，「我中有你」，水乳交融，難分彼此。以上這些，都是為大家所熟悉的歷史事實。我想要特別提到的是，趙元任的女兒趙如蘭從小長在清華，後來成為哈佛漢學名教授、中央研究院院士。在二十世紀末退休之前，她在自己哈佛家中客廳，年復一年，不定期舉辦的「紅粥會」，正是當年國際範圍內最重要的「漢學」學術沙龍之一，邀請過很多名流來演講，成為哈佛東亞研究的一個地標，至今還為人所津津樂道。去年臺北「金萱會」的開幕日，正是清華大學一百零一年校慶，我邀請四大導師的後人，來新竹共同慶祝，當時梁啟超與王國維等先生後裔都專程從大陸來台參加校慶活動；值得一提的是，王國維先生的女兒，百歲人瑞王東明女士也從台北來參加「憶清華名師」演講會，開朗而健談，風靡全場；王女士的自傳已於不久前由「清華出版社」與「商務印書館」共同出版。另外陳寅恪先生三位女公子與家屬於今年三月中旬到清華訪問，是一個美麗的註腳。本來，趙如蘭教授也在我心中的邀請名單裡，後因她九十高齡，健康欠佳，不便作越洋長途旅行而作罷。如果趙如蘭能來，應該會出現在那天的「金萱會」上，因為本校推動這個漢學國際「沙龍」的創辦，原來就是受到她的哈佛「紅粥會」的啟發。

「新漢學」論壇是國立清華大學推動的另一個服務學術界的國際化系列活動，意在「走出去」，過去的兩年中已經先後舉辦了「新漢學」臺北論壇

和「新漢學」京都論壇，後者有一個附屬的國際會議，組織八位臺灣學者到京都大學與八位日本學者展開對等交流，受到學界好評。尤其值得一提的是，在「新漢學」京都論壇上，國立清華大學與跨越太平洋兩岸的京都大學、柏克萊加州大學的同仁，在京都大學赤松彥明副校長與本校王偉中全球長臨場證簽下，成立了國際「漢學與物質文化」研究聯盟（Consortium for Sinology and Material Culture Studies）。在當時發佈的新聞稿中，本校「全球策略與企劃研考」副校長馮達旋博士曾表示：「在目前亞太地區研究型大學的推展階段，國際『漢學與物質文化』研究聯盟的成立，正當其時。太平洋彼岸的世界級大學加州柏克萊大學的漢學研究傳統，源遠流長。如今，加州柏克萊大學也積極加入國際『漢學與物質文化』研究聯盟，必將對人們理解與傳播漢學的重要性，帶來深遠的影響。」我本人也十分認同馮副校長的這種觀察，期待國際「漢學與物質文化」研究聯盟不負所望，有紮實的發展。

清華大學的願景為「人文薈萃學術殿堂、博雅專業人才搖籃、前瞻創新科技重鎮、進步社會推動基地」，透過臺北「金萱會」和「新漢學」京都論壇的舉辦，如能為臺灣與國際「漢學」界之間的交流，提供一些服務和助益，我將感到十分高興。

是為序。

台灣的工程教育

2013年5月26日　星期日

一、發展沿革

　　台灣在日據時代，由於日本的殖民政策，幾無大學程度工程教育；以台灣大學前身的台北帝國大學工學部而言，直至1943年才成立；次年，學生中日籍47人，台籍2人，也就是說台籍學子得受工程教育機會極少；而光復之後的台灣大學，始設置土木工程學、機械工程學、電機工程學、化學工程學等四學系。

　　位於台灣南部台南之成功大學，其前身為日治時期（1931年）創立於臺南市現址的「臺灣總督府臺南高等工業學校」，創校之初設有機械工學科、電氣工學科和應用化學科。1944年改制為「台南工業專門學校」。機械工學科改稱機械科，電氣工學科改稱電氣科，應用化學科改稱化學工業科，電氣化學科依舊。增設土木科及建築科二科，總計有一院六系；1946年2月，國民政府接收後，改稱為「台灣省立台南工業專科學校」。同年10月再升格為「台灣省立工學院」，設有設有機械工程、電機工程、化學工程、電氣化學、土木工程、建築工程等六系。南北兩校共同奠定台灣工程高等教育之基石。

　　另外光復之初，尚有台北工業專科學校，日據時代，原為「臺北州立臺北工業學校」，為二年制專科，共有機械、土木、應化、電氣、建築、採礦等六科。培養出許多基層技術人員，對台灣工業發展卓有貢獻；1994年改制升格為國立台北技術學院，1997年改名台北科技大學。

　　以上三校是台灣光復初期培育工程科技人才的三所高教機構，隨著台灣經濟的發展，而到二十年前（1992年）發展至大專院校共124所（公立42私立

82），包括大學21所（公立13私立8），獨立學院29所（公立15私立14），專科74所（公立14私立60）；有相當完善的分工；以三級制，由工業專科學校培育基層技術人員，技術學院大學部培育直接就業的基層工程師，研究所專收已有產業經驗學生施予進階教育，兩者皆屬技職體系，大學培育一般或有意深造工程師，體制基本上相當完善，也是使台灣成為「四小龍」之首，創造了經濟奇蹟的主要動力之一。

二、工程教育榮景

國民政府遷台後，由於政經因素以及就業機會較佳，工程科系始終為較熱門科系，在五零年代，因建設石門水庫等重大工程，土木工程學系有幾年為第一志願學系；其後迄今約六十年，隨著台灣電機電子工業的發達，電機工程一直是工科最熱門科系，也讓台灣在電機電子領域在世界上嶄露頭角，其他如化學工程與機械工程也是長期受學子青睞的學系；與電機電子領域密切相關的資訊工程科系，長期居於第二地位，但在世紀初網路泡沫以及資訊工作外包效應，被材料工程系超過；而材料工程系的興起，也與台灣製造業強勁競爭力息息相關。

在一九五零以迄七零年代，有大批工程領域菁英到以美國為主的國外大學留學深造，而自一九八零年代後期開始大批回流，其中有一大部分的「歸國學人」選擇到大學教書，先是到頂尖大學，到「一位難求」後，逐漸也充實了「中段班」大學師資，所以一般而言，台灣在「中段班」以前大學工程所系師資相當堅強；另一方面，隨著台灣高科技產業的發展，大學工程所系師生也有相當多與產業互動的機會。

三、工程教育研究的支持

由於台灣的大學擴增迅速，政府財政情況不佳，對一般公立大學支持幾乎僅足發放薪資，低學費政策使收入能挹注於教學研究者甚為有限；工程教育研究的支持主要來自國家科學委員會（國科會），另有一部分來自經濟部；國科會一般型計畫約為台幣一百萬元額度，通過率低於百分之五十；國家型計畫，

如綠能、奈米國家型計畫之競爭性較高,但支持力道較大;另一方面,國科會與經濟部均推動產學合作,但投入經費有限。

在私人企業方面,據統計,台灣科技研發經費,公私部門投入比率約為一比二,但企業研發偏開發少研究,產學合作金額一般不到公部門投入的十分之一。

四、頂尖大學工程教育

在台灣工程教育危機中,幸好頂尖大學憑藉良好基礎,以及政府重點支持,尚能具有相當國際競爭力;一般而言,有相當優異的師資、完善的設備以及優秀的學生,有相當的國際競爭力;以新竹清華大學而言,工學院成立於1972年,自規劃時即揚棄傳統工學院「土、機、化、電」分類的架構,從1972年先設立工化、動機、材料三系,再陸續增設電機工程,工業工程系所,以至1998年電機系所分出與資訊工程系成立電機資訊學院;在甫公佈的QS「2013大學各領域評比」中,居世界前五十名的有化學工程與機械工程,居世界前五十一至一百名的有電機電子工程、材料科學工程、統計與作業研究,居世界前一百零一至一百五十名的有計算機科學與資訊系統,也就是新竹清華所有工程科系都列名世界前一百五十名以內,相當難能可貴。

五、一些數字反應工程教育變化

台灣在一九五零年有1公立大學、3公立學院、3公立專科以及1私立專科,而到二十年前（1992年）發展至大專院校共124所（公立42私立82）,包括大學21所（公立13私立8）,獨立學院29所（公立15私立14）,專科74所（公立14私立60）,十年前（2002年）則有大專院校共154所（公立53私立101）,包括大學61所（公立27私立34）,獨立學院78所（公立23私立55）,專科15所（公立3私立12）,目前大專院校共162所（公立53私立109）,包括大學120所（公立47私立73）,獨立學院28所（公立4私立24）,專科學校14所（公立2私立12）,由這些數字可見台灣的大學,由1950年經約四十年增加到21所,而在其後二十年則暴增為120所,獨立學院由29所增至78所,再銳減為28所,專科

學校則先增至74所，於十年間劇減為14所；如從二十年來台灣高等教育變化解讀這些數字，在1992-2002年間，由於教改普設大學院校，高唱入雲，大批專科學校「升格」為獨立學院，此後十年，再由獨立學院「升格」為大學，而這些專科學校大部分為工業專科學校，陸續「升格」為技術學院，再「升格」為科技大學或大學，所以台灣的工程教育，在二十年間量與質均產生了巨大的變化。

六、現今工程教育危機

如前所述，台灣工程教育原分三級制，體制基本上相當完善，也為台灣創造了經濟奇蹟；一九九零年代中期的「教改」，在某種程度上摧毀了技職體系，原本優質技職院校所謂「升格」，大多僅為另掛招牌，以原有師資設備，在不熟悉場域淪為競爭力較差大學，同時不再具有培育基層技術人員功能，導致基層技術人員短缺，而由於招生素質低落，培育出「眼高手低」的畢業生，多非企業所樂用，造成嚴重「學用落差」；另一方面，由於大學院校數目暴增，各大學均面臨經費不足問題，進一步侵蝕教育品質與效果；整體情況可謂「亂了套」，亟待撥亂反正；教育部於今年推出「發展典範科技大學計畫」，成效尚待觀察。

七、工程教育認證

為確保工程系所的教育品質，亦即其培育學生的成果，台灣的大學校院長論壇於2003年1月責成工作小組成立專屬機構推動工程教育認證，隨後並於2003年6月成立中華工程教育學會（Institute of Engineering Education Taiwan, IEET），IEET旋於2004年8月啟動工程教育認證，於2007年8月啟動研究所教育認證，2010年6月由教育部公告為國內專業評鑑機構，同時參加如華盛頓協定（Washington Accord）國際組織，經過認證的系所及畢業生學歷為多國家／地區認可，有利國際交流及技術移民。

IEET推動的是一項非政府、同儕間的審查機制（Peer-review）。系所自願參與此一週期性的審查工作，佐證其持續滿足IEET認證規範要求；IEET認證

的訴求並非比較、排名，而是確認系所能夠持續達成其自訂的教育目標及其畢業生具備專業所需的核心能力。進一步而言，IEET認證鼓勵以系所為本位，透過認證機制維繫教育品質並追求持續改善。IEET認證係六年為一週期，審查性質又分「週期性審查」與「期中審查」二種。「週期性審查」為六年一度的整體檢視，而「期中審查」係依認證結果，於同一週期內對受認證學程執行後續重點檢視，是一項相當值得推動的措施。

八、結語與期望

台灣自國民政府遷台，六十餘年來，因緣際會，工程教育在菁英教育方面維持一定的榮景；一九九零年代高教普及政策則戕害了完整的技職教育體系，面對高度競爭的全球化產業環境，亟待調整改正；在兩岸交流日趨密切的今天，或有可互供借鏡之處，期待兩岸工程教育學者多砥礪切磋，共同面對未來的挑戰。

（2013兩岸四地工程教育圓桌論壇）

「人工智慧對科技經濟社會政治產業領域的挑戰與影響研討會」論文集序

2018年9月30日　星期日

　　人工智慧（AI）的蓬勃發展，被公認為是鞏固國家競爭力、推動經濟發展及改善社會環境的關鍵技術，其蓬勃發展亦將對政府管理、經濟就業、社會穩定與國際關係產生深遠影響。為此，各先進國家均積極探討AI將帶來之可能影響；但相對上，台灣仍多聚焦於AI的技術研發應用，較少觸及AI在經、社、政等領域對人類的影響。有鑑於此，中技社於107年2月22日舉辦「AI對科技經濟社會政治暨產業之挑戰及影響」研討會，除邀請剛協助成立「台灣人工智慧學校」的中研院廖俊智院長到場致詞外，由中技社潘文炎董事長邀集多位中研院院士與重量級學者，與會分享對於AI科技發展與影響的卓見。會中各位專家除了暢談AI科技發展趨勢外，更是國內首度探討AI將如何對產經社政等層面帶來影響。

　　本次研討會是國內首次透過重量級專家視角，全方位且深入探討AI可能影響，有助台灣產官學研界思考出更周延的政策，從而協助導引優先目標訂定和最大化AI發展潛力，帶動AI發展之正面效益，及減緩其負面衝擊；由於各種考量，研討會日期定於本年農曆初七，較難掌握出席情況，幸得產官學研各界人士踴躍參與，當天會議得以在熱烈氣氛下，順利進行。

　　潘文炎董事長致詞強調人工智慧最近在全球都受到重視，也成為許多國家推動重要的發展方向，這種科技的使用到底對人類會造成什麼樣的影響需要多方考量。重要的是，用人工智慧配合人腦，對人類生活的精進，尤其在各個領域的技術的精進可以有很大的幫助。今天的研討會，是把AI對於政治、經濟、社會還有當然科技、產業方面的影響，作整體研討。邀請了多位學者專家，談AI的未來的發展跟演進，以及對各方面的影響。也藉由他們敏銳的觀察力，將AI對台灣未來的影響，也一起做深入的分析。

廖俊智院長亦遠溯1940、1950年的時候AI就最先被首先提出，當時還是一個很哲學性的概念，到了1980、1990左右，第二波的AI的大躍進，一些計算機科學的學者開始提出了一些運算法，能夠對AI作一些簡單運算，但由於計算能力的限制，所以主要在學界產生影響。一直到近年，在軟硬體皆大幅進步下，以AlphaGo、AlphaGo Zero為例，已可見機器能自行學習基本的範例。人工智慧需要很多的數據、人才，台灣有很多很成功的產業、累積了相當多的數據，但仍缺人工智慧所需要的人才。中央研究院過去幾個月來促成了台灣人工智慧學校的成立，這個台灣人工智慧學校全部由企業界捐款，來訓練業界所需要的人才，來解決業界所面臨的問題。

本人則以協同主辦人身分說明本研討會的原始構想，是邀請國內外各專業領域，重量級專家學者，整理當代思潮並思考AI在各領域的影響與挑戰，將心得提出報告，並在會後將錄音逐字稿整理成論文集與大家分享；AI目前雖然已是人人關心的議題，但特別希望讓目前從事發展AI的科技人員以及學生，能有較整體、全面而深刻的體認，在研發過程中，能多就發展選項有所思考，對負面效應能有所警惕，在與人分享成果時，抱謹慎態度，而不要在充分了解其風險前，廣泛散布相關技術。

本研討會的第一場次由劉炯朗院士主持，並由孔祥重院士首先以「變革型技術：人工智慧、區塊鏈與元件（Transformational Technologies: AI, Blockchains and Devices）」為題演講。內容分三個重點，第一個是元件功能變得很強大，第二個是AI對於帶給產業的文藝復興（renaissance）的機會，尤其是對於製造的影響很大，而數據是最重要的，幸虧台灣製造業有很多數據，所以有相當機會。第三個是系統會因為AI的原因，有很多系統會變成非常多元而有用（ambitious），比如說一個系統可以自動，越來越強大，對於整個社會，經濟、包括產業模式會有很深遠的影響。但是這種系統要怎麼設計，作得好，要做很多實驗，區塊鏈（Blockchain）就幫你做這個實驗。即AI跟blockchain把一些元件的功能，變得遠更為與人類需求息息相關。目前進步非常快的AI、萬物互聯網（Internet of things，IOT）、區塊鏈blockchain三種變革型技術，在一起互動的時候就會產生不可思議的力量。

在「人工智慧對科技領域的挑戰與影響」演講中，本人強調演講重點在科學與技術發展，主要涵蓋大數據與大科學面向，不限於實驗自動化，而包

括機器學習元素。在科學研究上，以AI輔助，而有明顯效益之例，包括在基本粒子研究上，尋找到又名上帝粒子的希格斯玻色子；美國航太總署利用谷歌（Google）的AI發現了一顆遙遠的恆星周圍的第八顆行星；谷歌使用最新的AI技術，從測序數據中構建出一幅更準確的人類基因組圖像；生物學家和數據科學家使用利用整合知識工具系統來鑑定修飾p53P53的蛋白質。顯示能從文獻分析中，就已知的知識，推理、預測並導致新的發現。在材料科技方面，美國所推動的「材料基因組計畫」五年有成，發布了一系列成就和技術成功，在國內努力上，則有工研院材料化工所建立起國內領先團隊，已開始結合電腦模擬與AI機器學習加速產業創新研發。

有關AI對社會經濟影響的第二場次係AI對社會經濟的影響由詹火生教授主持，而林建甫教授在「AI對社會經濟的影響」演講中，從經濟問題開始，談AI的新發展、經濟生活、經濟制度。近三十年來，世界經濟歷經資本主義大勝，全球化把世界推平，但2008年，金融海嘯又使人類對經濟學的思維重新改變，美國施行量化寬鬆，以鄰為壑，另一問題，是科技是否停滯，幸好有AI的新發展，展開數位科技革命、平台經濟的時代。最重要的是AI的應用到萬物相聯，亦即什麼東西都可以相聯。

在AI影響經濟生活方面，最重要的，要掌握大數據，能夠精準的行銷、生產，經濟學的理論已經沒有長期成本曲線的概念，同時可能發展成壟斷性競爭。共享經濟的風起雲湧，每個人可以是生產者也是消費者，可以讓資源更有效應用，則讓共產主義以新型態重生。另一方面，很多問題不見得是AI有辦法解決的，但是AI可以幫助人們解決這些問題。

接著，薛承泰教授從社會學、消費者、世代的差異觀點來看「人工智慧對社會領域的挑戰與影響」。從消費者的角度來看，現在家庭的智慧管理系統已相當進步，應多思考未來的問題，而對於缺少與人之間的互動的感覺跟默契的發展，相當存疑。

從人口角度，可以知道未來很精準，情況會很險峻；AI應用很明顯有世代差異，而且知道AI到2020年在各個世代裡面都會有極大的影響力。可預見貧富擴大、人力短缺、未來勞動力需求變化，教育的方式跟品質、婚姻跟家庭，會有很大的衝擊。人要面臨價格跟價值的取捨，最終還是要追求人性跟靈性。夢想不在於有多偉大，而在於有沒有實踐的決心。

第三場次由本人主持；朱雲漢院士有系統的論述「AI在政治領域的的影響跟挑戰」。首先是已經產生的一些影響，包括民主政治運作以及國家職能、政府機器，它的運作的整個影響。

　　對於民主政治運作，就技術上來講，AI技術的運用對於選舉，已經展現出其優越性，另一方面，社交媒體的風行，造成嚴重問題。AI的技術跟大數據也可以把政治過程、政治人物的言行更透明化。一方面國家的管理能力可以跳躍式的升級，人力可以大幅精簡，同時假設沒有隱私權保障的邊界，國家將來可以對社會做無死角全覆蓋性的動態管理。另外一方面，他帶來前所未有的挑戰，將來網路戰爭形勢會非常可怕，這些都是AI革命帶來國家職能裡面各種不同、可能的巨大影響。

　　AI技術跟潛能帶給我們人類社會非常大的政治難題。面對社會變遷，或社會制度變革的選擇難題，不僅是社會內部的貧富差距會變成極為可怕，富裕國家跟落後國家之間的差距也會成為比今天更大的鴻溝。反過來說，AI的積極面，如果能夠有新的社會契約跟新的國際規範，讓數位科技的生產力快速提升，以及我們講滴漏或普惠性的效益能夠全面釋放，有可能透過AI革命把人類社會帶向分享經濟跟社會主義的大餅。

　　其次是簡禎富教授，針對「AI對產業的影響跟挑戰」演講，分享對製造面的觀察，以及實際經驗，內容以作業面為重點。簡教授提出製造是台灣AI的機會之鑰，先進製程控制能夠智能化的提前去解決問題，如此就可以讓製造更精準。智慧工廠是讓機器也能夠智能化的互相協作，結合AI或是新的工具，隨時優化決策。動態整合製造數據調整、銷售配置，是應該注意的趨勢。例如，半導體的測試，擁有大數據，AI可以讓幾個重要的參數儘量留在良率高的點，做出來的結果可以隨時繼續學習，因為資料在累積，就知道將來應該怎麼去改變。

　　他認為德國所提出的工業4.0，傳統的製造商，是希望掌握很多資料的傳統製造商變成是一個平台，掌握很多資料，然後集成或是整合很多資源，獲得比較高的利潤。工業4.0不是純粹的只是用機器人去取代人的問題，也是一種國家間競爭的關係。為製造要落地，製造要跟實體結合，它不是純粹的數位，台灣還有一些專門知識，現階段較適合發展介於工業4.0跟3.0之間工業3.5。根本目標在彈性決策，與領域專家合作，利用AI就近解決管理或生產上決策的問題。

在各主題演講之後，接下來安排所有主持人與主題演講人參與的圓桌論壇，一方面是給各與談人一個機會就之前的主題演講有所回應或補充，另一方面，基於主題演講內容面向較為廣博，為了讓此次圓桌論壇有所聚焦，希望與談人能自整體討論轉至檢視台灣的現況，探討人工智慧對台灣產業及政社經等各層面的轉型影響力，提出AI將對台灣相關面向帶來的衝擊與挑戰。在剩餘時間中，開放與到場嘉賓對話。

此次研討會，承蒙中技社相關同仁在籌畫與執行階段，盡心盡力，應邀的學者專家，全力支持，在此一併致謝，也感謝與會嘉賓熱烈參與。

國立清華大學特聘講座教授、中央研究院院士、前國立清華大學校長
陳力俊
2018年7月於新竹

▲ 國內首度探討「AI將如何對
　產、經、社、政等層面帶來
　影響」盛會

「人工智慧時代社科文教之變革與創新思維」研討會論文集序言

　　鑑於「人工智慧（AI）時代」的來臨，漸漸影響世人生活的各個層面，「中技社」於去年2月22日舉辦「AI對科技經濟社會政治暨產業之挑戰及影響」研討會，普受歡迎，並獲得相當熱烈的回響，今年決定依循相同模式，於3月13日舉辦「AI時代社科文教之變革與創新思維」研討會，邀集八位在各主題領域深研頂尖專家，進行研討，演講內容經整理，送請主講人校正後，彙集成本「論文集」，以供各界參考。

　　「中技社」「潘文炎董事長」在開幕致詞中，以東道主身分說明公益法人「中技社」床期以來，對於能源、產業、環境、經濟，以及科技新趨、長照、食品安全等重大議題，以舉辦研討會、座談會與論壇等方式，推廣最新國際關鍵議題，讓大眾廣為周知。強調現今網路速度越來越快，頻寬越來越廣的時候，尤其到5G時代，AI的應用進展正加速地進行。人工智慧的特色就是大數據的分析，加上不斷地學習，威力越來越龐大。點出本次研討會主題是AI在人文教育、醫學、金融創新、藝術、傳播媒體、公共行政、以至國防等各方面的變革與創新思維，主講人皆是各該專業的泰斗，聽眾受益可期，當深深有助於國內AI產業之推動與升級。

　　「陳建仁副總統」以貴賓身分致詞，強調AI改變了未來的科技、未來的生活、未來的文化，甚至未來人類生存的價值。所謂的「智慧產業」，技術上進展快速，但是背後的種種價值取捨、倫理公平及法律規範等皆不可加以輕忽。所以在邁進AI的時代，任何一個在做AI科技創新的研究人員，一定不能忽略人文社會的科學，因為這牽涉到價值、倫理、道德等。面對現今全球科技的更迭及環境的衝擊，除了要調整適應，也要與傳統文化的思維能夠互相的承

接，在國際趨勢發展中保有在地人文及文化特色，同時達到提升國家競爭力的願景，所以本研討會別具意義。

我國「科技部」從今（2019）年開始，由「AI創新研究中心」推動人文領域的研究計畫，這主題含括醫療倫理及法規，用健康大數據來研究各式各樣的流行病學，這就牽涉到個人隱私的保密、如何從事符合倫理的醫療、相關法規如何配合等議題。對於醫療產業能否使用健保資料來做相關的研究分析，這應立足在對人類整體的福祉能有貢獻，對於社會有正向回饋。

本人以「協辦人」身分致詞時，除感謝與歡迎與會專家與嘉賓共襄盛舉，提到本次的研討會是針對AI對人類生活的各個面向影響來加以研討。目前AI是門顯學，每個先進國家無不把它當成一個戰略性的領域。目前世界上AI領先的國家就是美國與中國，中國已具有良好的AI基礎，尤其於2018年推出了針對中學生的AI教材，稱為「人工智能基礎」，內容深入淺出，相當精彩。

AI發展於各先進國家是「百家爭鳴」，對台灣而言是一個相當大的挑戰，行政院曾訂定2018年為「中華民國AI元年」，以臺灣是資訊與半導體大國的實力，在AI發展上有相當大的利基；國內各領域AI的發展亟須產、官、學各界集思廣益，統籌規劃與協調，才能看到顯著的績效。最後感謝「中技社」持續的支持AI議題的研討，期望在大家共同努力下，臺灣能在AI領域大放異彩。

研討會第一時段，由「張文昌院士」主持。首先由「鄭志凱創辦人」以「二十一世紀的大博弈」為題作一宏觀的論述；主題概分成五大部份：第一部份就是AI，在人類的生活及思維裡，AI已經無所不在：AI對我們的影響所及從個人生活到企業、產業及社會，甚至涉及人類最終生存的意義等。

第二部份聚焦在AI對產業及企業的影響：不管是健康保健、金融機構、交通運輸、自駕車、生產4.0、智慧農業，各式的服務、國防等，擴及每個領域，AI帶來更高度的自動化及高度智能，事實上AI促成了新的商業模式。

第三部份為AI企業模式的概述，並以數字呈現美國和中國在AI發展：在AI商業模式中，AI「改變遊戲規則」可概分為三種途徑，分別是AI為工具、解方與服務。以AI為服務實際上卻能幫助所有的產業提升競爭力，以謀求企業求生之道以及增加收入。

第四部份以美國和中國是AI領域裡的主要參賽者或競爭者，兩國在資源、市場、數據資料及人才上相互競爭，作一概述與分析。

第五部份，在前所未見的大博奕裡，臺灣做為資源及人口的小國，應如何因應二十一世紀大博奕，建議跳脫框架去思考、膽大心細，敢於做與別人不一樣的事情、學習瑞士的中立精神，從兩強爭鬥的局勢中，尋找獲利的機運。擁抱「開放源」（Open Source）生活態度，臺灣必須要站在巨人的肩膀上，才有機會進一步發展。

「李友專院長」談「運用AI創造醫學的新未來」，重點在AI的定義及發展、AI應用於醫療保健方面、當前醫療保健的關鍵問題、AI在預防方面能做什麼。

就AI的定義及發展而言網路的興起造就了大數據，大數據造就了機器學習，機器學習技術最需要被應用在醫學AI演算法不斷學習。

AI應用於醫療保健方面，受惠於臺灣資訊及通訊科技的先進發展，雖然臺灣的醫療系統並不是世界上品質最好的，卻是最具效率的，但品質上仍有漏洞，一般急性照護品質很好，但慢性照護比較差。臺灣擁有的完整醫療大數據，但卻有諸多枷鎖限制取用。

AI應用於醫療所能產生最大的價值，結合人、地、緊迫性維度，在醫生的看法上，覺得預防保健是最重要的，AI如果用在醫療上，它能夠產生最大價值，是在預防，或者是早期。

當前醫療保健的關鍵問題是醫療錯誤、品質不佳及品質不一致、以偏概全與輕忽預防。有效的預防預測必須具備四個特性：精確度、及時性、個人化及行動力。

AI提供了醫療保健一個機會之窗，讓之前的預防困境得以解決，以及早期治療得以實現。AI將使未來的醫療大為改觀。

研討會第二時段，由「劉炯朗院士」主持。在「AI帶動國防科技變革及對國家安全之影響」議題上，「鍾堅教授」演講重點在一、人工智慧與國防科技，二、人工智慧與國家安全，以及三、人工智慧輔助支援國安戰鬥命題。在人工智慧與國防科技方面，是指運用人機團隊的介面，交互在人腦及電腦間，運作達致保衛國家安全的使命，同時，人工智慧運用於國防科技，仍有多種限制。

次討論有關國家安全的涉密機關、範疇、特質、流程，人工智慧的國安應用，包括消極運用、是積極運用、複合型攻擊性的消極運用與複合型防禦性的積極運用。人工智慧運用在國家安全與國防科技可能造成的損害，應予管

制。另一方面，人工智慧用於國安涉密業務不容許犯錯；為防杜電腦失控取代人腦，國家安全相關的研發，須將研發最高優先等級，置於發展抗人工智慧能力，方得以嚴密控管人工智慧自主式武器，確保國家安全。

其次在人工智慧輔助支援國安戰鬥命題上包括能源、海運安全、飛航安全、南海主權的戰鬥命題。本文簡潔的結論：人工智慧用於國防科技及國家安全，現階段終究還不能取代人性！

翁曉玲主任談「AI對傳媒產業之影響與政府治理」，在人工智能運用在新聞傳媒領域的案例裡，近年人工智能技術全方位的滲入各個領域，並在多項行業領域上有了明顯突破性的發展成就，例如無人駕駛、醫療等。而在新聞傳媒領域上，AI在數年前也已進駐，一些國際權威級的媒體組織已紛紛運用AI技術開始產製新聞。

人工智能在新聞媒體的應用項目包括蒐集資訊、自動捕獲關鍵資訊、利用AI機器人寫新聞稿或做摘要、輔助編輯、採訪、甚至播報、資訊分發／智能化推薦、互動交流（聊新聞）以及提供查核與預測等資訊服務。

新聞媒體採用AI和自動化技術輔助新聞產製各項工作，可帶來不少好處，包括提高經營效率、降低錯誤率、新聞更加精準化、客製化／個性化推薦、優化市場行銷與成本低廉並可替補人力空缺。在媒體運用AI的侷限方面有不適合做深度訪談、應用領域有限、欠缺社會連結以及媒體運用AI的疑慮。

在政府治理的挑戰與策略上，建議確立AI媒體治理模式、界定AI媒體責任、建立AI新聞倫理原則、鼓勵新技術發展、反制假新聞、確保言論與資訊多元化。

研討會第一時段，由「詹火生董事長」主持。「王可言董事長」主講「以AI帶動普惠金融創新」，重點為透過AI科技以趨動轉型，轉型最重要的就是要了解未來趨勢；全球產業發展趨勢，歷經「產品創新」到「服務創新」至「智慧創新」趨動的時代。由全球化邁向全球整合。

討論資訊界七大黑洞的資訊壟斷、產品供應鏈優化到智慧生態圈、AI／大數據分析如何引領產業邁入第四波創新、AI之技術成熟度曲線、AI應用之認知區別、大數據的產生、政府開放資料、私有資料、應用編程介面（Application Programming Interface，API）帶來開放、獨角獸公司、互聯網金融機構、信用社會體系、金融科技的價值、金融市場版圖變遷進行式。特別須要注意：

智慧創新趨動的時代，這時的重點在大數據、物聯網、智慧手機等，各種不同的大量數據，這些數據的掌握、整合、分析，融合到執行流程上，並回饋到這個循環，成為一種智慧。AI除了各種功能的機器人，最重要還是軟體及數據的掌握，才是重點。現今的環境變化是非常快速的，適者生存。讓AI可以展示它的智慧和效能，競爭要素就是如何取得數據分析、感知應用、融合執行價值創造。

　　「開放銀行」是將銀行一直視為資產的客戶帳戶資料之主控權還給客戶，區塊鏈有一些特性，如去中心化、共同參與、安全可靠、不可逆轉、無法竄改、公開透明等都是來建立信任的。現今的金融科技（FinTech）符合最底層民眾的需求，這些金融科技公司具有強烈的顛覆性及創新性。臺灣經濟以中小企業為主，中小企業之金流順暢，企業得以成長，社會經濟才能進步，這樣才有價值。未來希望能夠把API經濟、大數據、數位經濟和代幣經濟整個整合起來，創造臺灣的競爭力。

　　丁康川教授「以AI打開藝術的新視野」演講主題為一、什麼是AI，二、AI怎麼創作藝術。在藝術領域上，定義當代AI和作法是AI實踐「最大化目標達成率」或「最佳化預期表現」，大眾覺得這件事情就是「智慧」，根據這個定義，各式各樣AI的技術就發展出來。

　　其次介紹「演化計算」、「基因演算法」，在編曲方面，應用「基因演算法」編曲從編碼到演化/進化，接著說明使用「演化計算」創作藝術過程，適者生存，朝著最佳化目標前進。評估考量包括滿足人類感官、成本、結果可靠度、主觀意識以及小數據限制，

　　定義「適應度函式」，利用樂理評估，既使是小數據，人類辨識很厲害，會找出特別的模式出來。在此基礎上，應用「基因演算法」編曲並作「適應度評估」、後製，更延伸到應用「基因演算法」進行「中國曲風」編曲以及「適應度評估」，「西班牙佛朗明哥」和「阿根廷探戈」之融合曲風以及「適應度函式」、後製。採用AI技術的演化計算，加上評估重要特性的規則，也可用於視覺創作，如創作蒙德里安風格的畫作在繪畫方面以創作蒙德里安風格畫作為例，界定評估原則以迄創作蒙德里安風格畫作。

　　利用AI技術進行藝術創作，關鍵點就是創作藝術過程中是透過AI的技術與人類的知識相結合，譬如一個AI最佳化技術，搭配人類分析歸納出某些特

徵，尤其在處理小數據作品之特徵上，透過AI和人類相互合作，創造出迷人的作品。

最後一個時段由「黃榮村董事長」主持。彭森明教授主講「AI在教育行政與教學的應用」，演講主軸以三個面向來說明。第一、AI能給教育帶來什麼樣的變革；第二、AI應用在教育上的現況；第三、對政府、業界和學界合作的期許與建言。

AI能給教育帶來的變革包括：增加國人接受同等優質教育的機會、幫助教師，順應學生的資質和學習方法來施教、提供多樣的線上補助教學、減少教師的工作負擔，可以改變教師在課堂上教學和輔導的角色、提供更多的線上學習機會以及協助處理學校和教師行政事務，也可以強化校園的安全防護系統。安全防範上的問題。

AI在教育上的運用現況主要著重落實適性適才教學理念、教育機器人、教師教學輔助平台以及協助處理學校及教師行政工作。

對國內發展的期許與建言，期許政府能設置AI教育應用發展中心，引領AI在教育應用上的發展。建議政府可從四項基礎工程做起、希望我國對AI在教育上的應用能在政府引領與積極贊助之下，能有所作為，不落人後，讓我國教育永續卓越，維護國家的競爭力。

朱景鵬副校長談「AI對公共行政之影響」，依序為：一、「公共行政」是什麼，二、AI的定義：從「公共行政」的觀點，三、AI能幫政府做什麼，四、AI與「公共治理」的問題與挑戰，五、AI與「公共行政」的未來想像。

首先介紹各家學者對「公共行政」的看法，以「思維層面」而非以「技術層面」探討何謂「公共行政」。比較當代看法是「現代公共行政」就是行政、立法、司法體系在制定公共政策，決策過程中所扮演的關鍵性角色，也就是國家機器的權力掌握一切。

在發展AI生產力的年代，從「公共行政」的觀點，是公民服務平台，用數據化、自動化來協助解決公共議題。此外，透過認知技術對所有公部門所產生革命性的影響，再者，AI能夠幫助公務員找到提升工作、服務效能的模式及自動化的手動流程的解決的方式。

在臺灣「智慧政府」裡，要將數位、開放、資料、連結、決策系統、資訊及創新，全部串連起來，並以資料導向的運算及分析優化決策品質。現階段，

則要去思考AI工具如何導入才能夠提供更優質、更便捷,以及更具創新作為與人性化的服務。

對於AI與「公共行政」領域,需要關注的至少有四個問題:誰擁有這個權力來規範或者律定治理體系,公民對社群媒體的信任度,透明化的原則如何融入至「公共行政」領域的治理體系以及個人隱私權的保護應如何執行。

未來展望,如果AI要在「公共行政」領域有效率的發展,必須符合透明、誰來負責,釐清責任歸屬、公民參與以及效率四個準則。

本人在閉幕致詞中,報告「中技社」扮演民間智庫角色,秉持開拓新創產業契機。凝聚公眾利益公正論辯宗旨,研討會成果將彙集成冊,完整且深度介紹主題,將研討結果提供政府相關單位可行性政策建言以及社會大眾參考。並預告「中技社」在未來將會持續舉辦類似主題的AI研討會。

最後本人代表在場所有主持人、主講人以及貴賓,感謝「中技社」的支持舉辦此次的研討會,尤其是「王釿鎔主任」領導的工作團隊,不辭辛勞,盡心盡力,以很專業的方式辦理研討會從籌劃到執行各項工作,力求盡善盡美,同時並祝大家身體健康,一切順利。

陳力俊

一〇八年八月於清華園

「科學月刊」邀稿

　　轉載《科學月刊》專文三篇，概括材料科學多種面向。
〈結晶學之革命〉梳理晶體具對稱軸，到必具有週期性，再
到非週期性晶體之發現過程。〈「材料科學」專輯卷首語〉
簡介材料科學工程之界定、材料教育與研究，以及本專輯的
策畫安排。並為《科學月刊》二十週年之紀念特刊，撰寫台
灣材料科學尖端發展，簡述國內相關研究概況。

結晶學之革命：準週期性晶體之發現

1986年8月1日　星期五

晶體中原子排列具「週期性」為結晶學中定律之一，幾乎所有有關晶體原子結構教科書中，都會明白解釋或以習題方式，請讀者證明週期性晶體中不可能有五次對稱軸。

約在三年前，美國標準局研究室訪問學者薛特曼（D. Shechtman）及資深研究員卡恩（J.W. Cahn），在鋁與過渡金屬急速固化的研究，利用電子顯微鏡觀察合金試片時，赫然發現五次對稱之繞射圖樣，經證明該試片具有五次對稱軸。而結晶學之定理明白顯示，週期性晶體僅應有二次、三次、四次及六次對稱軸存在。更甚而有之者，此後實驗結果，在鋁錳合金中發現了十次對稱軸；鎳鉻合金中發現了十二次對稱軸。

最初卡恩等人認為五次對稱繞射圖樣，乃由晶體中缺陷雙晶重複繞射而成。但由電子顯微鏡直接成像、繞區繞射、晶格成像及場離子顯微鏡的分析，顯示並非由雙晶重複繞射而形成五次對稱圖樣。卡恩等人才在物理期刊上發表論文，宣布五次對稱軸之發現，因而造成科學界之震撼。

在五次對稱軸發現之初期，許多人都大惑不解，卡恩等人檢討為何週期性成為結晶學牢不可破之公理。數百年前刻卜勒（Kepler）觀察到雪花之具對稱性，而推測晶體是由原子規則排列而成。大數學家懷爾（Weyl）予以發揚，認為晶體在平衡態——即最低能態——原子排列具規則性，進而推廣為結晶學之公理之一，但迄今無人能實際加以證明。

在過去數年中，更有人提出了反證，即原子群之最低能態並不一定為晶體。非週期性排列之原子群可能占據最低能態，而在低組具穩定性。結晶學對稱公理，則於十九世紀由毫伊（Hauy）從有理指數定律推論，晶體必具有週期性。 1912年，勞埃（von Laue）更由晶體繞射X光現象一舉證明，X光具波

性而晶體具週期性。直到最近五次對稱軸之發現，才使人對此視為當然之對稱公理質疑，而發現產生清晰繞射點之晶體並不一定具週期性。

非週期性之晶體能繞射電子束或X光，產生清晰繞射點之現象，在繞射理論中，可由非週期性函數（aperiodic function）之傅立葉轉換（Fourier transform），能有局部極大值予以解釋。此類函數稱為幾乎週期性函數（almost periodic function）或準週期性函數（quasiperiodic function）。

非週期性晶體之發現，除了促成結晶學觀念上之革命外，此類新奇結構材料之物理及化學特性，將會為材料科學界帶來有趣的探討題材。

原載「科學月刊」200期（1986年8月）

「材料科學」專輯卷首語

1989年1月1日　星期日

【摘要】材料與能源及資訊並列為人類的基本資源。科技進展常受限於材料。本文就材料科學工程之界定、材料教育與研究,以及本專輯的策畫安排作一簡介。

材料科學與工程

材料科學主要探討材料之結構、性質、製程和功能的相互關係。材料性質由結構(包括成分、晶體結構、缺陷組織)決定。利用製程控制材料之結構以發揮其功能,屬工程應用範圍,故材料科學常與材料工程並列。

材料科學研究對象為可製成器物元件之工程材料。由於工程「實用」材料一般屬多晶體,含有大量缺陷及各種雜質,不同於理想的高純度、無缺陷單晶體,因此取得材料製程的經驗數據,對材料的基本了解占有非常重要的地位。另一方面,材料製程控制亦亟需對材料在製程各階段之構造有充分了解。由此看來,要解決工程材料問題,必須材料科學家與工程師密切合作。因此,材料科學與工程交聯互依之關係緊密。材料科學與工程學系之成立即反應此一特質。

材料教育

材料學門之「獨立」成形約可溯源於1950年代末期的美國。當時固態科學包括固態物理與固態化學,已進展到相當程度,而開始展現應用的潛力。半導體電晶體及人造纖維之發展,使政府、企業界及學術界增強了對材料科學與

工程緊密結合以促進產業革新之信心。因而策畫推行「國家材料方案」，揭櫫以吸納多學門人才（multidisciplinary），以科際整合方式（interdisciplinary）探討材料之結構、性質、製程與功能之相互關係。促成學術機構成立相關科系，以為提供知識之基礎及架構。另外在部分學校成立「科際整合研究室」（IDL），以提升材料研究，加強政府、企業界及學術界之合作關係。這些IDL即為目前「材料科學中心」、「材料研究中心」或相關機構之前身。

由於歷史淵源，世界各國材料相關科系多源自冶金學系，部分則自機械、化工學系分出。故在初期課程與訓練常為某一學程（如金屬、高分子）所主導。但近年來，較具規模之材料科系均努力發展多學程。而由於產業形態改變、學生就業機會丕變，也迫使一般學校在學程安排上有所因應。例如「美國麻省理工學院」材料科學工程學系，在數年統計近年畢業生之就業情況，發現大多數均在電子公司任職，但該系師資課程均偏重冶金，因此決定充實電子材料學程。目前該系將課程分為冶金學、電子材料、陶瓷材料及高分子材料四學程，頗具代表性。故以該系所開課程為例，說明材料科系學生所受之教育與訓練：

一、基礎課程：普通物理、普通化學、微積分；

二、一般材料課程：熱力學、動力學、傳播現象、力學、結構、化學物理、微分方程（或應用數學）、材料實驗；

三、各學程課程：

（一）冶金學：晶體缺陷及相變化、物理冶金、化學冶金、材料製程實驗；

（二）電子材料：電機、光學、磁性材料學元件、電子材料、電子材料製程、微電子技術、電子材料專題實驗；

（三）陶瓷材料：陶瓷導論、玻璃科學與工程、陶瓷製程、陶瓷及玻璃實驗；

（四）高分子材料：高分子化學、高分子結構與性質、高分子工程、高分子實驗。他們課程安排與國內材料系所甚為相近。另外，亦可看出課程內容雖部分與傳統理工科系如物理、化學、電機、機械、化工等科系一致，但所受訓練以探討材料結構、性質、製程、功能相互關係為中心，則深具特色。

在研究所階段，比較能彰顯材料研究所特色，而為大多數研究生選修之課程包括：固態熱力學、固態動力學、差排理論、固態相變化、繞射結晶學及表

面分析。

目前世界各國材料相關科系，開拓多學程而冠以「材料」名銜，已成風尚。以美國為例，1964年冠有「材料」字眼系所僅有11個，到1985年已達51個，而未冠「材料」名銜之相關系所則僅餘39系所。

國內大學以材料研究教學為主之系所原限於「成功大學礦冶學系」。民國六十一年「清華大學」首先成立「材料科學工程研究所及學系」。目前國內設有材料系所之大學包括清大、成大及大同工學院，台大及中山大學設有材料研究所，逢甲大學則設有材料學系。各國立大學材料研究所均設有博士班。另「交通大學」已奉准於民國七十八年成立材料研究所。據統計由國內材料研究所訓練出的博士級研究人員，已超過20人，除在大學任教外，散布於各研究機構，頗受好評。

材料科學研究

美國官方於第二次世界大戰中，由武器系統發展的經驗，開始深切了解材料之關鍵性。而許多科學家也發現，由於材料科學知識的匱乏，限制了科技的進展，而亟思由培育人才著手，提升材料科學水準。在1957年歷經蘇俄搶先發射人造衛星的震撼，美國總統科學顧問委員會，將材料研究及教育列為美國因應最高優先措施之一。經過各政府機構之商議籌畫，於1960年起，陸續資助美國約二十所大學成立科際整合研究室。其宗旨在：聚集材料科學領域中各科學與工程學門人才，以密切合作方式解決共同材料問題。1972年，更增列推動重大材料科學工程研究的目標，提高材料科技研究水準，培育材料高級人才。而對一般學校，在材料研究上亦給予重點支持，據估計在1985年，美國政府機構補助大學材料研究經費達美金兩億元。另外，在國家研究所材料研究預算亦約美金兩億元。工業界支出則遠超過此數。產業巨人如「美國電話電報公司」、「萬國商業機械公司」、「全錄公司」、「柯達公司」、「通用汽車公司」等設置的材料部門，在國際上均屬頂尖。因此，美國材料研究有相當厚實的基礎，目前仍居世界領先地位，但近年日本及西歐國家亦急起直追。而美國某些產業漸趨沒落，加以管理階層追求近利之經營理念，材料研究發展水準大不如前，如鋼鐵材料研究，即有許多專家認為落後日本很多。

我國政府體認材料科技的重要性及其科際整合性，在民國七十年明定材料科技為重點科技之一。其具體的措施之一，即於七十一年，正式在「工業技術研究院」內成立「工業材料研究所」，以統籌工業材料之研究開發。歷年並在「科技發展方案」項下，由教育部撥助專款協助各大學材料系所購買貴重儀器，打破編制限制，充實師資。並於七十三年在清華大學成立「材料研究中心」。七十六年起又於各國立大學材料研究所推行「第二重點」方案，以三年為期，以充實師資及設備方式，協助各所建立冶金學以外之第二甚至第三重點，使學術不僅在數量方面大幅度的增加，在品質方面亦有相當的提升。筆者於六十六年返國任教時，材料界具博士學位者屈指可數，目前僅以學術界而言，估計博士級研究人員已不止百人。再加上研究機構，博士級研究人員不下兩百人。在質方面，與材料有關國際性著名期刊，均可經常看到國內學者發表的論文。國際性學術會議中，邀請國內學者發表專題講演亦時有所聞。

　　在研究機構方面，由於國內工業多屬「中小企業」，研究發展能力有限。正如李國鼎先生在一項材料問題討論會上所說：「土地廟到處都是，像樣的卻不多。」但「工業技術研究院」、「工業材料研究所」、「中國鋼鐵公司」及「中山科學研究院」材料發展中心，則顯然是例外。同時此三機構亦是現在及可預見將來，材料系所畢業生最大的雇主。故特約請此三機構主管，就各該機構材料研究作一整體介紹。

　　專輯之另一部分為各種材料介紹。材料有各種分類方法，可以結構、性質、功能、工程目的等畫分。因限於篇幅，在題材選取上要面面兼顧實非易事。最後決定化繁為簡，依適時性，敦請文筆流暢而不憚催稿之專家執筆。所約「高溫超導體材料」稿件（編案：本刊曾在76－12月號發表過「高溫超導體專輯」，請讀者參閱）至截稿日尚未完稿，希望不久仍能於《科學月刊》與大家見面。同時希望國內材料學者，能陸續對其他各種材料作簡明之介紹，刊於《科月》之中，以饗讀者。

原載「科學月刊」第229期（1989年1月）

參考資料

1. Advancing Materials Research, edited by P.A. Psaras and H.D. Langford, National Academy Press, Washington, 1987.
2. Frontiers in Materials Education, edited by L.W. Hobbs and G.L. Liedl, Materials Research Society, Pittsburgh, 1986.
3. 《材料科學專文集》工業技術研究院工業材料研究所籌備處，民國七十一年

過去二十年材料科學的尖端發展

1990年1月1日　星期一

【摘要】材料科學在過去二十年中蓬勃發展。本文報導過去二十年造成風潮而對未來有深遠影響的發展，並簡述國內相關研究概況。

《科學月刊》為慶祝創刊二十周年，出版紀念特刊，筆者受命撰寫台灣材料科學尖端發展專文。因有感於材料科學在台灣為「新興科學」，雖然在近年來發展迅速，但仍未能「開天闢地」。要拿出全面性的漂亮成績單仍有待努力。因此以「過去二十年材料科學的尖端發展」為主題，報導此領域在過去二十年造成風潮而對未來有深遠影響的發展，並簡述國內相關研究概況。希望在科月三十周年慶時，國內材料界能推出本土色彩濃厚的尖端發展報導。

在此值得一提的是材料科學近年來發展迅速，其進展不僅顯現於新材料的開發及新現象的發現，更展現於材料製程與鑑定方面。在材料製程方面，最著名者有：分子束磊晶成長、能量束退火、次微米矽元件技術和超高真空系統製程等，均在材料製備上促成革命性的進展。

在材料鑑定方面，高解像能及分析式電子顯微儀、掃描穿隧式顯微儀、同步輻射光源、表面分析設備如歐傑電子能譜儀及二次離子質譜儀等的發展，不僅發揮了驚人的鑑定功能，而且開啟了嶄新的知識領域。因限於篇幅，本文僅介紹新材料及新現象。在新材料方面並限於筆者較熟悉之領域，遺珠之憾尚祈其他學者專家為科月撰文補正。

新材料與新現象

新材料研究為發現新物理或化學現象，以及了解材料原子、電子與塊體結

構和性質相互關係的主要途徑。開發新材料不僅常導致基本發現，而且往往促成技術上的突破。本文首先列舉（略）過去二十年，在材料系統中發現的重要新現象。次就其中最具震撼力的新材料開發，加以較詳盡的說明。

高溫超導體

自1911年超導性首先被發現以來，提高超導體臨界溫度一直為科學家努力的目標，但直到1976年，世界紀錄仍只推進到23k之低溫。1986年瑞士科學家貝德諾茲（Bednorz）和穆勒（Müller），報導發現La-Ba-Cu氧化物在35K展示超導性。不久朱經武、吳茂昆等人在Y-Ba-Cu-O系統，發現超導溫度高達90K以上，掀起世界性的研究高溫超導體熱潮，至今方興未艾。

1988年，日本Maeda等人發現臨界溫度高於100K之Bi-Sr-Ca-Cu-O系統，幾乎是同時，美國也發現TI-Ba-Ca-Cu-O系統可呈現更高的臨界溫度。目前世界公認的最高溫超導體為Tl-Ba-Ca-Cu-O氧化物，其臨界溫度達125K。這項新材料的發展，預計將使人類科技晉升到更高層次，而促使人類生活邁入新紀元。許多專家認為，高溫超導體科技發展將可與本世紀中期半導體科技發展媲美，對人類文明影響將極為深遠。目前全世界注目的焦點包括：新材料開發、提升臨界溫度、臨界電流、磁場等物理性質、改良塊體、線材、薄膜製程、研究基本理論及可能應用。

國內研究單位中以工研院材料所投入人力、物力最多，重點在新材料開發、薄膜製作，成績也相當好。中科院材發中心研究重點偏重超導軍事用途。學術界參與情況相當踴躍，包括台大、師大、淡江大學、中研院、工技學院、中央大學、中原大學、清大、交大、成大、中山大學等，從基本物理、新材料開發，到元件製作，均有為數不少的計畫進行，表現暫以新材料開發較為突出。國科會曾推出五年期間，投資十億（包括工研院經費）發展超導體計畫。七十八年八月起，吳茂昆應聘為國科會客座講座教授，到清華大學主持國科會五年計畫「高溫超導體創新技術基礎研究計畫」，總經費達三億五千萬。將對國內超導研究，有正面提升作用。

非晶質材料

自1960年代末期，所有材料如以夠快之速率冷卻至生成非晶態溫度以下，均可形成非晶質固體的觀念，逐漸被接受。具有不同化學鍵結如共價鍵、離子鍵、金屬鍵、氫鍵、高分子鍵以及惰性氣體鍵的材料系統，紛紛，被發現可在適當情況下形成非晶態。而在非晶質材料中發現，已往認為與固體結晶性密不可分的永久磁性、超導性以及半導性，均曾震驚物理學界，而不得不將理論大幅度的修正，來解釋這些基本物理性質。

非晶質材料除由快速冷卻生成，另外可由化學反應、離子布植、脈動雷射退火、物理及化學氣相蒸鍍以及電鍍形成非晶質薄膜。自物質三態分類觀點看來，均在有液態或氣態原子參與轉換的情況下，生成非晶質固體，而非由固態直接生成的。但在1980年代初期，也發現了由固態擴散生成非晶質中間層的現象。當時最先發現具有此類詭異現象的材料系統為Au-La薄，後來陸續在Fe-Zr、Co-Zr、NiHf等薄膜系統亦發現同樣現象。

目前的了解是，由固態擴散生成非晶質中間層的必要條件為：二相接薄膜原子的大小需有相當大的差異；在大原子層中，小原子在低溫時擴散速度快，兩種原子混合使能量大為降低。另外，生成溫度需維持在容易生成化合物晶體的溫度以下。到1987年，第一次更發現金屬鉑與矽晶界面亦可由固態擴散生成非晶層。以後陸續在近十種過渡金屬及矽晶系統界面，發現非晶質中間層的形成。其成長厚度與活化能、原子大小差異、結晶相生成能量，均有密切關係。此項發展可能促成對金屬－半導體界面蕭基能障生成機程，及最先生成矽化物相之基本了解，有突破性的進展。

非晶質材料除見於傳統玻璃器件、塑膠用品外，應用於高科技產品者包括：光纖、複印機元件、計算機記憶體、太陽電池及磁片。國內工研院材料所、中科院材發中心及中鋼公司，均有急速冷卻固凝生成非晶質合金發展計畫。新竹工研院電子所及材料所，分別有發展非晶質矽元件及材料計畫；新竹科學園區光華公司主要生產非晶質矽元件。非晶質合金生成以及非晶質矽材料及元件研究，在國科會支援下，有多項在學術界進行。由固態擴散生成金屬薄層－矽晶間非晶質中間層的研究，亦在學術界進行。

準週期性晶體

在結晶學理論中，晶體不容許有五次對稱是最基本法則之一。但在1983年，薛克曼（Shechtman）等人在鋁與過渡族金屬急遽固凝研究中，利用電子顯微鏡觀察合金試片時，卻意外發現五次對稱圖形。最初薛克曼等人以為五次對稱繞射圖形，乃由晶體中雙晶缺陷重複繞射而成。但由電子顯微鏡直接成像，選區繞射、晶格成像及場離子顯微鏡觀察，顯示並非由雙晶重複繞射而成。此後陸續有人在Al-Mn合金中，發現十次對稱軸，在Ni-Cr合金中發現十二次對稱軸。與具平移對稱性僅容許1,2,3,4及6次旋轉對稱軸之定理相牴觸，造成科學界的大震撼。使科學家必須重新思考結晶學的定律，發現問題出在一結晶學的公理，此公理假設所有晶體均具週期性。

在本世紀初期，X光繞射不僅被認為證實了晶體的週期性，並建立起以波動繞射（包括X光、電子、中子）決定晶體結構的方法。一般由繞射圖形能觀察到清晰的繞射點，因而確認晶體是具週期性的。在電子繞射圖形中，發現五次對稱軸後，才使人了解到產生清晰繞射點的晶體不一定具週期性。在繞射理論中，準週期性的晶體亦能產生清晰的繞射點。

準週期性晶體的發現，除造成激盪、釐清對結晶學公理的界定外，在數學、化學結晶學及固態物理學界，均有很熱烈的回響。

人工砌造層狀結構材料

「人工砌造材料」（artificially structured materials）為人工刻意砌造，改變材料成分在空間分布的新材料。這些新材料通常居於熱力學不平衡態，欲維持其穩定性，須在遠低於組成材料熔點的溫度成長。通常此類層狀結構材料以蒸鍍、分子束磊晶、化學氣相蒸鍍及液相磊晶法生成，各層尺寸在微米以下。組成材料絕大多數與半導體材料有關。由於高速元件及光波通訊技術（包括固體雷射、偵測器及積體光學系統）的強力需求，而牽動此領域的迅速發展，也直接推動了相關材料科學及半導體物理的加速進步。

此類材料各層組成材料的塊體電性與結構，一般而言均不新奇。特殊的是

其成分經精密的製程控制，可在5～10埃之短距離間，作週期性改變，因而導致特殊新性質的出現。以分子束磊晶法成長的三－五族半導體超晶格，為一頗具代表性的材料系統。

三－五族半導體

薄膜系統中，在基底上生成成分不同的磊晶薄膜，稱為「異質磊晶成長」（heteroepitaxy）。如磊晶層與基底成分相同，則為「同質磊晶成長」（homoepitaxy），用於成長無缺陷層，或急遽變化摻入控制電載子雜質濃度磊晶層。異質磊晶成長，受兩材料在界面晶格原子距離不匹配程度的影響，如晶格不匹配程度很小（例如小於1%），兩不同成分微米厚度的薄膜可生成無缺陷的契合性界面（strained-layer epitaxy）；否則會在界面生成差排，而界面差排常會對含異質磊晶層材料及元件電性有不良影響。

在1980年代初期，研究發現如將各層薄膜厚度降低（至幾百埃），薄膜層界面原子常以彈性應變方式，調整距離而生成契合性界面。如重複利用此種生成具契合性界面磊晶層的技巧，生成薄膜之「超晶格」（strained-layer lattice）；其總厚度可達到相當的厚度，這對於生成界面無缺陷異質磊晶系統的選擇性以及其特性與功能方面，得以突破而可以大大擴展開來。

許多由分子束磊晶系統生成的多層半導體結構，可由適當選擇組成材料，而隨意調整與薄膜界面垂直方向能帶隙的空間變化與其主要電載子種類。不同半導體間，可由調整界面成分，或在界面夾入一薄而摻入大量控制電載子濃度雜質的中間層，以改變甚或完全消除其間能帶隙的不連續。由成分改變亦可直接控制電載子的有效質量。這種種精密控制多層結構特性的技術，泛稱為「能帶隙工程」（band gap engineering）。利用調整不同半導體層間，摻入控制電載子數目雜質濃度的方法，在1K低溫下，電子在砷化鎵中的活動率可高達100萬（平方公分）／伏特－秒。

另外「分數量子霍爾效應」（fractional quantum Hall effect，FQHE），亦在砷化鎵異質結構中發現。馮克立曾（K. von Klitzing）因發現量子霍爾效應，獲得1985年諾貝爾物理獎（參閱本刊74-12月號〈測定精細結構常數的新方法〉）。FQHE由兩度空間電載子作用而來。理論的探求將導致對相互作用

電載子系統的深入了解，其影響將擴展到半導體物理領域之外。

矽晶為基底異質磊晶

　　矽晶元件在可預見將來仍為電子元件主流。矽材料在所有材料中為研究最徹底，了解也最透澈的材料。矽晶具備許多優良特性，但矽的電性在半導體中並非最理想者。因此在矽晶上成長有較優良特性的磊晶層，逐漸成為一嘗試直接利用矽晶元件製程而製作特殊功能新奇元件的途徑，目前最活躍的領域為在矽晶上成長砷化鎵、金屬矽化物、絕緣體（如CaF_2）或鍺－矽（Ge-Si）合金。本文以金屬矽化物為例，說明其發展及重要性。

　　「金屬矽化物」為金屬與矽的化合物，在微電子元件材料中，金屬矽化物主要用為導體接面、整流接面、閘極極片及元件間連線。近年來由於微電子元件的「微小化」趨勢，元件中的金屬接面、閘極及連線電阻，已成為功能限制因素。

　　金屬矽化物在1960年代末期，開始應用於微電子元件中。在1970年代末期，為適應元件尺寸減縮及高溫穩定性的需要，高溫金屬矽化物如$TiSi_2$、$MoSi_2$、WSi_2及$TaSi_2$開始用為場效金氧半元件的閘極。1980年代末期，先進技術製成的次微米元件中，電阻最低的兩種矽化物$TiSi_2$及$CoSi_2$最受注目。

　　「磊晶矽化物」為具有與基底矽晶有一定方位關係的矽化物。因其電阻低、界面應力低、高溫穩定、晶粒界效應低，適用於超大型積體電路元件，且可應用於金屬為基極的電晶體等高速及三度空間元件。同時因為磊晶矽化物與矽晶界面原子排列整齊，容許界面電子結構的基本運算，促進對界面電子特性的基本了解；近年來，在電子元件製程及特性了解方面的發展上，扮演舉足輕重的角色。

　　在1983年以前，世界上已知的磊晶矽化物僅有鉑、鈀、鎳、鈷四種矽化物。在過去數年中，此領域蓬勃發展，又生成了16種磊晶過渡金屬矽化物。其中$TiSi_2$、$FeSi_2$及$IrSi_3$磊晶矽化物，尺寸均可達數十微米以上，深具實用潛力。另外，$NiSi_2$及$CoSi_2$均可在矽晶上長成單晶層。電性量測發現$NiSi_2$單晶在（111）矽晶面上，生成的平行式及雙晶式單晶層，蕭基障高差達0.14電子伏特。有力的證實發現蕭基障高主要由界面結構決定。

我國因近年來陸續引進分子束磊晶成長系統，人工砌造多層結構研究逐漸普及，在矽晶上生成異質磊晶研究亦有相當良好成績。

磁性材料

　　在1970年代以前，Alnico合金在永久磁鐵材料中占主導地位，其保持力達1,000歐斯特（Oe），而最大磁能積達16 MGOe。另外鐵氧體（ferrite）雖性能較差，但因價格低廉、製作容易，亦為永久磁性材料。

　　1960年代中期，稀土－鈷化合物永久磁鐵開始問世。在1970年代，$SmCo_5$成為代表性材料。其保持力可達30,000 Oe，最大磁能積達20MGOe。繼而發展出的Sm_2Co_{17}永磁，磁能積高達30MGOe。1984年發展出的Nd_2Fe_{14}合金，磁能積更達50MGOe。國內目前在這方面的研究開發工作已具相當水準，並已開始工業產製。

　　在軟磁材料方面，非晶質Fe-B-Si及Fe-B-Si-C合金薄帶磁損遠低於矽鋼片。遠在1974年之前，即已進入大量生產階段。美國目前正開始實地測試一千個利用非晶質磁片之25千瓦配電系統變壓器。初步測試發現果如預期可減少磁損。專家估計美國如將所有配電系統磁片改為非晶質合金磁片，每年將可減少磁損消耗2億5千萬美元。

　　磁性材料在國內各材料系所多有研究，歷年來研究成績也不錯。在材料開發方面，工材所及中科院材發中心均曾累積了多年發展的經驗。

　　材料科學在近二十年來有飛躍的進展。這種進步遍及於基本理論發展及技術應用各層面。材料科技是發展新工業的原動力，材料科學將在高科技時代扮演舉足輕重的角色。我國政府早在民國七十年明定材料科技為重點科技之一，採取各種具體措施，提升材料科技水準，已奠定相當良好的基礎。目前及未來在材料科學領域中充滿了挑戰與機會，是為莘莘學子可慎重考慮的安身立命之途。

原載「科學月刊」第241期（1990年1月）

參考資料（摘錄）

1. 〈材料科學專輯〉，《科學月刊》第二十卷第一期（1989年）
2. 陳力俊，〈結晶學之革命：準週期性晶體之發現〉，《科學月刊》十七卷，
   頁648（1986年）
3. 陳力俊、梁鉅銘，〈高溫超導體之結構〉，《材料與社會》第二卷十二期，
   頁12（1988年）

煮字集

輯錄為《工業材料雜誌》所撰《煮字集》專欄文章三篇，暢談文字運用的數量與方式；東亞各國漢化姓氏的運用；及對「真確」（Factfulness）的認知。以淺近流暢的文字，將「文字」、「姓氏」與「真確」等知識心得，傳遞與材料研發人員。

煮字集——煮字

2018年4月2日　星期一

　　煮字顧名思義是以字為原料，調製成為意有所指的文詞、文章。

　　以漢字字典而言，較早者是約公元100年許慎所著文字工具書《說文解字》收9,353字；較知名者是1716年《康熙大字典》收47,035字；曾為世界上收集漢字單字最多的一部字典是1986年《漢語大字典》收54,768字，第二版於2010年出版，收字總數為60,370個。

　　詞是最小的能夠獨立運用的語言單位。1997年一項研究顯示，台灣報章用5,005詞，覆蓋率達90%；一般了解，如能掌握5,000字，閱讀報章雜誌應無障礙。中央研究院鄭錦全院士，根據大數據分析，提出「詞涯八千」理論；他的研究發現：「古人著作從一千多字到四百多萬字，作者所用字種字數只有幾千，最多不超過八千。」如《史記》533,505字，有5,122字種（單字之外，再加上非衍生性、需要記憶的詞語）；《紅樓夢》120回731,835字，有4,501字種；《清史稿》4,514,567字，雖有8,080字種，但這部書是集體編寫，不代表一個人的語言能力，由此可見「每個人能用的字都有上限」。

　　同時，作家金庸多部著作，《神鵰俠侶》810,311字，有4,094字種；最長的《天龍八部》、《鹿鼎記》兩部書，字數都在1,200,000字以上，字種都不超過4,500字。其中代表正面情緒的喜、樂、笑、愉、悅、愛、親等字遠多於代表負面情緒的怒、哀、悲、憤、怨、悵等字，也可看出金庸寫作的風格。

　　在英文方面，鄭錦全統計了兩百本英文名著，得出「概念詞種」，其數目在每本書也不超過八千，與中文的情形一致。最早的解釋可追溯到1871年達爾文從觀察英文語詞隨時間消長，有一定限制，推論是由於人的記憶有限，不能無限累積，只能推陳出新。

　　欣賞古今美文的人都知道，文字不僅是語言的記錄工具，如許慎所言「前

人所以垂後，後人所以識古」，而且能讓人蕩氣迴腸，沉吟不已，多所陶冶。有學者估計，自有文字以來，全世界所出版的書，共約480兆（480 TB）字，全世界所有活過的人所說過的話約5百萬兆（5 EB）字，但任何一個人都說過中外古今別人都不曾說過的話，也就是人人均具有創新的能力。人的腦力，可把有限的文字符號，化成無限的詞語，文字運用，妙在一心，「文章千古事，得失寸心知」；如果有人擔心有意義的話，都被別人說完了，不啻「杞人憂天」。

回到「工業材料」，事實上是以極為有限的數十種元素構成，但繽紛多彩，神奇絢麗，有無限可能；材料製程，常可以烹飪比喻，而由IBM發表由人工智慧所設計的食譜，出現許多令人意想不到的食材組合，如「奧地利風巧克力牛肉捲餅」，「黑莓櫻桃餡餅佐蜂蜜鮮奶油」等，兼顧營養與美味，獲得美食專家大加讚賞，也可給材料研發人員很多啟發。

原載：《工業材料雜誌》377期，第32頁（出版日期：2018年5月5日）

煮字集——漢化姓氏知多少

2018年11月5日　星期一

　　每個現代人都有姓與名；而中外古今，有關姓與名的知識，相當多樣有趣。限於篇幅，在此僅談及東亞各國漢化姓氏。

一、《百家姓》

　　《百家姓》是一本關於漢姓的書，成書於北宋初。原收集姓氏411個，後增補到504個，其中單姓444個、複姓60個。據學者考證，「趙、錢、孫、李」之所以是《百家姓》前四姓，是因為《百家姓》在北宋初年的吳越錢塘地區形成，所以就用當時最重要的家庭姓氏：宋朝皇帝的趙氏；吳越國王的錢氏；吳越國王錢俶正妃的孫氏；南唐國王的李氏。而接下來的四個姓氏「周、吳、鄭、王」都是吳越開國國王錢鏐的妻子姓氏。

二、現代百家姓

　　據中國國務院人口普查辦公室統計，2017年中國人口最多前10大姓氏分別為：李、王、張、劉、陳、楊、趙、黃、周、吳。中國人口最多前十名總人口約為5.5億人。李姓佔全中國漢族人口的8%，接近一億人，王、張姓均超過八千萬人。在中國歷史上，帝王賜姓屢見不鮮，李姓稱帝稱王者多達60餘人，遂成第一大姓。另一方面，排名第五的陳姓約五千萬人，但為長江以南最大姓，在廣東省、福建省、浙江省、海南省、江蘇省、香港、澳門以及台灣、新加坡、馬來西亞都是第一大姓。原因可能是宋仁宗時期，將陳氏分流，這是中國歷史上較早的人口分流和遠距離的動遷行動。到了南宋時期，因為北方戰爭等

歷史因素，陳姓再度向南遷移。如今，陳姓主要分布在中國南方地區。

　　台灣排名前10名為：陳、林、黃、張、李、王、吳、劉、蔡、楊。據台灣內政部最新統計，台灣地區共有姓氏1989個，前10大姓氏占總人口數的53%。台灣移民多來自福建省與廣東省，無怪三地排名前三位依次均為：陳、林、黃。與香港排名相同。新加坡排名前三名則是陳、林、李，黃則緊接為第四位。

三、韓國三大姓

　　金、李、朴為韓國的三大姓。分占人口之21.6%、14.8%與8.5%。據清初吳珍雨所著的《諸蕃傳》，李姓是由唐太宗賜姓朝鮮半島上三小國之新羅國王而來。後來唐朝滅亡，女真人建立金國。征服朝鮮，朝鮮人要求改姓跟金國皇帝姓「完顏」。金主只賜他們姓「金」，從這之後，朝鮮國中姓金者遂多。明朝萬歷年間，滅倭寇助朝鮮復國。朝鮮人為感激明朝的再造之恩，就多有以「僕」為姓者，以表達世世代代為明朝僕役之意。直到清朝建立後，明朝滅亡，朝鮮人乃改一偏旁，為朴也。這便是朴姓的來源。要注意的是，此三姓起源，韓國人另有完全不同說法。

四、越南第一大姓

　　越南第一大姓阮姓人士比例高達40%。1232年，越南李朝滅亡，陳朝建立，當時的國王為了防止國民懷念李朝，強迫所有姓李的人都改姓阮，此後這樣的事情又發生過幾次。越南最後一個封建王朝阮朝享國祚近250年，阮氏更為繁盛。

　　在古代越南，占人口最多數的底層人民一般是沒有姓的，所以阮姓的優勢，主要是在貴族各姓之間。1887年，法屬印度支那正式形成，在人口普查時，法國人給所有沒姓的越南人都按上了當時已經是最常見的姓「阮」，這為現代阮姓的壓倒性優勢打下了決定性的基礎。

　　陳朝君主為什麼要讓李姓改阮，據猜測當時阮姓在越南是大眾姓氏，所以讓前皇族改姓阮，類似於身分上的貶為庶民。

　　原載：《工業材料雜誌》383期，第33頁（出版日期：2018年11月5日）

煮字集——真確（Factfulness）

2019年4月5日　　星期五

真確意為真正確定的事實，與真相、實情連結。人活在真實的世界，真人真事為人津津樂道，對教育程度較高的人來說，一定有自信相當真確的了解身處的世界。

人的認知，來自家庭、學校以及社會的經驗，從書本以及媒體得到知識與訊息，雖說「盡信書不如無書」，假新聞可以「以假亂真」，但成年以後，有相當的判斷力，但研究發現，「你對世界的認知，真確性遠比你認為的少！」

瑞典知名公共教育家羅斯林（Hans Rosling），設計了許多關於貧富、人口增長、出生率、死亡率、教育、公衛、性別、暴力、能源與環境——這些都反映全球基本的面貌與趨勢的「真確問題」。問題簡單明白，沒有暗藏陷阱，而且很小心選擇可靠的數據，避免模糊的空間。然而多數人答得慘不忍睹。[1]

你可能是例外嗎？機會並不大！先試試回答羅斯林提出的13個「真確問題」：

1. 現今全世界的低所得國家裡，多少女孩會讀完小學？
   □（A）20%　　□（B）40%　　□（C）60%
2. 世界上的多數人是生活在哪裡？
   □（A）低所得國家　　□（B）中所得國家　　□（C）高所得國家
3. 在過去20年，全球赤貧人口占總人口的比例是……
   □（A）幾乎翻倍　　□（B）大致不變　　□（C）幾乎減半
4. 現今全球的平均壽命是多少？
   □（A）50歲　　□（B）60歲　　□（C）70歲
5. 現今全球有20億個兒童，年齡介於0到15歲之間。根據聯合國的估算，

到了2100年全球會有多少個兒童？

　　□（A）40億　　□（B）30億　　□（C）20億

6. 根據聯合國的估算，到了2100年全球會再增加40億人，而主要原因是什麼？

　　□（A）兒童人口增加（不到15歲）

　　□（B）成年人口增加（15歲到74歲）

　　□（C）老年人口增加（75歲以上）

7. 過去100年間，全球死於天災的人數是如何變化？

　　□（A）幾乎翻倍　　□（B）大致不變　　□（C）幾乎減半

8. 現今全球約有70億人，人口分布的狀況如何？

　　□（A）亞洲40億人，歐、美、非洲各10億人，

　　□（B）亞洲30億人，非洲20億人，歐、美洲各10億人

　　□（C）亞洲30億人，美洲20億人，歐、非洲各10億人

9. 現今全球多少2歲兒童有接種疫苗？

　　□（A）20%　　□（B）50%　　□（C）80%

10. 全球30歲的男性平均接受過10年的學校教育，而同齡的女性平均接受過幾年的學校教育？

　　□（A）9年　　□（B）6年　　□（C）3年

11. 1996年，老虎、熊貓和黑犀牛都列為瀕危動物。現在這3種動物裡，哪幾種面臨更迫切的危機？

　　□（A）2種　　□（B）1種　　□（C）0種

12. 全球多少人口享有電力？

　　□（A）20%　　□（B）50%　　□（C）80%

13. 全球氣象專家認為接下來一百年裡平均氣溫會……

　　□（A）更暖　　□（B）一樣　　□（C）更冷

正確答案請見文末。

　　86%的人答對有關氣候變遷的最後一題。在所有進行線上測驗的富裕國家中，多數人知道氣候專家認為地球正在變暖。幾十年間，科學研究的結果不只留在實驗室裡，還為大眾所知。這是大幅提升大眾認知的成功例子。

扣除氣候變遷這題，其餘12題都反映大眾的無知。2017年，在14個國家將近12,000人作答，他們在前12題平均只答對2題，沒人統統答對，僅1個人（在瑞典）只錯1題，15%的人得到0分。受測對象遍及世界各地，受過良好教育，對世局抱持好奇，但竟然「大多」答得錯誤連連，好幾組專業人士甚至答得比一般大眾更差。每一組受測者眼中的世界都比實際上更恐怖，更暴力，更無望——簡言之，更誇大。

為什麼多數人錯得這麼離譜？如此荒腔走板？只可能是出於錯誤的「知識」。多年來參與測驗的受測者，其實都具備知識，卻是過時的知識。另一方面，許多政治人物與政府高層能取得各種最新資料，還有顧問與助理時常幫忙更新資訊，不可能資訊過時，但連他們都對世界抱持錯誤的基本認知。

我們與多數西方人在媒體上看見的世界，充斥戰爭、暴亂、天災、人禍和貪腐。世界很糟，而且似乎每況愈下，富者愈富，貧者愈貧，而且窮人愈來愈多；除非我們採取破釜沉舟的行動，否則地球的資源很快會用罄。在人們腦海中浮現的世界，常為過度誇大的世界觀：看似沉重，實屬誤導。人們趨向對提問給出種種誇大的負面答案。但我們不能說媒體就是禍首。

更深層的理由是，人腦經過數百萬年的演化，出現各種根深柢固的直覺，有助我們的祖先以狩獵與採集維生。（諾貝爾獎得主康納曼提出的系統一，即「快的思考」（fast thinking）[2] https://lihjchen1004.blogspot.com/2013/03/blog-post_9593.html）由於我們的大腦傾向迅速下結論，形成過度誇大的世界觀，無從看見世界真正的面貌，誤入歧途。我們的許多直覺在幾千年前很管用，但如今我們身在一個截然不同的世界。

一般人在思考、猜測或學習有關世界的事時，時常直覺去參照自己的世界觀，所以如果你的世界觀不對就會大幅猜錯。如果政治人物與政府高層對世界抱持錯誤認知，豈有辦法妥善解決問題？如果公司主管完全搞錯狀況，如何替公司做出合理決定？一般人又如何知道自己平時該關切哪些議題？

羅斯林窮盡畢生之力抵抗全球的無知，在臨終前出版「真確（Factfulness）」一書[3]，試圖改變世人的思維方式，擺脫錯誤認知，建立基於事實的世界觀，安撫無謂的恐懼，讓大家把精力重新放在有益之舉上。如果你還沒有看過，是你今年「必讀之書」。

羅斯林對世界未來的看法，不認為當前或未來的人口和消費水準已經或將

對地球或民間社會造成無法接受的損害，受到許多環保主義人士質疑。也有人批評其避免分析消極趨勢，討論困難問題。有人警告說，雖然一些趨勢可能是積極的，但如果出現社會和政治不穩定，這些趨勢可能會澈底崩潰，是值得大家警惕與思索的。

正確答案

1.C	2.B	3.C	4.C	5.C	6.B	7.C	8.A	9.C	10.A	11.C	12.C	13.A

本文節縮版刊載於「工業材料」雜誌390期，第31頁（出版日期：2019/6/5）

參考資料

[1] Hans Rosling, Ola Rosling and Anna Rosling Rönnlund，林力敏譯，《真確：扭轉十大直覺偏誤，發現事情比你想的美好》（FACTFULNESS: Ten Reasons We're Wrong About the World——and Why Things Are Better Than You Think），先覺出版社（2018）。

[2] Daniel Kahneman，洪蘭譯，《快思慢想（新版）》（Thinking, Fast and Slow），天下文化（2018）。

[3] Hans Rosling醫生於2017年辭世。

偶思隨筆

　　包含個人教育理念、社會省思與清華雜錄。文中以辛志平校長「五育並重」、「誠慧健毅」的教育方針自勉勉人。在公共議題上，鼓勵清華學子在自由尊重的法則下，對社會正面影響；於五四運動100周年，紀念反思歷史政治的發展。另有劉錦川院士演講與參訪「高熵材料研發中心」及聯華電子公司捐贈清華大學整建「君山音樂廳」，希冀清華持續飛揚。

誠慧健毅

2000年1月1日　星期六

　　研聯會的校務會議代表希望我寫篇短文，以激勵研究所的同學，我想「力爭上游」做一流人物是很可以自勉勉人的。我在大學時是物理系的學生，物理學界有一種說法，「開天闢地」的牛頓、愛因斯坦屬第一流，「整合群學」的馬克斯威爾、量子力學開山祖師諸人屬第二流，一般諾貝爾獎得主屬第三流云云，以此尺度來看，全世界六十億人豈不都應去「撞牆」。但事實上有許多人「不居高位，未得大獎」看似平凡而實偉大，是真正的一流人物，而在印象中最具代表性的是我唸省立新竹中學時的校長——辛志平先生。

　　辛志平校長於民國三十四年起至六十四年屆齡退休，連續擔任新竹中學校長三十年，辦學強調「德智體群美五育並重」，造就了竹中樸實中不失活潑的學風。在入學新生訓練時，即約法三章「不打架、不作弊、不偷竊」，觸犯者

▲ 看似平凡而實偉大，是真正的一流人物

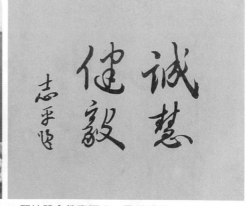

▲ 堅持健全教育理念、貫徹始終

一律退學。在智育上，採文理並重，一直到五十年代中期，仍然堅持不分組教學。體育方面每年「陸上運動會」要求所有學生參加五千公尺越野賽跑，水上運動要能游過二十五公尺才能畢業。在戒嚴時代為培養民主自由風氣，讓學生在「動員月會」中「大放厥詞」，而由校長說明或答辯，是身教言教的典範。學校對音樂美術的訓練要求極為嚴格，有學生因為美術、體育、音樂不及格而被留級，但也普遍養成學生美育的基本素養。

竹中校訓「誠慧健毅」，誠取《禮記‧大學》篇中「正心誠意」、《論語‧為政篇》「知之為知之，不知為不知，是知也」之訓。慧代表智慧，如《禮記‧中庸》「博學之，審問之，慎思之，明辨之，篤行之」。「健」本《易經》乾卦象辭「天行健，君子以自強不息」之意，「毅」則取自《論語‧泰伯篇》「士不可以不弘毅，任重而道遠」。在校時每蒙辛校長「耳提面命」，而其行誼是「身體力行」的最好榜樣。

辛校長揭櫫的「德智體群美五育並重」，「誠慧健毅」，看似平易，能堅持健全教育理念、貫徹始終「三十年如一日」則甚為不易。辛校長生前常簡要地說，他一生只做過兩件事：參加抗日戰爭，和擔任新竹中學校長。而他能在威權時代、「升學主義」盛行時期建立竹中優良傳統，持續發揚光大，是真正的一流人物，值得我們崇敬效法。

自由與尊重

2012年12月7日　星期五

　　今年適逢清華永久校長梅貽琦先生逝世五十周年，學校舉辦一系列活動，希望弘揚梅校長教育理念、道德文章；梅校長特別注重通識，認為通識為「一般生活之準備也」，所以「通識為本，而專識為末」，「不只潤身而止，亦所以自通於人也」。梅校長在軍閥特務橫行時代，全力衛護學生，在自由民主時代，國人已享有充分自由，必然希望學生謹守「自強不息，厚德載物」校訓；厚德一解是厚重的德行，尊重別人是最基本的道理，也期待清華學生能實踐力行。我們在學校常強調，先做人再做公民再士農工商，就是這個道理。

　　日前本校學生於立法院教育委員會備詢時，站上備詢台以「偽善」、「說謊」指責別人，學校看到平面及電子媒體報導後，認為不妥；清華強調自由校風，但也謹守人與人間互動的尊重，這是清華人應有的自律表現，我們樂見學生勇於關懷社會，參與公共事務，但以不妥的言詞對待任何人有失對人的基本尊重，亦恐為社會負面示範，故在第一時間發表聲明，希望導正視聽。

　　聲明稿發布以來，學校接到各界、教師與同學們各種不同的意見反應，7日本人也與關心本議題的教師與同學們進行對話，表達清華校園內向來包容多元意見的文化。學生和校方在不同議題上，可以就不同意見作理性溝通並積極對話。在整個過程中欣見清華學子以理性態度及方式進行訴求，並主動建議校方應建立溝通管道。學校必將儘速回應同學的意見，除開設公共議題、社會運動等相關領域通識課程外，也將更暢通同學參與公共議題的空間，使我們的學生在言說與論辯能力的養成，在生活中有實踐和學習的機會。

　　至於本事件在議題討論中，有人認為學校不應出面道歉。在此特別澄清，學校聲明僅是就校方立場，明告社會，清華尊重學生的意見表達，自始從未代表該生道歉；部分學生認為他們要爭取自由批判的權利，如果仔細看聲明稿，

只是不認同以不妥言詞指責任何人，而對於個人理念、訴求都尊重自由闡述，惟不可違背基本做人道理，如果每個人都認為自己是據理力爭，就可以對人不尊重，將不會有理性討論空間，比較適當的是，先瞭解複雜問題的多面向，客觀的分析，保留對話的彈性空間，共同謀求解決之道；再度強調，學校並不曾對學生訴求有所評論，更談不上限制自由言論，學校的態度是肯定學生能作批判性思考。

我們都知道學生在學習階段應給予適當空間，學校也一向充分尊重言論自由，並鼓勵學生以各種方式參與關懷社會與關心公共議題活動；但如果身為本校學生，在公眾場合有不合宜的舉止，學校基於社會責任有義務作必要的澄清，以讓同學養成正確的價值觀；身為高等教育知識份子的清華人，在社會的高度期許下，更應重視自我責任，勇於關懷社會並展現公民素養。

在此事件中，本校學生以具體行動關懷社會公共議題，所展現的熱忱與實踐力，值得肯定。期許未來有更多青年學子投入，發揮清華對社會的正面影響力。

劉錦川院士演講與參訪
「高熵材料研發中心」

2018年12月25日　星期二

劉錦川院士於本月25-28日，應本校「高熵材料研發中心」邀請到清華參訪並演講。講題為「多元介金屬奈米顆粒強化高熵合金之奇特機械性質及行為」（Unusual mechanical behavior of HEAs hardening with multicomponent intermetallic Nanoparticles）。今年六月下旬，我與劉錦川院士在香港城市大學舉辦的Nano-2018會議中，曾一起在其材料高峰會中擔任講員；講員的任務是介紹當前最前沿的材料研究，劉院士的題目正是「新高熵合金奈米結構材料與軟磁性」（New Nanostructured Materials Based on HEA Superalloys and Soft-magnetic MGs），但當時每個人只有八分鐘，此次劉院士有一個多的小時的演講時間，讓聽眾大飽耳福。劉院士的演講，所用的名詞與觀念，都是修習過「物理冶金」的學子所熟悉的，但能應用在高熵合金的前沿研究，正如劉院士常說的「舊瓶換新酒」，獲得豐碩的成果；一方面顯示其非凡的功力，一方面也很值得後進參考。

劉院士在台大比我高八屆，雖與我不同系（機械系與物理系），但是我的前輩；我最先認識他是1976年我在UCLA擔任博士後研究員時，一次應邀到劉院士任職的美國橡樹嶺國家實驗室（Oak Ridge National Laboratory，ORNL）演講，當時劉院士已是很有名氣的學者，承蒙他熱誠接待。隔年我回到清華，因為劉院士專長是在高溫合金材料方面，與我研究領域不同，再加上我經常參加的學術會議主辦的美國學會（MRS）與劉院士活躍的學會（TMS）也不同，所以在國外見面機會並不多，但在劉院士回國講學時，見過幾次面，同時知道劉院士在學術界頭角崢嶸，得到許多榮譽；2008年，我僥倖獲得TMS（The Minerals, Metals & Materials Society）的Hume-Rothery Award，據知多仰

賴劉院士以獎項委員會成員（Member，Award Committee）的身分玉成，在此也要深致謝忱。

上個月「中國材料學會」為歡慶五十周年，出版了一本《台灣材料人，成就世界事：20位領航者的人生故事》新書。我很榮幸能與劉院士同榜，而且年輕時的照片恰巧一起出現於封面上。該書對劉院士的研究有相當具體的介紹，劉院士在1967年自布朗大學獲得材料博士學位後，即到ORNL工作，從事高溫合金材料研究，在金屬間化合物以及金屬玻璃等研究獲得非凡成就。在長達四十年的服務後，退休轉往香港城市大學，研究努力不懈，為學一以貫之，是學者的典範。據劉院士自述，在ORNL連續三十年均得到每年美金兩百萬元經費的支持，可見其所受到的高度肯定。這本書另外還報導了好幾位清華教師與校友，很值得大家一讀。

劉院士近年來投入高熵合金研究，清大材料系是高熵合金研究發源地，葉均蔚教授在這方面的貢獻，已普遍獲得國內外學界的肯定；高熵合金研究目前已成顯學，在國內得到大型專案計畫補助，而葉均蔚教授今年更獲得教育部與國科會「深耕計畫」的獎助，劉院士幾年前就已看出其潛力而積極投入，獲得相當傑出的結果，對整個領域，發揮推波助瀾的效果。尤其劉院士領導的香港城市大學團隊，參與了大陸「南方科技大學」主導的一個大型「材料基因組計畫」。這裡所謂大型可能要改稱巨型，因為是一個二十億人民幣（約九十億台幣）的計畫；「材料基因組計畫」結合基礎理論計算，模擬，數據資料庫大數據與實作，期待加速材料的研發，縮短研究至實用之時間；而「材料基因組計畫」之研究模式，正是高熵合金研究之所需，未來期盼劉院士團隊能與清華的團隊更密切的合作，共同在科學前沿努力，再創高峰。

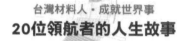

Life Story of 20 Specialists

▲ ①研究努力不懈，為學一以貫之，是學者的典範
　②同為2018年材料高峰會講員
　③年輕時的照片恰巧一起出現於封面上
　④美國「礦冶與材料學會」（TMS）Hume Rothery獎獎牌

五四運動100周年

2019年5月4日　星期六

　　一百年前的5月4日，因為抗議北京政府在「巴黎和會」上所受到的不公平待遇，以北京市大學生為首的各界青年走上街頭，掀起後人所謂的「五四運動」，對後來中國政治社會情勢的發展，產生了重大影響，也衍生了今日兩岸的政經格局。

　　當時的北京，可謂早已「山雨欲來風滿樓」；自清朝中葉以來，國家積弱不振，受盡列強欺凌，滿清政府雖於1911年被推翻，北京仍飽受軍閥顢頇但又專制統治，前途晦暗，而清末至民初，先知先覺的知識分子受到西方影響，鼓吹被認為具普世進步價值的「自由、民主、科學」革新理念，新思潮已逐漸在民眾心中萌芽，在「巴黎和議」的消息傳回國內後，認為政府喪權辱國，群情激憤，成了最直接的導火線，在帶頭的大學青年號召下，紛紛走上街頭。

　　「五四事件」街頭運動雖然不久後即告平息，但由「內除國賊，外抗強權」的救亡圖存，追求「德先生與賽先生」的啟蒙口號的啟發，在往後數十年間，對整個中國產生了巨大影響。就台灣而言，可謂至今仍餘波盪漾，如今對整起事件與後續相關發展，統稱「五四運動」。

　　與「五四運動」相連，最引人注目的有胡適、傅斯年、羅家倫諸人。胡適雖然當時回國不久，但他以個人風采，聯合志同道合的學者，不遺餘力的提倡白話文學，主張「國語的文學，文學的國語」、「我手寫我口」，以及民主、科學的「新文化運動」，已經儼然成為知識界導師，帶動風潮，傅斯年與羅家倫則是帶頭上街的學生領袖，羅家倫是「北京學界全體宣言」起草人（中有「中國的土地可以征服而不可以斷送！中國的人民可以殺戮而不可以低頭！國亡了！同胞起來呀！」等句）[1]，傅斯年則是遊行隊伍掌旗人。胡適、傅斯年與羅家倫等人透過文章、辦雜誌以及著書，在社會上得到很大的迴響；三人後

來分別擔任北京大學、台灣大學以及中央大學校長，不僅在學術界，而且在政府以及民間社會，均有極大的影響力。值得一提的是，「五四運動」重要人物李大釗與陳獨秀，都是兩年後成立的「中國共產黨」要角。

「內除國賊，外抗強權」的基調，可謂自始即為全民共識，1928年，國民黨軍隊擊敗割據軍閥，北伐成功，為全國統一創造了契機；蔣介石「安內攘外」政策未能貫徹，不敵共產黨成功宣傳「統一陣線抗日」，在蘆溝橋事變後，對日宣戰，在準備不足情況下，面對軍力強大甚多的日本，八年抗戰仍能慘勝，都是在此「救亡圖存」凝聚民心的大思維下實現。

「德先生」由英文democracy而來，追求的是自由與民主。一般認為，真正的民主是由人民自由選舉而來。國民政府在抗戰後，百廢待舉且內戰風聲鶴唳之時，推動行憲，於1947年由選舉產生的國大代表成立「行憲國民大會」，並在1948年選舉總統；由於戰事不利，蔣介石於1949年1月21日，正式宣布引退，李宗仁代總統於11月經香港出走美國，國民政府播遷台灣後，蔣於1950年3月1日在臺北復行視事。

國民政府在台灣，自始即推動地方自治，地方首長與民意代表由人民直接選舉，中央則以「維持法統」之名，立法院與國民大會皆不改選，到後來老成凋零，以及民意高漲，開始辦理增額補選，在李登輝繼蔣經國擔任總統後，推動修憲，於1996年進行第一次總統直選，雖然民主品質上遭到強烈質疑，至少達到形式上的民主化。

在中國大陸方面，一向主張「共產黨專政」，歷經各項整肅、整風運動，僅餘民主外殼，導致「文化大革命」浩劫，民窮財盡，但期間發展出核彈、導彈甚至人造衛星，保障國家安全，「外抗強權」在軍事武力上，做得相當成功；1979年，在鄧小平主政下，改革開放，由政府主導，讓民間活力得以充分釋放，四十年間，國力突飛猛進，GDP已與美國相去不遠，人均GDP也超過一萬美元，是世界有史以來，經濟發展的奇蹟。對比之下，世界先進國家，包括美國、西歐與日本，經濟成長減緩，世界霸主美國更是2008年世界金融海嘯的罪魁禍首，2016年甚至選出政治狂人川普為總統，在世界各地橫行霸道，推動「美國第一」，讓人對以美國為代表的民主制度的優劣，產生極大的疑問，而對中國大陸國家資本主義產生憧憬。所以在五四百周年後，政治制度並沒有歸於一元，而受到各國的嚴密檢視中。

對庶民來說，中國大陸脫貧迅速，中產階級人口大增，物質生活大為改善，經濟上有相當自由，出國旅遊成風，有相當的自由；同時在基礎建設方面，已成世界稱羨對象，甚至廣泛輸出國外；在國內政治上，如不碰觸「一黨專政」禁忌，也不會感到多大不便，與解嚴前的台灣相似，而經濟則相對發達；對居住在中國大陸以外的人來說，政府治理似乎相當有效率，對於民眾的需求也能適當的回應，加上科技的進步，對民眾的行動監控能力與強度俱增。問題是，此種政治制度是否可長可久？經濟是否能持續發展？人民福祉增進是否能夠維持？在面對歷史新局，仍難以預測未來發展。

另一方面，賽先生指science，即科學，在台灣經濟起飛後，從1980年代開始，有長足的進步，但近年來有停滯之虞。中國大陸在民窮財盡，政治掛帥時期，相當落後；1980年代起，有大批留學生到歐美國家學習，在2000年左右，有相當學歷與成就的留學生大批歸國，在國力增強後，對教育的挹注不遺餘力，科技水準迅速提升，後勢看好，受到舉世注目。但由於起步較晚，少有創新基礎理論的突破，在應用方面，則已成為世界強國之一。

因此在五四百周年之際，當年揭櫫的救亡圖存部分，可謂達到階段性目標，追求「德先生與賽先生」啟蒙部分，「賽先生」部分有相當進展，而且後勢看好，「德先生」部分在中國大陸並未被認可，在台灣發展也並不樂觀，受到相當質疑；所以「五四運動」可視為對中國未來發展的一次大規模的反思，而不見得建立了共同追求的目標，因此並無「克竟全功」可言。

近人分析五四諸君提倡的民主，是西方浪漫式民主，而非先賢鼓吹的理性民主。浪漫式民主精髓在「一人一票，票票等值」，但易受操控，尤其魅力型狂人一旦當選，可能遺禍無窮；歷史上最大屠夫之一的希特勒，即由民選產生，近例則是美國總統川普，品格極為低下，當選後任所欲為，造成世界政治經濟動盪不安；2016年美國總統選舉，川普團隊即僱用業者根據大數據分析辨識個人心理、變數定位，進行量身訂做政治行銷與動員，操弄情緒與恐懼，可能因此贏得大選，讓人對西方浪漫式民主的未來擔憂，民主根基較脆弱的台灣恐怕也難免成為災區。

至於「賽先生」，有人認為五四諸君皆非自然科學家，對科學盲目地崇拜，相信科學萬能，科學為現代價值的全部，提倡的是「科學主義」，將科學過度地應用到無法由科學方法驗證的事物，造成社會唯科學是尚的偏頗心理，

重理輕文，導致人文社會領域人才之不振，並無助於科學本身的發展。同時中國文化中根深蒂固的「重應用、輕學理」，導致迄今仍「重技術、輕科學」，持續是科學發展的一大障礙。

另外值得反思並顯弔詭的是，五四雖將「賽先生」作為追求目標，對中國科學的發展影響仍是值得深刻探究的問題。回溯其前約半世紀的清代「洋務運動」，即揭櫫「師夷長技以制夷」，期使中國走上「工業發展」和「現代化」之路，至少也能如西方列強「船堅炮利」，與五四所提出的「賽先生」思維本質相似；「洋務運動」引入西方科技，促進思想開放，「工業發展」對民生經濟的促進，其理甚明，似乎不必靠五四的鼓吹才能讓民眾了解；例如1909年（約在五四前十年）清廷利用美國退還多索的「庚子賠款」，派遣留美生（後稱「清華直接留美生」）的辦法，規定以十分之八習農、工、商、礦等科；以十分之二習法政、理財、師範諸學。其中身為第二屆「清華直接留美生」的胡適先生，即為原本到美國康乃爾大學修習農學之一例。所以在技術追求上，五四並非先驅，在基礎科學理論以及實驗發展的貢獻而言，似乎也不大。將「賽先生」與「德先生」並列，顯得有些失衡。

五四運動100周年，兩岸政府態度迴異；中研院學者黃克武認為：「蔣介石將丟失大陸的因素歸咎于五四學生運動，共產黨就是因五四而誕生。」雖然國民黨不滿中共解釋的五四，卻對於爭取五四的話語權並沒有太大興趣。從過去曾短暫地將青年節訂在5月4日，但來年就立刻將青年節改為3月29日，可見國民黨對於五四的猶疑。

近年民進黨政府忙於「去中國化」，對紀念活動採取「靜悄悄」、「視而不見」態度；只有中研院舉辦了一個為期三天的「傳承五四精神」研討會，為了感念五四代表人物、也是中央大學前校長羅家倫，中央大學特地舉辦了一場論壇。「聯經出版」邀集51位學者，從文學、思想、文體、人物等角度，重看五四及其影響，出版了《五四@100：文化，思想，歷史》新書，[2]旨在回顧文化史、文學史和思想史上的「五四」。這三者息息相關，構成「五四」論述和想像的基礎，以此觸動種種社會實踐，乃至革命。「遠流」則出版了將已故歷史學者唐德剛二十四篇有關五四文章集為一編之「五四新文化」，[3]分為「五四概論」、「胡適定位」、「文學轉型」、「戲曲世界」四部份，概論五四新文化運動，為一代宗師胡適定位，檢討新文學的發展和困境，談述在傳統

和現代之間的戲曲。為五四百年來的評價留下記錄。這些活動共同特色，或說「美中不足」的是對「賽先生」著墨甚少甚或闕如。

　　與台灣相對應的，「五四」於1949年後成為中國大陸的固定青年節，國家主席習近平在「紀念五四運動爆發100周年紀念大會」會上發表講話，中共中央政治局全體常委出席大會。定調五四精神為「愛國、進步、民主、科學為主要內容」，其核心是愛國主義。

　　民進黨政府則對五四的評價與冷熱明顯與大陸不同。黃克武認為：「一般人並不是那麼關心五四，也很難擴張其社會影響力。」黃克武分析，「五四所提出的要求——民主，在台灣已經實現，科學更不用說；而愛國，在台灣政治操弄下已經是個政治議題。近年，台灣主體意識興起，五四自然也無法引起台灣人的熱情與關注，」頗能道出現況。

[1]　「北京學界全體宣言」：現在日本在萬國和會上要求并吞青島，管理山東一切權利，就要成功了！他們的外交大勝利了！我們的外交大失敗了！山東大勢一去，就是破壞中國的領土！中國的領土破壞，中國就亡了！所以我們學界今天排隊遊行，到各公使館去，要求各國出來維持公理。務望全國工商各界，一律起來，設法開國民大會，外爭主權，內除國賊，中國存亡，就在此舉了！今與全國同胞立兩條信條道：中國的土地可以征服不可以斷送！中國的人民可以殺戮不可以低頭！國亡了，同胞起來呀！

　　原文網址：https://kknews.cc/zh-tw/history/poxqz.html

[2]　《五四@100：文化，思想，歷史》，王德威，宋明煒編，「聯經出版公司」，2019年4月。

[3]　《五四新文化》，唐德剛，遠流出版社，2019年4月。

聯華電子公司捐贈清華大學整建
「君山音樂廳」

2019年5月6日　星期一

　　沈君山校長從擔任清華建校四位全職員工之一起，多年來對清華有長足的貢獻，不幸於去年九月，在中風不省人事十一年後，病逝於清華園。[1]追思會於12月22日在清華舉行，學校為紀念沈校長對清華的貢獻，宣布將整建大禮堂為一流的音樂廳「君山音樂廳」。所需經費預估約一億六千萬元，希望由募款方式取得。

　　由於目前國內外經濟情況均不明朗，籌募經費並不容易。有緣的是我正擔任國內半導體大廠「聯華電子公司」（聯電）獨立董事，知道「聯電」與清華有很深的淵源，現任洪嘉聰董事長熱心公益且雅好藝文，遂與同為董事的劉炯朗前校長以及電資學院徐爵民前院長商量，共同向洪董事長建議，是否請「聯電」捐贈約一億元，而洪董事長也很爽快的答應，並經2019年4月24日董事會通過，而與清華於5月6日簽約，以「君山音樂廳—聯電館」命名，完成美事一樁。

　　說起「聯電」與清華的淵源，可謂罄竹難書。首先「聯電」成立於1980年，是「新竹科學園區」內最先建廠的企業之一；由於與清華緊鄰，互動很是頻繁，尤其我本人研究方向約在同時轉向半導體領域，開始與「聯電」同行。記憶中，在1980年代初期，多次與當時的曹興誠總經理共同擔任研究生畢業口試委員；同時在「聯電」領軍下，台灣半導體業欣欣向榮，成為高級研究人才，尤其是博士級人才的「愛用者」，而所用的第二位博士，就是我指導的博士生。還有一項有趣的紀錄是，在1990年左右，曹興誠董事長應邀到清華演講時，曾提到「聯電」最先雇用的十位博士，有三位是我指導的博士生。另外曹興誠董事長與沈君山校長是圍棋棋友，有下棋捐給清華多少錢的對弈趣談，據

說曹興誠董事長欠清華一千五百萬元。在我擔任校長期間，有一次曹興誠董事長與廣達的林百里董事長對談「收藏」雅集，論資排輩，除發現我們三人是台灣大學連續三屆的畢業生外，在我向曹興誠董事長求證對弈傳說時並沒有得到肯定的答案。

另一方面，由於「師以生貴」，在其間我曾多次執行「聯電」的研究計畫，獲得許多共同申請專利，同時眼見許多學生在「聯電」平步青雲，多人逐漸升遷至處長、廠長以至副總以及子公司總經理；同時在我擔任清華工學院院長六年期間，成立的「產學研聯盟」，「聯電」一直是忠實會員。值得一提的是，在我擔任校長期間，洪嘉聰董事長公子剛好也考入清華，洪董「愛屋及烏」，匿名獨捐五百萬元給清華運用；幾年後在我決定將該款項用為「清華永續基金」而希望將贊助者芳名勒石紀念時，仍未得到洪董同意具名；據知洪董公子現正創業中，但仍定期將薪資一半捐贈給清華，誠為難能可貴。

近年來，我的研究方向逐漸轉至「奈米材料與元件」，與「聯電」半導體主業直接互動較少。僅在2016年月5應當時顏博文執行長之邀，到「聯電」以「數位科技引導的未來」為題演講[2]。另一方面，顏博文執行長是清華傑出校友，我的同事也是我以前的專題生與助理游翠蓉教授近年借調到「聯電」，擔任了好幾年的研發副總，讓我對「聯電」的動態有相當的掌握，去年六月應邀擔任「聯電」獨立董事，關係自然更為密切。

聯華電子公司捐贈清華大學整建「君山音樂廳」，「雙華同輝」，是台灣產業贊助高教的佳話，不僅嘉惠清華師生，而且造福所有「愛樂者」。

[1] https://lihjchen1004.blogspot.com/2018/12/blog-post.html

[2] https://lihjchen1001.blogspot.com/2016/05/

▲ 紀念沈校長對清華的貢獻

▲ 洪嘉聰董事長熱心公益且雅好藝文

▲ 「聯電」最先雇用的十位博士，有三位是我
指導的博士生

▲ 台灣大學連續三屆畢業生

中國材料科學學會
理事長報告

囊括1996年12月至1999年12月,於《材料會訊》中所撰
寫之「中國材料科學學會」理事長報告。從中探見當年學會
會員招募、刊物圖書發行出版、教學資源、學員成就、國際
研討會議活動、國際論壇、兩岸材料知識互動等消息,致力
疏通材料學界概況,予學人提供完善材料新訊。

中國材料科學學會理事長報告（1996-12）

1996年12月31日　星期二

「擴大徵募會員」活動延至明年二月底截止

本會「擴大徵募會員」活動目前已有初步成果，尤其在徵募永久會員方面，獲得會員們的熱烈迴響，以致永久會員人數已超過四百六十人。

此次「擴大徵募會員」活動在今年年會期間正式展開。除函請本會理監事在各機構分別徵募外，並致函所有本會一般會員、全國材料所系教師、本會國際期刊「材料化學與物理」審稿委員、目前正陸續針對各材料所系在台校友徵募。由於「擴大徵募會員」活動原定於民國八十五年年底結束，而本會希望能致函所有能蒐集到名單的材料所系系友，務期網羅天下英才，不致有遺珠之憾，擬報請理監事會核准將「擴大徵募會員」活動延至明年二月底截止。

本會擬開辦美國材料研究學會MRS Bulletin在台發行服務

本會與美國材料研究學會（Materials Research Society, MRS）同為國際材料研究學會聯合會（International Union of Materials Research Societies, IUMRS）會員國。MRS所出版的MRS Bulletin月刊為一提供國際材料研究資訊的高水準讀物。據了解有部分本會會員參加MRS每年繳納美金75元會費最主要的目的即為MRS隨會籍贈閱該刊。本人在十二月初參加IUMRS會議時得知MRS有意擴大發行網以成本價供國際材料研究學會聯合會會員國個人會員訂閱，認為是本會加強服務會員的一個機會。目前正積極與MRS聯絡，希望短期內能有具體結果，知會各會員、報請理監事會核准後實施。

IUMRS 1997年亞洲區國際會議（1997 International Conference in Asia, ICA-97）

IUMRS 1997年亞洲區國際會議ICA-97將於明年9月16-18日在日本東京幕張（Makuhari）市舉行。ICA為IUMRS國際會議系列之一環，自1993年起由亞洲五國輪流主辦，1993、94、95分由中國大陸、我國、南韓主辦。今年本輪由印度主辦，該國因故要求改於1998年舉辦，而先由日本在明年主辦。

由於亞洲國家科技水準在近年來有長足的進步，在亞洲開國際會議不僅能避免到歐美開會長途旅行舟車勞頓、時差之苦，也漸可充分獲得高水準國際會議的利益。ICA-97第一次通報請見附件，希望本會會員能踴躍參加。

IUMRS材料研究與教育政策國際論壇（IUMRS International Forum on Materials Research and Education Policy）

IUMRS於本年十二月二日美國MRS秋季會議期間舉辦材料研究與教育政策國際論壇，邀請各會員國代表就各該國材料研究與教育政策發表演講並座談。到有美國、墨西哥、日本、我國、法國、中國大陸、韓國代表。本人演講內容擬於近日整理成文於下一期「材料會訊」中向大家報告。

中國大陸材料研究學會年會

中國大陸材料研究學會年會於本年十一月十八日起在北京市舉行三天，與會者達一千人。本會常務理事李立中所長應邀以「臺灣材料科技發展」為題對大會演講。

原載：「材料會訊」第四卷第一期

（中國材料科學學會，民國八十五年十二月）

中國材料科學學會理事長報告（1997-3）

1997年3月31日　星期一

本會與Elsevier Science出版公司合作出版「材料化學與物理」續約五年

本會85年9月19日第二十五屆第五次理監事聯席會決議，有關學會與Elsevier合作出版「材料化學與物理」（Materials Chemistry and Physics），就Elsevier提出條件授權專案小組洽談續約事宜。專案小組商議後認為，Elsevier提出續約五年（至西元2003年），大致維持原約不變尚屬合理。經進一步討論後，Elsevier正式來函表達在此基礎上續約，本會須正式函覆即完成續約手續。現經諮詢專案小組委員與理監事獲得一致同意，本會已於二月一日覆函表示同意。同時為因應續約財務籌措問題，本會財務委員會主委兼專案小組召集人，和喬科技公司吳秉天總經理擬於三月份召開密集會議謀求解決。

「材料科學」期刊發行政策修改

本會發行之「材料科學」期刊，自民國58年創刊以來，已歷28年，一直秉持原有之發行旨趣與風格，以贈閱為主，訂閱為輔。

由於目前本會會員人數已超過1500人，基於節省資源之考量，本會於上一期「材料會訊」中夾附「材料科學」期刊讀者意向調查表一份，以確實了解會員對「材料科學」期刊的需求情形；由會員勾選（1）按時寄送「材料科學」期刊或（2）暫時停止寄送「材料科學」期刊，若有需要再通知寄送中之一項，本會據回函決定是否繼續寄送。預定於第29卷第1期於三月份出版時實施。

本會全球資訊網路站首頁（Home Page）更新推出

本會全球資訊網路站首頁於去年年會前推出。承蒙教育部補助，在清華大學黃振昌教授策劃監督下，委請清華大學計算機與通訊中心製作以嶄新的面貌再度出發。更新後的首頁強調「互動性」，詳見本期黃振昌教授專文。

網路輔助教學「電子材料」與「半導體材料與製程」課程教材上網

本會在教育部補助下於去年九月推出網路輔助教學「電子顯微鏡學」教材上網，選課同學有相當正面的反應（請參考該首頁附錄「看法與建議」欄）。本年二月另兩門課程「電子材料」與「半導體材料與製程」教材已如期上網。其中「半導體材料與製程」教材結合本會編印中文教材工作，預定逐步將編排中的教材上網路，除了能讓選課同學與有興趣的會員及早利用外，也希望在編排中即能廣泛獲得同儕的指正、建議與讀者的反應，能儘量避免初版書的誤漏。此三門網路輔助教學課程教材可經由統一網址pilot.mse.nthu.edu.tw再選項進入。又本會正在規劃下一年度網路輔助教學課程教材上網計畫，請有興趣的會友儘早與本人聯絡。目前已有台灣大學楊哲人教授等表示有意將「材料導論」課程教材上網。

「擴大徵募會員」活動圓滿結束

本會「擴大徵募會員」活動至二月底已圓滿結束。尤其永久會員人數已超過五百三十人，為本會「永續經營」打好良好基礎。

「半導體構裝材料技術」短期訓練課程順利舉行

經濟部工業局主辦，本會與財團法人「自強工業科學技術服務社」承辦「半導體構裝材料技術」短期訓練課程於八十五年十二月十一日（星期三）至十二月十二日（星期四）在清華大學順利舉行，參加人數高達八十九人。本次

短期課程由台灣大學化工系陳文章教授規劃與主持。主題針對目前半導體構裝重要材料技術，如導線架材料、焊錫材料、TAB及軟性印刷電路板材料技術、多層板板材與阻抗技術、低應力樹脂封裝材料技術及液體封裝劑材料技術，分由工研院材料所潘金平經理、電路板雜誌社白蓉生社長、清華大學化工系陳信文教授、高雄工專化工科何宗漢教授、中央大學化工系高振宏教授、工研院材料所李宗銘經理主講。參加對象為電子業、材料業、特化業相關之產業研究人員，本會會員報名得享九折優待。陳文章教授目前正積極規劃本年度第三次短期訓練課程，預定在四月底舉行。

原載：「材料會訊」第四卷第一期

（中國材料科學學會，民國八十六年三月）

中國材料科學學會理事長報告（1997-6）

1997年6月30日　星期一

程海東教授將出任「材料化學與物理」在美主編

　　本會與Elsevier Science出版公司合作出版「材料化學與物理」在美主編杜經寧教授因另有要務，無法繼續擔任現職而懇辭。本會在極力挽留無效後，決定尊重杜教授意願，開始積極尋覓接任人選。經專案小組委員多次討論，決定邀請美國伊利諾大學材料科學工程學系程海東教授繼任。經徵求程教授同意，獲得Elsevier Science出版公司支持，並經本會86年5月1日第二十五屆第六次理監事聯席會通過，將於七月一日正式出任新職。

　　杜經寧教授自本會於八十一年七月接辦「材料化學與物理」之初即擔任在美主編迄今將屆五年，對期刊之建立與維持國際聲譽居功厥偉。杜教授並允諾未來將以顧問委員的身分繼續為「材料化學與物理」盡力。程海東教授為美國西北大學材料科學工程博士。畢業後曾在美國Argonne國家實驗室任職，民國六十七年開始在伊利諾大學材料科學工程學系任教，七十六年升任正教授，七十八年起並接受物理系合聘，為美國金屬學會傑出會員（fellow）。在陶瓷與金屬合金相變化，氧化物磊晶與多層膜，表面及界面結構與轉變，沸石結晶，同步輻射光源與熱衷子應用於材料研究方面具有很高的國際聲譽。

「材料化學與物理」榮獲國科會傑出期刊獎

　　本會出版「材料化學與物理」國際期刊經評定榮獲八十六年度「國科會獎助國內學術優良期刊」傑出期刊獎。獲頒獎牌乙面與獎金一百八十萬元。國科

會特於五月二十八日在台北市科技大樓由劉兆玄主委主持舉行頒獎典禮。本會由本人代表領獎，並就期刊成長過程、編輯經驗與未來展望發表談話。此次獲獎為「材料化學與物理」連續第四年榮獲國科會傑出期刊獎，主要應歸功於本會全體會員鼎力支持。本人擬於近日撰寫專文向大家報告，希望能於下期會訊中刊出。

本會擬擴大慶祝三十周年慶

本會於民國五十七年成立，明年將屆滿三十周年。為彰顯本會先進與時賢長年為提升我國材料科技水準貢獻智慧與心力，並勵來茲，本會86年5月1日第二十五屆第六次理監事聯席會決議擴大慶祝。將於近日組成籌備委員會積極進行。

本會展開「徵募永久團體會員」活動

本會為推動材料科技的整合應用，並加強與各機構與產業界合作，經第二十八次會員大會決議，邀請團體會員改為永久團體會員。「徵募永久團體會員」活動已正式展開。目前已致函各團體會員及以往贊助本會機關團體，敬請各機構俞允，將確認書填妥寄回，長期持續贊襄本會。

「跨世紀半導體製程、構裝與材料研討會」短期訓練課程順利舉行

經濟部工業局主辦，本會與財團法人「自強工業科學技術服務社」承辦「跨世紀半導體製程、構裝與材料研討會」研討會材料部分短期訓練課程於八十六年四月二十一日（星期一）至四月二十四日（星期四）在清華大學順利舉行。本會會員報名得享九折優待。本次短期課程由台灣大學化工系陳文章教授規劃與主持。

「微電子元件之先端薄膜技術」短期訓練課程順利舉行

本會與「清華大學材料科學工程學系」、財團法人「自強工業科學技術服務社」主辦「微電子元件之先端薄膜技術」短期訓練課程於八十六年五月五日（星期一）至五月八日（星期四）在「清華大學」順利舉行。本會會員報名得享九折優待。本次短期課程分半導體記憶體之強介電薄膜技術技術與發展、積體電路元件之金屬薄膜技術技術與發展兩部分，由清華大學材料系吳泰伯教授規劃與主持。短期訓練課程教材已由吳教授商請各講員整理成專文，將在「材料會訊」中以專輯形式刊出。

八十六年年會定於十一月二十一及二十二日在成功大學舉行

本會八十六年年會籌備已積極展開，籌備委員會第一次會議於六月二十一日在成功大學材料學系召開。今年年會由黃文星教授擔任主任委員，黃肇瑞、陳立輝教授分別擔任正、副總幹事。會中除決定年會日期為十一月二十一及二十二日（星期五及星期六）兩天，並討論年會活動內容，研討會論文發表形式、書面論文格式頁數、評審作業，大會邀請講席人選，所須經費預算等，有相當具體的結論，將於近日公告周知。

第五屆「破壞科學研討會」將於明年三月在溪頭舉行

本會「破壞科學委員會」隔年舉辦之破壞科學研討會第五屆會議已積極開始籌備。在「破壞科學委員會」陳弘毅主任委員安排下於三月二十七日在台北國賓飯店舉行誓師晚宴。到有勞委會、原委會、中標局、中油、台電、熱處理協會、中科院、工研院、台大、中央大學、交大、清大等各單位貴賓。會中初步決定第五屆「破壞科學研討會」於明年三月在溪頭台大實驗林紅樓舉行。

原載：「材料會訊」第四卷第一期
（中國材料科學學會，民國八十六年六月）

中國材料科學學會理事長報告（1997-9）

1997年9月30日　星期二

網路輔助教學「材料科學導論」、「冶金熱力學」與「結晶繞射學」課程教材將上網

　　本會在教育部補助下於上年度推出網路輔助教學「電子顯微鏡學」、「電子材料」與「半導體材料與製程」教材上網，經檢討後有相當成效。本年度教育部已決定繼續支持本會「大專院校材料科技全球資訊網路站以及材料課程網路輔助教材」計畫。將推出「材料科學導論」（台灣大學楊哲人、莊東漢、段維新、郭博文、廖文彬教授）、「熱力學」（清華大學彭宗平教授）與「結晶繞射學」（交通大學謝宗雍教授）三門課程。請大家拭目以待。

繼續推動出版中文教科書計畫

　　本會在教育部支持下於上年度積極進行「材料分析」、「工程材料實驗（一）」、「半導體材料與製程」三本中文教科書編寫工作，已達最後衝刺階段，本年度將繼續執行出版中文教科書工作。目前已敲定「材料科學導論」（台灣大學楊哲人、莊東漢、段維新、郭博文、廖文彬教授）、「工程材料實驗（二）」（成功大學洪敏雄教授）、與「半導體產業與製造」（台灣慧智公司林茂雄總經理）三本中文教科書的編寫。

「材料化學與物理」獲得工研院材料所、和喬科技公司與華邦電子公司捐助

本會國際期刊「材料化學與物理」新任在美主編程海東教授於九月初返台省親與講學。九月五日中午由本會「國際期刊專案小組」召集人和喬科技公司吳秉天總經理作東邀請新竹區理監事、專案小組成員與期刊顧問委員餐敘，並於會後參觀和喬科技公司。會中吳秉天總經理首先表示和喬科技公司將配合本會與Elsevier出版公司續約出版「材料化學與物理」五年，以五年為期每年捐助五十萬元，獲得本會常務理事工研院材料所李立中所長與本會常務理事華邦電子公司焦佑鈞董事長積極響應比照捐助。對本會永續經營出版國際期刊有實質的挹注。吳召集人並計畫於近期內赴其他地區為「材料化學與物理」籌募基金。

香港材料研究學會成立

香港材料研究學會在本會前理事長林垂宙教授協助籌劃下，將於本年九月二十二日正式成立，並於香港科技大學舉行成立大會。本人將應邀前往祝賀，商議加強兩地材料從業人員交流事宜。

IUMRS 1997年亞洲區國際會議（1997 International Conference in Asia, ICA-97）

IUMRS 1997年亞洲區國際會議ICA-97於9月16-18日在日本東京幕張（Makuhari）市舉行。根據大會統計資料，本屆會議包括二十一個專題研討會，將有來自四十五國一千兩百篇論文發表。國內學者專家已註冊參加者達四十人，盛況可期。另外本會國際期刊「材料化學與物理」將以專輯形式出版ICA專題研討會H《離子與雷射束合成與調制材料》（Materials Synthesis and Modification by Ion and/or Laser Beams）論文集，由研討會主持人日本京都大學山田公（Isao Yamada）教授擔任客座編輯（guest editor）。

IUMRS 系列會議將於1998、99年陸續舉行

　　IUMRS 1998年亞洲區國際會議（1998 International Conference in Asia, ICA-98）將於明年10月13-16日在印度Bangalore市舉行。

　　1998年國際電子材料會議（1998 International Conference on Electronic Materials, ICEM-98）將於明年8月24-27日在韓國濟州島（Cheju）舉行。由韓國材料研究學會主辦。

　　1999年國際先進材料會議（1999 International Conference on Advanced Materials, ICAM-99）將於該年6月中旬在中國大陸北京市舉行。由中國大陸材料研究學會主辦。

　　詳情請見本會全球資訊網頁。

原載：「材料會訊」第四卷第三期

（中國材料科學學會，民國八十六年九月）

中國材料科學學會理事長報告（1997-12）

1997年12月31日　星期三

八十六年年會圓滿舉行

本會八十六年年會於十一月二十一及二十二日在籌備委員會主委黃文星教授、總幹事黃肇瑞主任精心擘劃下在成功大學圓滿舉行。年會「群賢畢至，少長咸集」，各項活動場地更是煥然一新，洋溢著喜氣洋洋的氣氛，象徵主辦單位與學會的朝氣、活力與希望，誠屬可喜可賀。詳情將由籌備委員會提出報告。

今年的年會沿襲去年的改變。年會論文發表以「主題研討會」與「一般研討會」並行方式進行。由主辦單位特別規劃，於二十二日舉行一天的「臺南科學園區電子科技產業技術與展望」專題講習會，反應非常熱烈。另外新增壁報論文競賽，效果極為良好，值得借鏡推廣。

學會各項榮譽得主產生

學會本年度各項榮譽得主經獎章委員會審議推薦，理監事會通過產生。於年會大會中頒獎。得獎人分別為：

陸志鴻紀念獎章：台灣大學材料科學工程研究所吳錫侃教授

材料科技傑出貢獻獎：和喬科技公司吳秉天總經理

傑出服務獎：成功大學材料科學工程學系蔡文達教授、清華大學材料科學工程學系彭宗平教授

材料科學論文獎：一、中原大學姚俊旭、台灣大學孫瑞昇、林峰輝、大同

工學院廖俊任、中原大學黃金旺諸先生（「材料化學與物理」期刊），二、中國鋼鐵公司周棟勝博士（「材料科學」期刊）。

　　年會並舉辦「學生論文獎」與「壁報論文獎」競賽，優勝者亦於年會中產生並領獎。

第二十六屆理監事會順利產生

　　本會第二十六屆理監事會於年會期間經過選舉順利產生。當選名單如下（理監事以姓名筆劃為序）：

　　理事：王文雄、李立中、汪建民、汪鐵志、吳泰伯、吳錫侃、侯貞雄、洪敏雄、陳力俊、黃文星、黃重裕、黃肇瑞、焦佑鈞、彭宗平、鄒若齊

　　候補理事：鍾自強、郭正次、傅兆章、齊正中、莊東漢

　　監事：吳秉天、施漢章、栗愛綱、許樹恩、程一鱗

　　候補監事：黃振賢、張忠柄、金重勳

　　理事十五人中來自學術、研究與產業界各八、三、四人，監事五人中來自學術、研究與產業界各二、一、二人。新科理監事將於近日集會推舉理事長與常務監事。

本會三十周年慶將發行專輯慶祝

　　本會於民國五十七年成立，明年將屆滿三十周年。為彰顯本會先進與時賢長年為提升我國材料科技水準貢獻智慧與心力，並勵來茲，本會86年11月21日第二十五屆第八次理監事聯席會決議將發行專輯慶祝。專輯內容將包括三十年來學會工作與國內材料科技發展之回顧以及未來展望。恭請本會前任理事長許樹恩、吳秉天、李立中諸先生主持編輯工作，預計於明年年會出版。

八十七年年會將由大同工學院與台灣大學主辦

　　本會八十七年年會輪由台北區學術研究團體主辦，經與相關團體協商，初步決定由大同工學院材料所系與台灣大學材料所主辦。年會將於大同工學院舉

行，而由大同工學院負責一般會務，台灣大學負責論文事務。

美國與亞洲各國材料研究合作工作會議（US-Asia Materials Workshop）

美國國家科學基金會（National Science Foundation, NSF）擬議召開美國與亞洲各國材料研究合作工作會議（US-Asia Materials Workshop），其目的為邀請亞洲各國代表共同討論美國與亞洲各國在跨領域材料研究的可能方案。Workshop的具體結果將為對美國與亞洲各國政府主管補助材料研究機構提出資助美國與亞洲各國合作研究的具體建議。現訂於明年2月17及18日在美國夏威夷州檀香山市舉行規劃會議（planning meeting），Workshop則訂於明年11月2至5日在同地舉行。

由美國國家科學基金會禮聘的規劃會議主辦人，美國西北大學材料研究中心主任兼國際材料研究學會聯合會（International Union of Materials Research Society，IUMRS）執行秘書R.P.H. Chang教授於11月13日來函邀請材料科學學會與國科會代表一人參加於明年2月17及18日在美國夏威夷州檀香山市舉行規劃會議。邀請函中說明規劃會議中將討論與Workshop相關議題，包括：

一、Workshop主題（themes）；

二、目標（goals）；

三、形式（format）；

四、主辦人（organizers and their responsibilities）；

五、政府機構的支持（government agency support）。

本會已據此向國科會提出計畫。將由國科會與學會共同召開規劃會議之預備會議，討論與Workshop相關議題。

1998年IUMRS亞洲區國際會議（1998 International Conference in Asia, ICA-98）將於明年10月13-16日在印度Bangalore市舉行

1998年IUMRS亞洲區國際會議將於明年10月13-16日在印度Bangalore市舉行。會議將分二十四個研討會同時舉行。論文摘要截稿日為明年二月三十一日。詳情請見本會全球資訊網頁。又據印度主辦單位告知新加坡航空每日有新

加坡至Bangalore市往返直飛班機，飛行時間約三小時，甚為便捷。

原載：「材料會訊」第四卷第四期

（中國材料科學學會，民國八十六年十二月）

中國材料科學學會理事長報告（1998-3）

1998年3月31日　星期二

二十六屆理事長與常務理、監事產生

　　本會第二十六屆理監事會第一次會議於八十六年十二月十一日舉行。會中首先由理事互選五位常務理事、監事互選一位常務監事。常務理事由李立中、汪鐵志、洪敏雄、陳力俊、鄒若齊理事當選（以姓名筆劃為序）。吳秉天監事當選常務監事。次由全體理事自常務理事中選舉理事長。由於其他常務理事均謙辭，本人在眾理事推舉下同意再擔任一任理事長，並希望在積極推動會務工作外，能在任內主動協助下屆可能擔任理事長的幾位人選早日熟悉會務，做好傳承工作。

簡朝和與陳信文教授分任本會正、副秘書長

　　本會原秘書長黃倉秀教授因另有要務懇辭，擬由清華大學材料科學工程系簡朝和教授與化學工程系陳信文教授分別接任本會正、副秘書長。簡朝和教授原任本會副秘書長，八十五年年會總幹事，陳信文教授負責規劃與主持本會短期課程。簡朝和與陳信文教授目前已開始執行工作，正式任用將報請理監事會議追認。

本會三十周年慶專輯開始徵求稿件及紀念性照片

　　本會三十周年除由本會前任理事長許樹恩、吳秉天、李立中諸先生主持編

輯工作，另商請理事彭宗平教授擔任總編輯。專輯內容將包含序言、三十年大事記、照片集錦、材料學會與台灣科技發展、人物特寫、特稿、各材料科技單位沿革與近況介紹等。目前已開始徵求稿件及紀念性照片，預定今年年會前出版。

本會將承辦教育部「材料科技教育改進計畫」訪視、成果評估及計畫審查

為使「材料科技教育改進計畫」得以落實，教育部擬對各校推動之情形加以輔導及監督，包括課程安排，教學內容及輔助實驗設備使用情形，以使效果能夠更提昇。教育部顧問室擬委託本會承辦，針對八十七年度補助之經費及學程安排加以訪查，做為未來補助之重大參考依據。同時，也委託承辦八十八年度推動「材料科技教育改進計畫」，包括構想書和計畫書釐定，審查標準訂定與計畫書之審查和計畫之推動。本會已委請國立清華大學材料系劉國雄教授主持提出計畫。

本會倡議成立「材料科技聯合會」強調合作而非合併

國內與材料相關專業學會、協會林立，會員與活動多有重疊，但較少互動，共用珍貴人力物力資源，發揮整體力量。目前在國際上有「材料研究學會聯合會」（International Union of Materials Research Societies, IUMRS），美國亦有「材料學會聯合會」（Federation of Materials Societies），成效良好，因此倡議成立「材料科技聯合會」，使各學會、協會負責人有機會共聚商議可能合作方式，包括：

一、聯合舉辦年會
二、合作出版學術刊物
三、合作舉辦國際會議，專業研討會，工作會議（workshop）等
四、合作出版書籍
五、聯合提供全球網際網路資訊服務
六、共同參與規劃、推動材料科技發展等。

倡議成立「材料科技聯合會」經本會第二十六屆理監事會第一次會議討論通過。經與相關專業學會、協會聯絡現已獲得磁性協會林耕華理事長、鑄造學會洪敏雄理事長、熱處理學會張向主理事長、電子元件與材料協會張俊彥理事長、防蝕工程學會蔡文達理事長、粉末冶金協會劉國雄理事長同意擔任共同發起人。擬於近日聯名邀請各相關專業學會、協會負責人共聚商議可能合作方式，並強調合作而非合併。

「材料電子顯微鏡學」網路輔助教學課程推出「影像藝廊」與「電子書」

本會由教育部補助「材料電子顯微鏡學」網路輔助教學課程於近日推出「影像藝廊」與「電子書」。詳情將於下期會訊報導。有興趣會友歡迎先行上網（請由網址：pilot.mse.nthu.edu.tw進入）一睹為快。

「材料化學與物理」於1996年為國內收錄於SCI中六種期刊中影響因素（Impact Factor）最高期刊

本會國際期刊「材料化學與物理」目前仍為國內工程與應用科學領域唯一列入「科學引用索引」（Science Citation Index, SCI）期刊。根據最新統計資料顯示，該刊於1996年為國內收錄於SCI中六種期刊中影響因素（Impact Factor）最高期刊。由於決定影響因素的因素很多，這項第一僅具參考價值，但仍不失為一項肯定。

「材料化學與物理」獲得和喬科技公司捐助

和喬科技公司配合本會與Elsevier出版公司續約出版「材料化學與物理」五年，允諾以五年為期每年捐助五十萬元。經吳秉天總經理報請該公司董事會通過，正式通知本會。本會已檢據具領第一期款。

美國與亞太各國材料研究合作規劃研討會（US-Asia Pacific Materials Workshop）

美國國家科學基金會（National Science Foundation, NSF）擬議召開美國與亞太各國材料研究合作工作會議（US-Asia Pacific Materials Workshop），訂於本年11月2至4日在同地舉行。本人與國科會工程處材料工程學門阮昌榮研究員於2月17及18日在美國夏威夷州檀香山市參加規劃會議。詳情請見本期專文報導。

1998年IUMRS國際電子材料會議（1998 International Conference Electronic Materials）將於本年8月24-27日在韓國濟州島市舉行

1998年IUMRS國際電子材料會議將於本年8月24-27日在韓國濟州島市舉行。會議將分十個研討會同時舉行。論文摘要截稿日為三月三十一日。詳情請見本會全球資訊網頁。韓國濟州島有「韓國夏威夷」之稱，為休閒勝地。

原載：「材料會訊」第五卷第一期（中國材料科學學會，民國八十七年三月）

中國材料科學學會理事長報告（1998-6）

1998年6月30日　星期二

「材料科技聯合會」成立

　　「材料科技聯合會」經本會倡議，邀集國內十五個與材料科技相關專業學會、協會負責人為共同發起人，於五月十四日在新竹市迎曦大飯店二樓彭園餐廳舉行成立會議。會中確認聯合會中文全名為「中華民國材料科技聯合會」，英文全名為「Chinese Federation of Materials Societies and Associations in Taiwan」。定位為非營利聯誼團體，並以人員、刊物、出版品與活動資訊交流，及學術活動合作為主。通過「中華民國材料科技聯合會」章程。由參加專業學、協會負責人組成「委員會」，為最高權力機關。成立會中推選本人擔任第一任會長，負責聯繫事誼、建立聯合網頁、發佈訊息、召集會議及報告推動成果。詳情請見本期「材料科技聯合會」專頁。

本會三十周年慶專輯繼續徵求稿件及紀念性照片

　　本會三十周年除由本會前任理事長許樹恩、吳秉天、李立中諸先生主持編輯工作，另商請理事彭宗平教授擔任總編輯。專輯內容將包含序言、三十年大事記、照片集錦、材料學會與台灣科技發展、人物特寫、特稿、各材料科技單位沿革與近況介紹等。目前繼續徵求稿件及紀念性照片，至七月底截件，預定今年年會前出版。目前已有多位本會元勳應允撰寫「材料學會與我」、「緬懷先賢、策勵未來」等稿件，精彩可期。

清華大學「材料列車」競賽評審

清華大學材料科科學工程學系第二屆「材料列車」活動於五月九日在材料系館展開。除邀請北部高三學生數百名到校參觀外，並商請本會就展示單元評審頒獎。是日本會新竹區理監事李立中所長、汪建民副總經理、吳泰伯教授、金重勳教授與本人均到場參加評審。評定「積體電路」、「儲氫材料」、「微波介電材料」分別為第一、二、三名。除由本會頒發獎狀外，並分別頒與獎金五千、三千與兩千元以茲鼓勵。獎金總數一萬元則由參加評審理監事捐贈。

本會舉辦「大專院校材料列車網頁設計競賽」

為鼓勵製作生動活潑、深入淺出之網頁，闡述「材料科學與工程」。本會決定舉辦「大專院校材料列車網頁設計競賽」，並於五月十五日在清華大學舉行規劃會議。到有各校代表，討論競賽目的、對象、辦法（題材、內容大綱、設計）、評審（標準：正確性、完整性、趣味性、美感）、獎勵（團體與單元，獎狀與獎金）、時程（11-12月年會頒獎）與著作權等問題。經與教育部顧問室初步接洽，獲得正面回應。決定參賽對象為大專院校在學學生。參加競賽辦法（包括作品題目、組隊、報名、收件、作品規範）、獎勵與評審辦法與著作權規範等將於近日通知各相關院校系所。詳情請見本期封底內頁。本次競賽報名與收件日期分別為7月31日與9月30日，將於11月20日學會年會中頒獎。請各院校師長鼓勵學生參加。

網路輔助教學課程「冶金熱力學」、「材料科學導論」、「結晶學與晶體繞射」上網

本會由教育部補助「冶金熱力學」、「材料科學導論」、「結晶學與晶體繞射」網路輔助教學課程已上網。「冶金熱力學」由清華大學彭宗平教授開授，「材料科學導論」由台灣大學楊哲人與廖文彬教授編撰，「結晶學與晶體繞射」則由交通大學謝宗雍教授主持（請由網址：pilot.mse.nthu.edu.tw進入）。

本會將繼續推動網路輔助教學課程

本會在教育部補助下已有「材料電子顯微鏡學」、「電子材料」、「微電子材料與製程」、「冶金熱力學」、「材料科學導論」、「結晶學與晶體繞射」六門網路輔助教學課程上網。由於網路輔助教學為時勢所趨，本會將繼續推動。新年度目前已初步規劃「材料科技與日常生活」（清華大學杜正恭教授）、「固態物理」（中山大學謝光宇教授）、「材料分析」（清華大學黃振昌教授）三門課程，其他有興趣開授網路輔助教學課程會友請於七月底前與本人聯絡。

年會將於十一月二十及二十一日假大同工學院舉行

本會八十七年年會由大同工學院材料系與台灣大學材料所主辦。年會大會將於大同工學院舉行，而由大同工學院負責一般會務，台灣大學負責論文事務。籌備委員會第一次會議已於六月五日在大同工學院召開，由大同工學院材料系林鴻明主任擔任主任委員。會中除決定年會日期為十一月二十及二十一日（星期五及星期六）兩天，並討論年會活動內容，研討會論文發表形式、書面論文格式頁數、評審作業，大會邀請講席人選，所須經費預算等，有相當具體的結論，將於近日公告周知。論文組由台灣大學材料所王文雄所長與吳錫侃教授為召集人，已另於六月三日在台灣大學召開會議。論文徵稿辦法請見本期封面內頁。

1999年IUMRS國際先進材料會議（1999 International Conference Advanced Materials）將於明年6月13-18日在中國大陸北京市舉行

1999年IUMRS國際先進材料會議將於明年6月13-18日在中國大陸北京市國際會議中心舉行。會議將分三十五個研討會同時舉行。本會理事吳錫侃教授與永久會員蘇炎坤教授分別受邀擔任研討會D「介金屬化合物與金屬玻璃」與研討會K「先進光通訊材料元件與應用」共同主辦人。論文摘要截稿日為明年二

月一日。詳情請見本會全球資訊網頁。本會會員如需該會議第二次通告，請便函或電洽本會。

原載：「材料會訊」第五卷第二期

（中國材料科學學會，民國八十七年六月）

中國材料科學學會理事長報告（1998-9）

1998年9月30日　星期三

年會籌備積極進行

　　本會八十七年年會由大同工學院材料系與台灣大學材料所主辦。年會大會將於大同工學院舉行，而由大同工學院負責一般會務，台灣大學負責論文事務。目前籌備工作正積極進行中。年會活動會程表，論文格式說明，材料科學學生論文獎，廠商之材料研發及儀器展示、年會手冊廣告暨大會贊助辦法均已上網，並可以word格式下載（網址www.ttit.edu.tw/confer/material/htm或www.csms.nthu.edu.tw）。

本會與粉末冶金、鑄造學會於年會期間合辦學術論文發表會

　　本會透過「材料科技聯合會」機制，決定與粉末冶金、鑄造學會於年會期間合辦學術論文發表會，詳情請見「材料科技聯合會」專頁。

「材料化學與物理」榮獲國科會傑出期刊獎

　　本會出版「材料化學與物理」國際期刊經評定榮獲八十七年度「國科會獎助國內學術優良期刊」傑出期刊獎。獲頒獎牌乙面與最高獎額獎金兩百萬元。國科會特於七月二十三日在台北市科技大樓由黃鎮台主委主持舉行頒獎典禮。本會由本人代表領獎。此次獲獎為「材料化學與物理」連續第五年榮獲國科會傑出期刊獎，主要應歸功於本會全體會員鼎力支持。本人擬於近日撰寫專文向

大家報告，希望能於於下期會訊中刊出。

第五屆「破壞科學研討會」工作檢討及第六屆研討會籌劃會議

本會「破壞科學委員會」於七月二十二日在台北市台灣大學舉行第五屆「破壞科學研討會」工作檢討及第六屆研討會籌劃會議。會中陳弘毅主任委員首先報告及討論，再分由秘書、論文、總務、技術組以及總幹事、副總幹事報告。並討論「第六屆研討會」主協辦單位分工、經費籌措事宜。勞委會、原委會、中油、台電、中鋼、熱處理協會、非破壞檢測協會、中科院、工研院、台大、中央大學、交大、清大等各單位代表。會中決定第五屆「破壞科學研討會」工作組在「第六屆研討會」籌備委員會正式成立前，暫時繼續執行應辦事宜。

「微電子元件之先端薄膜技術課程」順利舉行

由於微電子工業的發展，已揭開了「資訊化社會」的序幕。電子材料科學為製成資訊產品硬體的基石，微電子元件及材料，包括半導體、導體、磁性、介電、壓電、熱電、鐵電材料、光電及發光材料等，均面臨極大求精求進的挑戰。本會與清華大學材料系在林樹均教授策劃下，於八十七年五月四日至五月八日在清華大學舉辦「微電子元件之先端薄膜技術課程」，針對半導體記憶體之強介電薄膜技術、積體電路元件之磁性薄膜技術與金屬薄膜技術三方面的問題及發展做進一步的探討。學界與業界反應相當良好，參加人次達一百五十人。課程內容如附件一。

本會推出「材料科學月短期訓練課程」活動

本會為提供各界瞭解材料科技及其產業之機會，並增進各界對尖端材料現況與未來趨勢看法之相互交流，特別請本會副秘書長陳信文教授策劃，於九月一日（星期二）至九月二十三日（星期三）在清華大學就「鋁合金與半固態製程」、「液晶與高分子光電材料技術」、「微機電系統材料技術」、「超微結

構材料」等四項議題，邀請國內專家學者進行提綱挈領之闡述及討論。課程內容如附件二。初步反應甚為熱烈，盛況可期。

「材料科技聯合會」網頁正式推出

本會根據「材料科技聯合會」章程，已建立聯合網頁，網址為140.114.18.41/cfmst/。詳情請見本期「材料科技聯合會」專頁。

本會將協助「國家高速電腦中心」推動材料資料庫整合應用

工研院材料所於七月一日由李立中所長主持召開「材料資料庫整合應用可行性座談會」。與會人士均認為建立與材料相關的數值資料庫和相圖資料庫非常重要，敦促「國家高速電腦中心」設法建立這方面資料庫連線檢索環境，獲得與會之何智雄博士正面回應。由於何智雄博士的專長在化學，化學方面的資料庫服務的比較早，材料方面的資料則比較不熟悉。日前國科會召開了一次如何改善科學研究環境的座談會，與會學者有呼籲重視數值資料庫的開發和服務工作。「國家高速電腦中心」過去幾年在這方面的成績得到許多學者的肯定，國科會決定擴大推動。材料科學方面擬請材料界人士協助，需要的資料包括：現成的材料科學資料庫（電子化的資料庫或紙本印刷的資料手冊），來源和價格，應用領域和使用方式等等。有些資料可能散布各處，需要專家整理編排，並開發使用介面和搜尋軟體，這些工作都需要人來做，需要有材料科學專門的學者主導才行。本會擬透過「材料科技聯合會」機制協助推動。目前「國家高速電腦中心」在下年度預算內先保留一百五十萬元，用來購置材料科學相關的數值資料庫。由於化學的部分八十九年度數值資料庫的預算達兩千五百五十萬，此項工作有潛力為材料科技界提供豐富資源，本會將積極推動，有關資料尚請會友主動提供。

本會三十周年慶專輯編輯工作順利進行

本會三十周年慶專輯在理事彭宗平教授主編下，編輯工作進行甚為順利。

材料界先進回首來時路，有不少感慨。目前已獲以下材料界人士賜稿：許樹恩、范心梅、洪銘盤、詹武勳等材料界先進；於材料研究單位服務的汪鐵志、李立中、黃重裕、王茂根等先生；在材料界知名企業任職的朱秋龍、陳興時、李慶超等先生；以及台大、交大、中興、逢甲、成大、中山、東華等大專院校材料系所之系主任或所長。現仍持續向材料界先進賢能邀稿，並得諸多先生之允諾，將可如期於年會前出版，內容豐富，精彩可期。未免遺珠，目前繼續徵求稿件及紀念性照片，請逕與彭宗平教授聯絡。

李立中常務理事當選為國際材料研究學會聯合會（IUMRS）秘書長

本會李立中常務理事頃於本年8月24-27日在韓國濟州島市舉行之1998年IUMRS國際電子材料會議同時舉行之IUMRS代表大會中當選為IUMRS秘書長（Secretary），將於明年就任，任期兩年。

本會舉辦「大專院校材料列車網頁設計競賽」

為鼓勵製作生動活潑、深入淺出之網頁，闡述「材料科學與工程」。本會決定舉辦「大專院校材料列車網頁設計競賽」，並於五月十五日在清華大學舉行規劃會議。到有各校代表，討論競賽目的、對象、辦法（題材、內容大綱、設計）、評審（標準：正確性、完整性、趣味性、美感）、獎勵（團體與單元，獎狀與獎金）、時程（11-12月年會頒獎）與著作權等問題。經與教育部顧問室初步接洽，獲得正面回應。決定參賽對象為大專院校在學學生。參加競賽辦法（包括作品題目、組隊、報名、收件、作品規範）、獎勵與評審辦法與著作權規範等將於近日通知各相關院校系所。詳情請見本期封底內頁。本次競賽報名與收件日期分別為7月31日與9月30日，將於11月20日學會年會中頒獎。請各院校師長鼓勵學生參加。

原載：「材料會訊」第五卷第三期

（中國材料科學學會，民國八十七年九月）

中國材料科學學會理事長報告（1999-3）

1999年3月31日　星期三

八十七年年會圓滿舉行

本會八十七年年會於十一月二十及二十一日在籌備委員會主委大同工學院材料系林鴻明主任、論文組召集人台灣大學材料所王文雄與吳錫侃教授等共同努力籌備執行下在大同工學院圓滿舉行。年會大會與本會三十週年慶紀念會同時在大同工學院最新啟用、美輪美奐之尚志教育紀念館舉行，除致詞、頒獎、會務報告以及籌備會報告外，並敬請許樹恩、林垂宙、吳秉天、李立中四位前任理事長致詞紀念本會三十週年慶並對本會未來有所勉勵，另外大會演講由美國朗訊公司貝爾研究室陳鶴壽博士就「非晶質合金」為題作精闢演講。詳情將由籌備委員會提出報告。

今年的年會延襲前兩年的形式，學術論文發表以「主題研討會」與「一般研討會」並行方式進行。特色是與粉末冶金、鑄造學會聯合主辦，並與國科會「金屬陶瓷學門成果發表會」同時舉行，共發表論文四百餘篇。「主題研討會」之舉辦一方面希望加強會員參與，分擔推動會務工作，促進研討會出席率，一方面希望擴大研討交流成效，在各主辦人的努力下，已漸見成效。同時在年會期間舉辦「學生論文比賽」以獎掖後進，「壁報論文競賽」則對增進學術交流效果有明顯助益。

本次年會三十週年慶祝活動，承蒙主辦單位不辭辛勞，各位會眾、贊助單位、參展以及刊登廣告單位的熱烈支持，才得以順利圓滿舉行，在此再次深致謝忱。

學會各項榮譽得主產生

學會本年度各項榮譽得主經獎章委員會審議推薦，理監事會通過產生。於年會大會中頒獎。得獎人分別為：

陸志鴻紀念獎章：和喬科技公司汪建民副總經理

材料科技傑出貢獻獎：東和鋼鐵公司侯貞雄董事長

傑出服務獎：台灣大學材料科學工程研究所黃振賢教授、成功大學材料科學工程學系黃肇瑞教授

材料科學論文獎：海洋大學開物、黃國暉、黃榮潭諸先生

材料科學學生論文獎：台灣大學化學系沈志鴻同學（第一名），交通大學材料科學工系盧添榮同學（第二名），清華大學材料科學工系鄭紹良同學（第三名）

年會並舉辦「壁報論文獎」競賽，舉特優、優等與佳作各三名，於年會中產生並頒獎。

八十八年年會將於工研院材料所舉行

本會八十八年年會年會在常務理事工研院材料所李立中所長全力支持下，將由工研院材料所主辦，清華大學材料系與交通大學材料系協辦，預定於年底在新竹市舉行，將於近日召開第一次籌備會。

「鋼鐵材料手冊」與「材料分析」出版

本會規劃已有相當時日的中文叢書出版計畫，在年會期間首創佳績，同時出版印刷精美之「鋼鐵材料手冊」與「材料分析」教科書。「鋼鐵材料手冊」與「材料分析」分別由黃振賢教授、汪建民博士主持修編與編著。在黃教授與汪建民博士精心策劃之下，邀集多位學者專家共同完成。「鋼鐵材料手冊」內容周詳、規格齊全而又深入淺出，「材料分析」內容精到詳實，兼顧學理應用。出版迄今，市場反映非常良好，本會會員訂購得享有八折優待。又本會規

劃之「工程材料實驗I」、「微電子材料與製程」即將出版，預計以五年為期至少出版十本觀念正確、內容豐富的中文教科書。

「大專院校材料列車網頁設計競賽」順利舉行

為鼓勵製作生動活潑、深入淺出之網頁，闡述「材料科學與工程」，本會由陳信文副秘書長策劃辦理「大專院校材料列車網頁設計競賽」。報名計有二十組，由本會聘請五位專家學者擔任評審，評審過程甚為嚴謹。由於作品均有相當水準，最後決定錄取甲、乙組優勝與佳作共十七組，並於11月20日學會年會中頒獎，得獎作品已上網（由pilot.mse.nthu.edu.tw進入）。鑒於成效良好，本會將於未來繼續辦理，並有意將得獎作品錄製於光碟片中，廣為發行。詳情請見本期陳信文教授專文。

「材料化學與物理」獲得華新麗華、華新科技基金會與李國鼎基金會捐助

華新麗華、華新科技基金會於八十七年度捐助本會國際期刊「材料化學與物理」二十萬元，已由本會檢據領取。本會理事華邦電子公司焦佑鈞董事長並慨允本年度將視華新麗華集團營運狀況，續予支持。又李國鼎基金會亦於日前董事會決議對「材料化學與物理」繼續贊助，金額將於近日決定。

「強化塑膠協會」、「光學工程學會」與「生醫材料與藥物制放學會」加入「材料科技聯合會」成立

「材料科技聯合會」第二次會議於一月三十一日在新竹市格瑞絲飯店舉行，會中通過歡迎「強化塑膠協會」、「光學工程學會」與「生醫材料與藥物制放學會」為新會員，並討論合作出版學術刊物可能性以及座談88年全國材料會議事宜，詳情請見本期「材料科技聯合會」專頁。

1999年IUMRS國際先進材料會議（1999 International Conference on Advanced Materials）延至4月1日截止論文摘要投稿

　　1999年IUMRS國際先進材料會議將於明年6月13-18日在中國大陸北京市國際會議中心舉行。會議將分三十五個研討會同時舉行。本次會議特色之一為大部分論文將以專輯形式在國際期刊上發表。論文摘要截稿日已延至四月一日，預計將有一千人與會。詳情請見本會全球資訊網頁。本會會員如需該會議第二次通告，請便函或電洽本會。

　　　　　　　　　　　　　原載：「材料會訊」第六卷第一期
　　　　　　　　　　　　　（中國材料科學學會，民國八十八年三月）

中國材料科學學會理事長報告（1999-6）

1999年6月30日　星期三

八十八年年會籌備會

　　本會八十八年年會由工研院材料所主辦，由李立中所長與栗愛綱副所長分別擔任主任委員與總幹事。年會第一次籌備會議於五月13日在清大工程四館舉行。決定年會日期訂於八十八年11月25/26/27日（星期四／五／六）三天，地點在新竹縣竹東鎮工研院。另外討論年會活動主要內容、研討會之組成及各組召集人、論文長度、評審作業及發表方式、主題演講人選之推薦、年會註冊費標準、年會所需經費預估及經費來源，甚為周詳，而且均獲致具體結論。可謂已成功了了一大半。

本會與粉末冶金、強化塑膠協進會於年會期間合辦學術論文發表會

　　本會透過「材料科技聯合會」機制，決定與「粉末冶金學會」、「強化塑膠協進會」於本年年會期間合辦學術論文發表會，論文截止日期為八十八年8月27日，詳情請見本期「年會學術論文徵求通知」。

Gust教授將出任「材料化學與物理」歐洲主編

　　「材料化學與物理」歐洲主編Dr. Ulrich Goesele於一年多前即因必須奔波於德國與美國兩職務間無法全力推動編務而主動請辭，由於在歐洲尋找有崇高學術地位、與台灣有淵源而有意願之主編不易，更動歐洲主編一事延宕至今。

現有德國Stuggart大學Wolfgang Gust教授學術地位崇隆，專長為相變化、擴散、熱力學與金屬連線技術，著有專書兩部，學術論文兩百餘篇，曾於民國八十一年在台灣大學擔任訪問教授，經徵求Gust教授同意，獲得Elsevier Science出版公司支持，並經本會理監事一致同意，將於本年七月一日正式履新。

Goesele教授自於八十三年三月就任「材料化學與物理」首任歐洲主編迄今五年有餘，對期刊之建立與維持國際主流期刊地位居功厥偉。Goesele教授並允諾未來將以顧問委員的身分繼續為「材料化學與物理」盡力。

「材料化學與物理」獲得李國鼎基金會捐助

「李國鼎基金會」李國鼎基金會頃決定於八十七年度捐助本會國際期刊「材料化學與物理」四十萬元，已由本會檢據領取。按「李國鼎基金會」自本會於民國八十一年七月起與荷蘭Elsevier公司合作出版「材料化學與物理」，連續贊助出版至今，對「材料化學與物理」茁壯成長，具有決定性的影響。

本會獲得工研院材料所捐助

工研院材料所為協助本會推動會務，本年度以委託計畫、刊登廣告等方式贊助本會共五十萬元，已由本會檢據領取。按工研院材料所在前任林垂宙、吳秉天所長與現任李立中所長領導下，一向對本會極為支持，也為本會得以順利推動會務之關鍵。

「尖端記錄與顯示元件薄膜技術課程」順利舉行

本會與本會與清華大學材料系在清大從事資訊記錄及顯示元件的教授群，包括周麗新、賴志煌、周卓輝、楊長謀教授策劃下與國內產官學研各界攜手合作，共同於八十八年6月1日至3日在清華大學舉辦「尖端記錄與顯示元件薄膜技術課程」。該課程設計為前進二十一世紀必備尖端技術知識的前瞻視窗；課程中介紹紀錄與顯示元件薄膜技術之基本原理、技術內涵及產業研發與發展趨勢，並強調與學員之雙向溝通與討論。在課程中可獲取第一手的研發成果，

獲知整個產業的近況及未來，並獲有整合資源的資訊。學界與業界反應相當良好，參加人數達一百二十人。課程內容如附件一。

網路輔助教學課程「材料科技與日常生活」、「固態物理」、「材料表面分析」上網

本會由教育部補助「材料科技與日常生活」（清華大學杜正恭教授）、「固態物理」（中山大學謝光宇教授）、「材料表面分析」（清華大學黃振昌教授）三門課程輔助教材已如期上網路。（請由網址：pilot.mse.nthu.edu.tw進入）。本會下年度擬繼續推動材料課程輔助教材上網。

本會將與「國家高速電腦中心」、「工研院材料所」合辦「計算材料科學研習會」

本會與「國家高速電腦中心」、「工研院材料所」將於7月6-8日合辦「計算材料科學研習會」（Things in Focus/July 7-9 Workshop on Computational Materials Science），講員與講題請見附錄。報名網頁在：http://saturn.nchc.gov.tw:9091。中英文摘要與報名辦法亦可見本會網頁。請參考。這次研習會將印製論文集，讓學員有書面的資料，活動後可進一步深入感興趣的課題。

原載：「材料會訊」第六卷第二期
（中國材料科學學會，民國八十八年六月）

中國材料科學學會理事長報告（1999-9）

1999年9月30日　星期四

八十八年年會邀請「旺宏電子公司」吳敏求總經理為大會主講人

　　本會八十八年年會由工研院材料所主辦，訂於八十八年11月25/26/27日（星期四／五／六）三天在新竹縣竹東鎮工研院舉行。今年年會學術研討會論文集將以光碟版發行，論文截稿日期為8月27日。另年會大會已敲定由「旺宏電子公司」吳敏求總經理擔任主講人，講題為「積體電路產業發展趨勢」。

本會將舉辦「第二屆大專院校材料列車網頁設計競賽」

　　本會去年舉辦「大專院校材料列車網頁設計競賽」，反應甚為熱烈，決定於今年續辦「第二屆大專院校材料列車網頁設計競賽」。因向教育部申請補助，教育部雖原則上允予支持，但指示應於經費核定後方宜公告舉行。根據往年經驗，經費核定時間大致為九、十月間。為使各相關院校同學有較充分時間應賽，本會已於六月底致函各材料所系，檢附根據本會6月10日規劃會議決議擬定之草案，以為參考。但正式參賽辦法，仍以教育部核定辦法為準。由於去年「第一屆大專院校材料列車網頁設計競賽」成效良好，本會決定一定繼續舉辦，敬請鼓勵貴屬同學踴躍參加。

本會推動聯合出版學術刊物

　　本會透過「材料科技聯合會」機制推動聯合出版學術刊物。於8月5日邀請

有意在近期參與聯合出版學術刊物會員理事長與學術刊物主編在清華大學召開聯合出版學術刊物討論會，有九個會員理事長、學術刊物主編或代表參加。會中有幾個會員表達有相當大的興趣參與聯合出版學術刊物，同時達成多項初步共識並成立「聯合出版學術刊物籌備委員會」，推舉「材料科學」主編吳信田教授擔任召集人。「籌備委員會」預定於九月初舉行第一次會議，將擬定具體辦法，供各參與會員理監事會討論確認。

本會擬繼續推動材料課程輔助教材上網。

本會擬繼續推動材料課程輔助教材上網。目前已規劃「表面工程」（成功大學林光隆教授）、「生醫材料」（中興大學顏秀崗教授）、「薄膜工程」（清華大學周麗新教授）三門課程，並已向教育部申請補助。

第六屆「破壞科學研討會」籌備會議

本會「破壞科學委員會」於6月30日在台北市台灣大學舉行「第六屆破壞科學研討會」研討會籌備會議。會中決議研討會訂於明年3月23、24日在南投縣溪頭森林園區舉行。論文摘要截稿日期為9月30日。詳情請見本期該研討會通告。

「材料化學與物理」榮獲國科會傑出期刊獎

本會出版「材料化學與物理」國際期刊經評定榮獲八十八年度「國科會獎助國內學術優良期刊」傑出期刊獎。獲頒獎牌乙面與獎金一百八十萬元。國科會預定於九月十六日在台北市由黃鎮台主委主持舉行頒獎典禮。此次獲獎為「材料化學與物理」連續第六年榮獲國科會傑出期刊獎。

「材料化學與物理」獲得國聯光電公司捐助

座落於新竹科學園區之國聯光電公司頃決定於本年度起以三年為期每

年捐助本會國際期刊「材料化學與物理」五十萬元，本年捐款已由本會檢據領取。按國聯光電公司由董事長黃國欣博士創辦，生產超高亮度磷化鋁鎵銦（AlGaInP）磊晶片及晶粒，各式LED與III-V族光電半導體產品，目前已成為市值百億上櫃公司。該公司黃國欣董事長與陳澤澎總經理均為清華大學材料系1979級畢業生，分別為美國西北大學與清華大學材料博士，為「材料人」創業成功，回饋社會典範。

IUMRS 1999年國際材料研究學會聯合會（IUMRS）國際先進材料會議（1999 International Conference on Advanced Materials）盛大舉行

1999年IUMRS國際先進材料會議將於6月14-18日在中國大陸北京市國際會議中心舉行。會議分三十五個研討會同時舉行。根據大會統計資料，有來自世界各國約一千篇論文發表。國內學者專家註冊參加者達四十餘人，盛況空前。

本會理事長當選為國際材料研究學會聯合會（IUMRS）第二副會長

本會理事長於本年6月14-18日在中國大陸北京市舉行之1999年IUMRS國際先進材料會議同時舉行之IUMRS代表大會中當選為IUMRS第二副會長（Second Vice President），任期為1999-2001年。此次選舉因票數必須過半方能當選，而原有四人角逐，選情相當激烈。所幸日本代表於選前退出，轉而支持我國，經過兩輪投票，才成功的脫穎而出，為我國在國際組織執行委員會中，爭取到一席之地。

2000年IUMRS亞洲區國際會議（2000 International Conference in Asia, ICA-00）將於明年7月24-26日在香港舉行

2000年IUMRS亞洲區國際會議將於明年7月24-26日在香港城市理工大學舉行。會議將分六個研討會（A：Advanced Electron Microscopy for Materials Science, B：Multiscale Materials Modeling, C：Nanoscale Materials, D：Organic Electroluminescent Materials & Devices, E：Scanning Probe Microscopy for

Materials Characterization, F：GaN and Related Wide Band Gap Semiconductors）
同時舉行。論文摘要截稿日為明年2月1日。詳情請見該會議全球資訊網頁（網
址：www.cityu.edu.hk/ap/iumrs/ica2000.html）。

原載：「材料會訊」第六卷第三期
（中國材料科學學會，民國八十八年九月）

中國材料科學學會理事長報告（1999-12）

1999年12月31日　星期五

八十八年年會圓滿舉行

　　本會八十八年年會於十一月二十六及二十七日在籌備委員會主任委員、本會常務理事工研院材料所李立中所長，總幹事本會監事、工研院材料所栗愛綱副所長等共同努力籌備執行下在新竹工研院圓滿舉行。年會大會演講由「旺宏電子公司」吳敏求總經理以「積體電路產業發展趨勢」為題作精闢演講。詳情將由籌備委員會提出報告。

　　今年的年會延襲前幾年的形式，學術論文發表以十二個「主題研討會」口頭髮表論文與「一般研討會」壁報論文並行方式進行。特色是與粉末冶金、強化塑膠協會聯合主辦，並與國科會「金屬陶瓷學門成果發表會」同時舉行，共發表論文四百六十六篇。另一大創舉為年會學術研討會論文集以光碟版發行，便於攜帶也節省空間與資源。

　　本次年會，承蒙主辦單位不辭辛勞，各位會眾、贊助單位、參展以及刊登廣告單位的熱烈支持，才得以順利圓滿舉行，在此再次深致謝忱。

學會各項榮譽得主產生

　　學會本年度各項榮譽得主經獎章委員會審議推薦，理監事會通過產生。於年會大會中頒獎。得獎人分別為：

　　陸志鴻紀念獎章：華興麗華公司程一麟總經理

　　材料科技傑出貢獻獎：國聯光電公司黃國欣董事長

傑出服務獎：大同大學材料科學工程學系林鴻明主任（擔任87年年會主任委員，考慮周詳，執行績效卓著）、清華大學材料科學工程學系黃振昌教授教授（策劃及建立學會「互動」網頁，內容豐富，效果良好）

材料科學論文獎：台北科技大學李文新、林瑞陽先生（材料化學與物理），成功大學電機系張偉智、王納富、黃建榮、洪茂峰、王永和諸先生（材料科學）。

材料科學學生論文獎入圍及前三名：請見附表一

年會並舉辦「壁報論文獎」競賽，選拔特優、優等與佳作各三名，請見附表二，於年會中產生並頒獎。

第二十七屆理監事會順利產生

本會第二十六屆理監事會於年會期間經過選舉順利產生。當選名單如下（理監事以姓名筆劃為序）：

理事：王文雄、李立中、汪建民、汪鐵志、吳子倩、吳泰伯、吳錫侃、侯貞雄、洪敏雄、段維新、陳力俊、黃肇瑞、彭宗平、鄒若齊、劉增豐

候補理事：莊東漢、郭正次、黃文星、黃重裕、焦佑鈞

監事：金重勳、施漢章、栗愛綱、程一麟、蔡文達

候補監事：吳建國、黃振賢

理事十五人中來自學術、研究與產業界各九、二、四人，監事五人中來自學術、研究與產業界各三、一、二人。新科理監事將於十二月二十三日集會推舉理事長與常務理監事。

「材料科學」期刊改名「材料科學與工程」與其他學會聯合出版

本會在「材料科技聯合會」機制下，促成材料科技相關專業學會、協會合作出版學術刊物，以現有「材料科學」期刊改名「材料科學與工程」，繼續出版中、英文學術論文，已獲本會、「粉末冶金協會」與「陶業學會」理監事會通過，並另有其他學、協會將於近期決定是否加入。預計明年第　季以嶄新面貌出版，達到增加稿源，改善論文品質，提高出版論文學術地位，節省大量人

力與經費的目標。

「工程材料實驗I—金屬材料實驗」出版

本會繼去年年會期間出版「鋼鐵材料手冊」與「材料分析」教科書，今年在年會期間推出「工程材料實驗I—金屬材料實驗」，由本會常務理事洪敏雄教授主編。在洪教授精心策劃之下，邀集多位學者專家共同完成，內容周詳、精到詳實。本會會員訂購得享有八折優待。又本會規劃之「微電子材料與製程」預訂於明年初出版。

舉辦「第二屆大專院校材料列車網頁設計競賽」

為鼓勵製作生動活潑、深入淺出之網頁，闡述「材料科學與工程」，本會去年由陳信文副秘書長策劃辦理「大專院校材料列車網頁設計競賽」。鑒於成效良好，本會將於近日繼續辦理「第二屆大專院校材料列車網頁設計競賽」。

「材料化學與物理」獲得華新麗華、華新科技獎學基金會捐助

華新麗華、華新科技基金會於八十八年度捐助本會國際期刊「材料化學與物理」五十萬元，已由本會檢據領取。本會理事華邦電子公司焦佑鈞董事長及監事華新麗華程一鱗總經理對「材料化學與物理」自創刊伊始即全力支持，特此再度致謝。

2000年IUMRS國際電子材料會議（2000 International Conference on Electronic Materials，IUMRS-2000ICEM）論文摘要投稿至1月10日截止

2000年IUMRS國際電子材料會議將於明年5月30日至6月2日在法國Strasborg市國際會議中心舉行。會議將分十七個研討會同時舉行。本會理事陳力俊教授與永久會員紀國鐘教授分別受邀擔任研討會M「Advanced Characterization of

Semiconductor Materials」與研討會D「Group III Nitrides」共同主辦人。論文摘要截稿日為明年一月十日。詳情請見全球資訊網頁www.e-mrs.c-strasbourg.fr。

原載：「材料會訊」第六卷第四期
（中國材料科學學會，民國八十八年十二月）

材料科學學會會員動態

　　　　包含1997年3月至1999年3月，於《材料會訊》中所撰寫
之「中國材料科學學會」會員動態。報告傑出會員在大專院
校、研發部門、專業公司等各領域擔任要務、專業研發、獲
獎等卓越貢獻與表現，予以正面肯定及表揚，從中示現材料
科學學會人才輩出的勝景。另有對會員人生重要時刻之紀念
與祝福。

材料科學學會會員動態（1997-3）

1997年3月31日　星期一

吳建國教授榮任國立海洋大學校長

本會永久會員，國立海洋大學吳建國教授經海洋大學與教育部遴選擔任該校校長，並於本年二月一日就任。吳教授為美國內布拉斯加大學材料科學工程博士，專精於防蝕工程，原為海洋大學教務長。

林垂宙教授榮任香港科技大學副校長

本會前理事長，現任新加坡大學教授林垂宙博士應聘於本年三月一日就任香港科技大學副校長，主管研究發展業務。林教授表示新加坡為一優美且充滿活力的都市，但稍嫌濕熱。接受新職以後難免要延誤撰寫回憶錄的計畫。

吳逸蔚博士出任工研院電子所副所長

本會永久會員吳逸蔚博士經工研院電子所延攬擔任副所長，已於二月中旬就任。吳博士為美國加州柏克萊大學材料科學工程博士，專注於薄膜電晶體液晶顯示器及相關的研發工作。對非晶矽、多晶矽技術都有深厚的經驗，而對國內迫切需要的大尺寸液晶顯示器製造技術也相當熟稔。.

清華大學遴選新校長

國立清華大學目前正在遴選新校長。本會理事長陳力俊教授與理事彭宗平教授同時經該校同仁推選為遴選委員，正積極將觸角伸向各界傑出人士，並希望本會會員推（自）薦。推（自）薦預定於三月底截止。

盧火鐵博士與楊偉雄博士分別榮獲傑出工程師與青年工程師獎

本會永久會員，聯華電子公司盧火鐵經理與東和鋼鐵公司主任楊偉雄博士分別榮獲中國工程師學會1996年十大傑出工程師獎與青年工程師獎。並於去年十一月十九日赴總統府接受李登輝總統接見表揚，十一月二十二日於台北環亞飯店接受中國工程師學會頒獎表揚。

盧火鐵經理為清華大學材料科學工程博士。潛心於專業技術的研究，屢有創見，並廣為應用於量產的產品，績效顯著。歷年來在聯華電子公司已發表於國內外期刊雜誌及研討會之論文共14篇，已獲得美國專利51件，中華民國專利56件，公告中尚有12件。85年獲頒聯電研發金獎最高榮譽及獎金五十萬元。負責新模組技術開發，訓練並協助所屬工程師成為堅強的製程模組研發團隊。其座右銘為：積極行五好，即存好心、做好事、讀好書、學好樣、說好話。

楊偉雄主任為清華大學材料科學工程博士，畢業後即積極投入煉鋼生產實務，將理論與實務相結合，並獲致優異成果，協助開創台灣電爐煉鐵技術對歐輸出之先例，在鋼鐵技術發展上有卓越貢獻。

謝詠芬博士與綦振瀛教授分別榮獲「電子元件與材料協會」傑出青年獎

本會永久會員，聯華電子公司經理謝詠芬博士與中央大學電機工程學系綦振瀛教授分別榮獲「電子元件與材料協會」傑出青年獎。並於去年十二月十八日接受頒獎表揚。

謝詠芬博士為清華大學材料科學工程博士。畢業後曾任職於工業技術研究

院材料所、電子所及美國AT&T貝爾研究室擔任研究工作，現負責聯華電子材料分析實驗室的技術研發及分析服務。謝博士不論在材料及電子元件的研發，技術創新與應用及人才培訓方面都有具體而且持續不斷的成就與貢獻。近兩年來在聯華電子的材料分析實驗室更發揮出她在管理方面的才華，此材料實驗室的技術水準與服務品質已漸被業界公認為國內最先進半導體材料分析單位之一。

蔡振瀛教授為美國伊利諾大會香檳校區電機系博士。民國80年返國至中央大學電機工程學系任職至今。在此期間，蔡教授建立了中央大學之分子束磊晶實驗室，並結合相關同仁群力發展III-V半導體材料、元件及電路，成果豐碩。無論在光電元件或高速元件方面，對於提昇我國研究水準均有實質貢獻。

黃惠良教授與施漢章教授分別獲選為「侯金堆傑出榮譽獎」材料科學類與金屬冶煉類得獎人

本會永久會員，清華大學電機工程學系黃惠良教授與本會監事，清華大學與中興大學材料系所施漢章教授分別獲選為1996年「侯金堆傑出榮譽獎」材料科學類與金屬冶煉類得獎人。於本年二月二十日接受頒獎表揚。

黃教授在半導體薄膜的研究成果優異，尤其對非晶矽、複晶矽、以及二六族薄膜的成果極為突出，獲致優異性能，對工業界使用之顯示器材料以及太陽電池品質之提昇有具體貢獻。

施施漢章教授於金屬材料表面、性質之基礎研究，為國際著名學者，同時在工業應用方面獲多國專利，多年來也參與軍方、公民營企業、工研院等單位合作案，促進產學合作及提升工作技術的貢獻良多。

汪建民理事赴哈佛大學參加「高階經理進修班」

本會理事，工研院材料所副所長汪建民博士獲工研院選派，將於本年4-6月赴美國哈佛大學參加「高階經理進修班」（Advanced Management Program）。行前汪副座表示對有此充電良機頗感振奮。至於被詢及坊間傳言以往工研院高階主管在參加類似「高階經理進修班」以後，功力大增且頗能

「學以致用」，不旋踵即紛紛另有高就是否屬實，汪副所長則連忙鄭重代為澄清。

原載：「材料會訊」第四卷第一期
（中國材料科學學會，民國八十六年三月）

材料科學學會會員動態（1997-6）

1997年6月30日　星期一

傅兆章理事轉任國立高雄技術學院教授

本會理事，金屬工業發展中心傅兆章副總經理轉任國立高雄技術學院教授，負責技術合作處及機械系籌備工作，已於三月一日赴任。

蔡力行博士出任台灣積體電路公司營運副總經理

本會永久會員，台灣積體電路公司蔡力行博士於四月初出任台積營運副總經理，負責台灣積體電路公司總體營運。蔡副總為美國康乃爾大學材料科學工程博士，原任台積副廠長、廠長、南廠副總等職。

汪建民理事轉任和喬科技公司副總經理

本會理事，工研院材料所副所長汪建民博士轉任和喬科技公司副總經理，負責研究發展工作，已於五月一日履新。汪理事表示和喬科技公司為一利用「材料」生「財」的範例，對我國材料科技產業升級具有標竿作用。

鍾自強監事轉任金屬工業發展中心副總經理

本會監事，經濟部工業局第一組鍾自強組長轉任金屬工業發展中心副總經理，已於五月一日赴任。鍾自強監事為美國俄亥俄州立大學材料科學工程博

士，在赴工業局任職以前，曾任工業技術研究院工業材料研究所主任、組長等職。

盧火鐵博士榮獲中央標準局「金頭腦」獎、國家發明獎金牌獎

本會永久會員，聯華電子公司盧火鐵經理以超過100件專利創作，在眾多參選者中脫穎而出，榮獲今年中央標準局「金頭腦」獎以及國家發明獎個人組金牌。並於4月30日晚間在國父紀念館舉行之國家發明獎頒獎典禮上接受頒獎表揚，並代表所有得獎者致詞。這兩項殊榮今年都由盧火鐵博士「獨家」獲得。

盧經理於取得清華大學材料科學工程博士學位後，以志趣為導，加入聯華電子公司從事超大型積體電路製程研發工作。開發出整個園區第一個從1微米以上到0.35微米皆適用之金屬接觸窗製程，並解決複晶矽化鎢在後續高溫處理後掀起之問題。84年上半年參與聯電跟歐洲微電子研究中心（IMEC）所進行關於次半微米以下自動對準金屬矽化物技術之合作開發計畫，近兩年來全力投入0.25微米以下先進製程模組技術之研發。可觀的研發成果，在把台灣半導體產業推上0.25微米製程技術之國際地位上，有卓越的貢獻。其個人一百多件專利中，有些不但早已在聯電產品上應用多年，其中大部分還可繼續在未來線幅更小之超大型積體電路製造上發揮關鍵作用。

張煥修教授與吳泰伯教授分別獲選為「國科會傑出研究獎」材料科學類得獎人

本會永久會員，成功大學材料科學工程學系張煥修教授與清華大學材料科學工程學系吳泰伯教授分別獲選為「國科會傑出研究獎」材料科學類得獎人。

張煥修教授在航空材料電漿熔射噴塗表面處理、化學氣相沈積蒸鍍，生醫材料，Al-Fe-V-Si鋁基複合材料，鋁合金鑄造微縮孔研究方面有傑出表現。吳泰伯教授則在X光繞射理論與應用，電子陶瓷，薄膜材料，紅外光材料與元件研究上成果優異。

工研院材料所通過ISO-9001認證

本會永久團體會員,「工業技術研究院工業材料研究所」正式取得ISO-9001國際品質標準認證。「工業材料研究所」自成立品質提升專案以來,積極建立國際化的品質系統,利用科學化品質系統管理原理來結合大家力量,滿足顧客需求,並尋求國際認證。未來的發展努力發展全面品質管理(TQM),注重品質領導和管理。著重流程管理。加強全員參與品質改善。提倡科學化解決問題的方法。

工研院材料所榮獲國家發明獎銀牌獎

本會永久團體會員,「工業技術研究院工業材料研究所」在高達187件報名甄選的競爭者之下脫穎而出,獲得法人組銀牌獎。工研院材料所為增進材料研發能量達世界一流水準,及確保所開發之關鍵性材料及核心技術能帶動產業生根發展,因此鼓勵每一研究計畫均力爭創作發明;自76年度至85年度之10年間已獲得國內182件專利,國外173件專利,共計355件,有相當豐碩之研發成果。這份殊榮對工研院材料所過去研發創作成果給予非常正面的肯定。

原載:「材料會訊」第四卷第二期

(中國材料科學學會,民國八十六年六月)

材料科學學會會員動態（1997-9）

1997年9月30日　星期二

吳泰伯教授出任清華大學材料科學工程學系主任

本會理事，清華大學材料科學工程學系主任彭宗平教授於七月底任滿三年榮退。由本會永久會員吳泰伯教授於八月一日接任。吳泰伯教授為美國西北大學材料科學博士。研究專長為X光繞射理論與應用，電子陶瓷，薄膜材料，紅外光材料與元件研究。

黃瑞星教授出任清華大學電機工程學系主任

本會永久會員，清華大學黃瑞星教授於八月一日出任電機工程學系主任。黃瑞星教授為澳洲新南威爾斯大學電機工程博士。研究專長為微感測與驅動元件、積體電路元件。

顏秀崗教授出任中興大學材料科學工程研究所所長

本會監事，中興大學材料科學工程研究所所長施漢章教授於七月底借調期滿。由本會永久會員顏秀崗教授於八月一日接任。顏秀崗教授為清華大學材料科學博士。研究專長為腐蝕工程，氫脆，材料分析，電解沉積陶瓷薄膜。

陳文照教授出任虎尾技術學院機械材料工程學系主任

本會永久會員，虎尾技術學院陳文照教授因該校由雲林工專改制為虎尾技術學院，原機械材料工程科也改制為機械材料工程學系，陳文照教授也由科主任轉任系主任。陳文照教授為清華大學材料科學博士。研究專長為積體電路金屬化技術與金屬材料。

黃肇瑞教授出任成功大學材料科學工程學系主任

本會理事，成功大學材料科學工程學系主任黃文星教授於七月底任滿三年榮退。由本會永久會員黃肇瑞教授於八月一日接任。黃肇瑞教授為美國猶他大學材料科學博士。研究專長為陶瓷材料與複合材料。

蘇安仲教授出任中山大學材料科學研究所所長

本會理事，中山大學大學材料科學工程學系主任甘德新教授於七月底任滿三年榮退。由蘇安仲教授於八月一日接任。蘇安仲教授為美國辛辛那提大學化學工程博士。研究專長為高分子溶液與摻合、高分子物理化學、高分子複材。

翁明壽教授出任國立東華大學材料科學與工程研究所所長

本會永久會員，東華大學翁明壽教授於八月一日出任新成立的材料科學與工程研究所所長。翁明壽教授為美國馬階特大學材料與冶金學博士。研究專長為非晶體材料與生醫材料。

台灣保來得公司榮獲國際粉末冶金會議獎項

本會永久團體會員，台灣保來得公司於今年六月底在美國芝加哥舉行之1997年國際粉末冶金會議中，榮獲海外組產品第一名。得獎產品為溫壓成形製

成三件式之一汽車零組件。

陸永忠同學榮獲國際粉末冶金會議金相類學生組優勝

本會永久會員，台灣大學材料研究所黃坤祥教授指導博士班學生以及本會會員陸永忠同學於1997年國際粉末冶金會議中，榮獲金相類學生組優勝（honorable mention），所展示金相為氧化鈦在羰基鐵粉燒結於表面粗化之現象。

原載：「材料會訊」第四卷第三期
（中國材料科學學會，民國八十六年九月）

材料科學學會會員動態（1997-12）

1997年12月31日　星期三

雷添福教授出任交通大學電子工程學系主任

本會永久會員，交通大學雷添福教授於八月一日出任電機工程學系主任。雷添福教授為交通大學電機工程博士。研究專長為積體電路元件與材料。

交通大學材料科學工程學系新聘張立與曾偉志博士為教授

交通大學材料科學工程學系本學年度新聘張立博士為教授，曾偉志博士為副教授。張立與曾偉志博士均為本會永久會員，張立教授為英國牛津大學冶金及材料科學博士，研究專長為相變態、氧化物超導、顯微結構材料分析。曾偉志教授為積體電路介電材料薄膜製程與分析。

成功大學材料科學工程學系新聘丁志明博士為副教授

成功大學材料科學工程學系本學年度新聘丁志明博士為副教授。丁志明博士博士甫加入本會為永久會員，為美國辛辛那提大學材料科學工程博士。研究專長為複合材料。

成功大學材料科學工程學系獲得財團法人「俊銘文教基金會」捐助設立俊銘講堂

　　成功大學材料科學工程學系獲得財團法人「俊銘文教基金會」捐助一百萬元於系館內設立俊銘講堂，在年會期間舉行啟用儀式。成功大學翁政義校長、基金捐助人遠東機械公司莊國欽董事長與學會理監事多人均到場祝賀。

薛銀陞博士榮膺本年度十大青年獎得主

　　本會永久團體會員中德電子公司經理薛銀陞博士榮膺本年度十大青年獎得主。薛博士為美國俄亥俄州立大學材料科學博士。親身參與領導我國第一根八吋晶元棒之成功生產，對我國半導體產業發展有重大貢獻。

張簡旭珂同學榮獲第三屆沖永材料科學工程研討會壁報式論文競賽中優勝

　　第三屆沖永材料科學工程研討會（Okinaga Symposium on Materials Science and Engineering Serving Society）自1997年9月13日至15日於日本千葉縣幕張市舉行。該研討會共約有一百篇論文發表。其中約三分之一為以口頭髮表之受邀演講，其餘以壁報形式發表、成功大學材料系碩士班學生張簡旭珂同學，以「Characteristics of High Permeability Mn—Zn Ferrite Powders Prepared by Hydrothermal Method」論文在壁報式論文（poster paper）競賽中獲得優勝。張簡同學論文乃由本會永久會員黃啟祥教授指導。

鄭紹良和彭遠清同學分別榮獲第四屆國際材料研究學會聯合會亞洲區會議最佳論文「青年研究學者獎」

　　第四屆國際材料學會聯合會議亞洲區會議自1997年9月16日至18日於日本千葉縣舉行，會中有來自世界45個國家的學者專家發表一千三百篇學術論文，

盛況空前。本會學生會員、清華大學材料系博士班學生——鄭紹良和彭遠清兩位同學與化工系林佳民同學，在眾多參選者激烈競爭中分別在研討會H「利用離子及／或鐳射束合成與調制材料」（Materials Synthesis and Modification by Ion and/or Laser Beams）以「Enhanced Formation of C54-TiSi2 by an Ultrathin Interposing Mo Layer on Nitrogen Ion Implanted（001）Si」最佳論文、研討會U「半導體材料研究之進展」（Advances in Semiconductors）以「Reduction of C54-TiSi2 Phase Transformation Temperature Using an Ultrathin TiN Seed Layer」最佳論文以及研討會D「高分子複合材料」（Polymer Composites）以「Effect of Laminate Thickness on the Mechanical Properties and Fatigue Behavior of Quasi-Isotropic GR/Epoxy Composites before and after Impact」最佳論文脫穎而出，榮獲「青年研究學者獎」（Young Researcher Award），殊為難得。林佳民同學論文乃由本會永久會員馬振基與戴念華教授共同指導。

原載：「材料會訊」第四卷第四期

（中國材料科學學會，民國八十六年十二月）

材料科學學會會員動態（1998-3）

1998年3月31日　星期二

彭宗平教授出任清華大學教務長

　　本會理事，清華大學材料科學工程學系彭宗平教授由清華大學新任劉炯朗校長聘請為該校教務長，已於二月四日正式就職。

許樹恩教授出任旭陽科技公司總經理

　　本會監事、台灣大學材料科學工程所兼任教授、前中科院材發中心主任許樹恩教授出任旭陽科技總經理，已於近日正式就職。旭陽科技公司為慶豐集團所投資，以產製鎳氫電池材料為主。

清華大學材料科學工程學系新聘賴志煌博士為助教授

　　清華大學材料科學工程學系本學年度新聘賴志煌博士為助教授。賴志煌博士甫加入本會為永久會員，為美國史丹福大學材料科學工程博士。研究專長為磁性材料。

陳壽安教授與金重勳教授同時獲選為「侯金堆傑出榮譽獎」材料科學類得獎人

　　本會永久會員，清華大學化學工程學系陳壽安教授與本會監事，清華大學

材料科學工程學系金重勳教授同時獲選為1997年「侯金堆傑出榮譽獎」材料科學類得獎人。於本年二月十三日接受頒獎表揚。

陳壽安教授教學研究認真嚴謹，在高分乳化、聚合導電高分子的研究成果優異，在國際上為知名學者。金重勳教授從事系列性研發鐵氧磁體及延性磁鐵、稀土永磁、功能性陶瓷，在材料設計及製程開發上，不斷創新發明，成果迭獲肯定。

黃文星教授獲選為「侯金堆傑出榮譽獎」金屬冶煉類得獎人

本會理事，成功大學材料科學工程學系黃文星教授獲選為1997年「侯金堆傑出榮譽獎」材料科學類與金屬冶煉類得獎人。於本年二月十三日接受頒獎表揚。

黃文星教授從事鑄造與鋼鐵冶煉研究，專業成就享譽國際，對提升我國冶金科技地位殊有貢獻，對國內鋼鐵學門推動規劃貢獻卓著。在學術研究和人才培育上都有傑出的表現。

楊哲人教授喜獲麟兒

本會永久會員，台灣大學材料科學工程所楊哲人教授於近日喜獲麟兒。楊教授原有一子一女，此次又再度「增產」，親友慶賀之餘莫不感佩其「報國心切，勇氣可嘉」。

崔秉鉞博士榮升工研院電子所經理

本會永久會員，工研院電子所崔秉鉞博士於近日榮升該所深次微米技術組蝕刻與製程整合部經理。崔秉鉞博士為交通大學電機工程博士。研究專長為積體電路元件與材料。

原載：「材料會訊」第五卷第一期
（中國材料科學學會，民國八十七年三月）

材料科學學會會員動態（1998-6）

1998年6月30日　星期二

中國文化大學成立材料科學與製造工程研究所

　　中國文化大學得到教育部核准於今年成立材料科學與製造工程研究所，並招收二十二名碩士班學生。所長由原義守大學材料科學工程研究所所長，現任中國文化大學工學院院長李豐明博士兼任。

吳秉天常務監事手術後康復出院

　　本會常務監事，和喬科技公司吳秉天總經理於四月二十三日接受心臟導管手術，過程順利，已康復出院。本會多位同仁在吳常務監事手術後數天赴醫院探視時，除發現吳總康復迅速外，對其聲稱未來將於公務上放慢腳步，而多為學會盡一份心力，深受感動。

成功大學材料科學工程學系新聘方冠榮博士為助教授

　　成功大學材料科學工程學系本學期新聘方冠榮博士為助教授。方冠榮博士為美國猶他大學材料科學工程博士。研究專長為離子導体，應用於燃料電池。

李建平、林光隆、林仁輝、施漢章、曾俊元教授分別獲選為「國科會傑出研究獎」得獎人

　　本會永久會員，交通大學電子工程學系李建平、曾俊元教授、成功大學材料科學工程學系林光隆教授、機械工程學系林仁輝教授與清華大學材料科學工程學系施漢章教授分別獲選為本年度「國科會傑出研究獎」材料科學類得獎人。

　　李建平教授在半導體光電元件、半導體物理與元件、分子束磊晶與元件製程技術方面有傑出表現。曾俊元教授在陶瓷材料與元件、電子構裝、凝態物理研究上成果優異。林光隆教授在電子構裝、熱浸鍍鋅研究成果豐碩。林仁輝教授在磨潤學、流體力學、黏彈流體力學、熱傳學研究上貢獻良多。施施漢章教授專長為金屬材料表面、性質之基礎研究，為國際著名學者。

薛富盛教授喜獲千金

　　本會永久會員，中興大學材料科學工程研究所薛富盛教授於近日喜獲千金。薛富盛教授原有二女一男，如今再獲千金，未來全家出遊，前呼後擁，盛況可期。

原載：「材料會訊」第五卷第二期
（中國材料科學學會，民國八十七年六月）

材料科學學會會員動態（1998-9）

1998年9月30日　星期三

程一麟監事出任華新麗華總經理

本會監事、華新卡本特公司總經理程一麟博士經華新集團任命出任華新麗華總經理，已於七月初就任。

蘇炎坤教授出任國科會工程技術發展處處長

本會永久會員、成功大學電機工程學系蘇炎坤教授經國科會延聘，於8月1日出任工程技術發展處處長。蘇炎坤教授專長為化合物半導體元件、材料與物理，曾任成功大學電機工程學系主任與研發長等職。

新任校園人事

常務理事洪敏雄教授出任成功大學研發長
理事吳錫侃教授出任台灣大學慶齡中心主任
監事金重勳教授出任清華大學材料科學中心主任
永久會員段維新教授出任台灣大學材料科學工程研究所所長
永久會員許千樹教授出任交通大學研發長

黃得瑞博士當選磁性技術協會理事長

本會永久會員、工研院光電所組長黃得瑞博士當選磁性技術協會第三屆理事長。磁性技術協會新任理監事名單請見「材料科技聯合會」專頁。

鍾自強監事當選銲接學會理事長

本會監事，金屬工業發展中心副執行長鍾自強博士當選第七屆銲接學會理事長。銲接學會新任理監事名單請見「材料科技聯合會」專頁。

林純杰教授不幸英年早逝

本會永久會員、虎尾技術學院林純杰教授不幸於7月18日在游泳池感覺不適，倒入水中，經急救送醫無效，在短時間內遽然與世長辭。林純杰教授為清華大學材料科學工程博士，在虎尾技術學院講師任內以在職進修完成學位論文研究。甫於6月經同事推選為虎尾技術學院機械材料系系主任。為了8月上任，正開始奔波南北收集各項教學與系務相關資料，並在拜訪本會時答應動員學生參加「材料列車網頁設計競賽」。不幸以三十九歲英年早逝，遺有妻子及稚齡子、女各一，令人惋惜哀傷不已。林教授公祭出殯日期為7月28日。

朱志勳、謝詠芬伉儷喜獲鱗兒

本會永久會員，聯嘉電子公司經理朱志勳博士與聯華電子公司經理謝詠芬博士賢伉儷在多年想望後，於六月底喜獲鱗兒。朱志勳、謝詠芬博士原已育有二女，如今再添一小壯丁，未來和樂家庭將熱鬧非常。

彭遠清同學榮獲第十二屆國際離子佈植技術會議「最佳學生論文獎」

第十二屆國際離子佈植技術會議自1998年6月22日至26日於日本京都舉

行。本會學生會員、清華大學材料系博士班學生彭遠清同學在眾多參選者激烈競爭中以「Dislocation Multiplication Inside Contact Holes」論文榮獲「最佳學生論文獎」。彭遠清同學曾於去年IUMRS-ICA97會議中榮獲「青年研究學者獎」，屢得殊榮，為國爭光，極為難得。

原載：「材料會訊」第五卷第三期

（中國材料科學學會，民國八十七年九月）

材料科學學會會員動態（1999-3）

1999年3月31日　星期三

長庚大學成立化工與材料工程研究所

　　長庚大學於本年度成立化工與材料工程研究所，由本會永久會員鄭武順教授擔任首任所長。

李三保教授榮獲Roon Foundation Award

　　本會永久會員清華大學材料系李三保教授與美國國家標準暨技術研究院莊子哲博士、阮靜博士共同以「A micromechanic model for cathodic blister growth in painted steel surface coating」論文榮獲國際「鍍膜學會聯合會」（Federation of Societies for Coating Technology）之最高榮譽Roon Foundation Award。

陳澤澎博士出任國聯光電公司總經理

　　本會永久會員陳澤澎博士出任國聯光電公司總經理，已於本年元月1日履新。陳澤澎博士為清華大學材料科學工程博士，曾任工研院組長、國聯光電公司副總經理與恒嘉光電公司總經理。

蔡力行博士出任世界先進積體電路公司總經理

　　本會永久會員，台灣積體電路公司蔡力行博士於元月13日出任世界先進公

司總經理。蔡力行博士為美國康乃爾大學材料科學工程博士，曾任台灣積體電路公司副廠長、廠長、南廠副總、執行副總。

薛敬和教授當選「生醫材料與藥物制放學會」理事長

本會永久會員、清華大學化工學系薛敬和教授當選甫成立之「生醫材料與藥物制放學會」（Biomaterials and Controlled Release Society）理事長。

薛敬和教授獲選為「侯金堆傑出榮譽獎」材料科學類得獎人

本會永久會員，清華大學化學工程學系薛敬和教授獲選為1998年「侯金堆傑出榮譽獎」材料科學類得獎人，於本年三月五日接受頒獎表揚。

薛敬和教授致力於功能性高分子材料研究多年，獲致豐碩成果。在光電高分子材料上，開創液晶基礎科學與應用技術研究新局。另外在生醫材料與生物感測器方面亦有優異成果。

張順太教授獲選為「侯金堆傑出榮譽獎」金屬冶煉類得獎人

本會永久會員，台灣大學材料科學工程研究所張順太教授獲選為1998年「侯金堆傑出榮譽獎」金屬冶煉類得獎人，於本年三月五日接受頒獎表揚。

張順太教授長年致力於金屬材料及冶煉研究教學，融合理論與實務，對國內材料科技之提升，材料人才之培育及金屬冶煉之推展，均有卓著成果與貢獻。

彭遠清同學榮獲第五屆國際固態積體電路技術會議「最佳學生論文獎」

於1998年10月22日至24日在中國大陸北京市舉行之第五屆國際固態積體電路技術會議中，本會學生會員、清華大學材料系博士班學生彭遠清同學在眾多參選者激烈競爭中以「Properties of CVD—W Overgrowth on PVD and MOCVD TiN Layers」論文榮獲「最佳學生論文獎」。彭遠清同學曾於1997年日本千葉

IUMRS-ICA97會議中榮獲「青年研究學者獎」，1998年6月於日本京都第十二屆國際離子佈植技術會議榮獲「最佳學生論文獎」，在國際會議中連中三元，為國爭光，極為難得。

原載：「材料會訊」第六卷第一期
（中國材料科學學會，民國八十八年三月）

國家圖書館出版品預行編目

清華行思與隨筆 / 陳力俊著. -- 臺北市：致出版，
2019.10
　　冊；　公分
　ISBN 978-986-97897-7-6(上冊：平裝). --
ISBN 978-986-97897-8-3(下冊：平裝)

1. 教育　2. 文集

520.7　　　　　　　　　　　　108015798

清華行思與隨筆（上）

作　　者／陳力俊

編　　輯／黃鈴棋

出版策劃／致出版

製作銷售／秀威資訊科技股份有限公司

　　　　　114 台北市內湖區瑞光路76巷69號2樓

　　　　　電話：+886-2-2796-3638

　　　　　傳真：+886-2-2796-1377

網路訂購／秀威書店：https://store.showwe.tw

　　　　　博客來網路書店：http://www.books.com.tw

　　　　　三民網路書店：http://www.m.sanmin.com.tw

　　　　　金石堂網路書店：http://www.kingstone.com.tw

　　　　　讀冊生活：http://www.taaze.tw

出版日期／2019年10月　　定價／500元

致 出 版

向出版者致敬
